현장 지리풍수

장산(長山) 전항수(田恒秀)

충남 홍성 출생
지리풍수 전문연구가
한국지리풍수연구원 원장
휴대폰 011-268-0770

가산(佳山) 주장관(周長官)

충남 공주 출생
고려대학교 화공학과 졸업
한국지리풍수연구원 부원장
휴대폰 011-9581-9948

한국지리풍수연구원
대표전화 02) 762-3330
팩시밀리 02) 762-0077

현장 지리풍수

1판 1쇄 발행일 | 2003년 6월 16일
발행처 | 삼한출판사
발행인 | 김충호
지은이 | 전항수 · 주장관 편저

등록일 | 1975년 10월 18일
등록번호 | 제13-47호

서울 · 동대문구 신설동 103-6호
아세아빌딩 201호
대표전화 (02) 2231-4460
팩시밀리 (02) 2231-4461

값 36,000원
ISBN 89-7460-084-6   03180

신비한 동양철학 · 48

현장 지리풍수

전항수 · 주장관 편저

삼한

머리말

우주만물에는 음(陰)과 양(陽)의 기운이 가득차 있는데, 이것을 대생명력(大生命力)이라고 한다. 인간은 부모에게 육체(魄)를 받고, 대생명력에서는 혼(魂)을 받아 태어나, 사회에서 활동하다 죽으면 선천(先天)의 혼은 우주로 돌아가고 시체만 남는다. 다시 말해 잠시 부모에게 받았던 것 뿐이다. 시신을 구산(求山)과 장택(葬擇)을 잘 해서 안장하면 시신은 유주(有主)요 무령(無靈)이고, 산천은 무주(無主)요 유령(有靈)이니, 무령(無靈)한 시신을 입묘(入墓)시키면 유령(有靈)한 산천의 영기(靈氣)가 시신과 배합하여 후천혼(後天魂)이 된다.

산천의 영(靈)은 무소부재(無所不在), 무소불위(無所不爲), 무소부지(無所不知), 무소불능(無所不能)이다. 산천의 영기(靈氣)와 묘지의 운기(運氣)는 자손과 거리의 원근을 막론하고 생리적인 인과(因果)로 그 집에 가서 항상 충만하니, 출생하는 자녀는 물론이요 그집에 거처하는 사람은 만사형통한다. 묘지가 대지(大地)이면 대발(大發)하고, 소지(小地)이면 소발(小發)한다. 이것이 묘지의 발음(發蔭)이다. 이러한 발음(發蔭)을 얻기 위해서는 선(善)과 덕(德)을 쌓아야 한다.

우주나 인간사회에는 항상 선과 악이 존재하고, 인간은 선의 존재가 되어야 한다. 인과의 법칙에 의해 역사는 반복되고, 인간은 효와 덕을 쌓아야만 선의 결과를 맞을 수 있다. 선행을 쌓지 않으면 아무리 명당을 얻으려는 희망이 강해도 현묘한 우주의 섭리가 허락하지 않는다. 근세의 서구 과학문명은 우리에게 미증유의 물질적 풍요를 가져다 주었으나 스스로의 윤리관을 세우지는 못했다. 또한 물질 일변도의 과학문명은 엄청난 기술을 발전시켜 막강한 힘을 길렀으나, 도덕과 정신의 연구나 수련을 등한시한 결과 근본적인 치유방법이 없는 소아병적인 여러 가지 현상이 나타나고 있다. 그러나 다행히도 우리에게는 선철(先哲)들이 남긴 비결록(秘訣錄)을 많이 비장하고 있다. 그동안 유복자들이 쓰기도 했으나 파손되기도 하고, 혹은 입향(立向) 재혈(裁穴)의 잘못으로 무용지물이 되어버린 곳도 있다. 그러나 대명당(大明堂) 대혈(大穴)은 99% 이상이 그대로 생생하게 남아 있고, 비결록(秘訣錄)에도 없는 크고 작은 혈(穴)들이 전국 각지에 산재해 있다. 이에 용산(用山)을 많이 하여 구세제민(救世濟民)하는 인재들을 배출하여 우리나라를 일등국가로 만들었으면 한다.

이 책을 쓰면서 다른 책들을 참고하며 인용도 했다. 지리학의 이론 중에는 일고의 가치도 없는 것이 있는가 하면 주옥과 같은 것도 있다. 필자가 선배 제현들의 이론이나 학설을 참고하며 인용한 것은, 그 이론이나 학설이 유용한 것을 반복 소개하여 널리 알리고자 함이다. 같은 사실을 가지고 선배들의 설명과 중복된다고 중언부언하여 설명해봐야 독자들만 혼란스러워질 것이다. 아무리 좋은 이론이라도 현장에서 적용하여 결실을 맺어야지 응용할 줄 모르면 무용지물이 된다. 구슬도 꿰어야 보배라고 하지 않는가. 이런 의미에서 인용했으니 널리 이해해주기 바란다.

필자는 혈(穴)을 알아보기까지 참으로 많은 고생을 했다. 장 선생님의 유산록(游山錄)을 토대로 점검하면 어떤 혈(穴)에서는 숨은 진실을 발견할 수 있다. 그 이유를 터득하면 나의 지리학도 완성되리라고 본다. 산림업을 하는 분의 말을 들어보면 나무도 빽빽하게 심으면 서로 경쟁하여 빨리 크지만, 넓은 땅에 한두 그루 심으면 잘 크지 않는다고 한다. 우리는 음(陰)과 양(陽), 직관적인 지혜와 이성적인 지혜, 종교와 과학, 협동과 경쟁, 자연의 보존과 이용 등의 틈바구니에서 심각한 문화적 불균형을 느낀다. 생각과 감정, 가치와 태도, 사회적 정치적 구조의 불균형 속에서 구시대적인 사고방식으로는 현실을 아름답게 영위하기 어렵다. 좀더 나은 의식의 개혁이 필요하다. 우리의 지리학도 협동 속에서 경쟁하여 자기의 이론이나 지식을 개방하고, 학문을 발전시키는 것이 지리학도의 올바른 자세라고 본다.

끝으로 이 책을 출판할 수 있도록 물심양면으로 도와주신 한국지리풍수연구원의 여러분에게 감사를 드린다. 특히 본원의 곽상춘 고문님, 이양훈 회장님, 류영식 부회장님께 감사드린다. 그리고 탈고와 편집을 도와준 주영준, 영재 군에게도 감사를 드린다.

제1장. 이기론

제2장. 용론

온양 매곡리 학가조천형(鶴駕朝天形)

溫陽北西 蓮花洞近處, 有鶴駕朝天形. 此地出自聖居山, 漲天水星, 大斷
天機, 頓起老雉, 鳳棲, 彌勒, 汝南等山, 又回飜身 五星連珠. 飛蛾降勢卓
立金星開口穴, 穴間平坦, 微乳, 粘法 遠看粗大, 近看細微, 眞美之地象,
水聚堂, 九曲灣環, 水口一點羅星, 三吉穴, 四神八將俱備 可謂 萬代榮華
之地, (溫陽北西 蓮花洞近處 聖居山來龍 鶴駕朝天形 乾亥坐 巽水九曲
朝堂, 鶴群鷄群 杜師忠云 葬後, 數世當出儒宗如. 孔子者血食千秋萬代
榮華之地…).

성거산 창천 수성대에서 내룡하여 번신 비아의 형태로 평지를 천과하니 재단돈질탁립 금성작혈이다. 내수구 오, 외수구 미파, 손수구곡 조당, 건해좌지지이다. 손수구곡수가 조당하니 문장대현이 출생할 징조이다. 이와 같은 천하의 대지대혈은 십중팔구는 천장비혈이다.

출장(出帳)과 송영각(送迎脚)이 건물과 나무에 가려 보이지 않는다.

학슬과협(鶴膝過峽)

혈(穴)

주산(主山)

성거산(聖居山) 창천수성(漲天水星)

비룡상천형(飛龍上天形)의 주산(主山) : 학가조천형(鶴駕朝天形)에서 멀지 않은 곳인 윤 모씨 선산 근처에 있다.

비룡상천형(飛龍上天形)의 혈(穴)

비룡상천형(飛龍上天形) 근처에 또 하나의 대혈(大穴)이 있다.

해평 윤씨 가문에 관한 전설을 하나 소개해 본다.

윤씨는 남의 땅에 과일을 심어 생계를 꾸려가고 있었다. 어느날 원두막에 거지차림의 노스님이 쓰러져 있기에 참외로 허기를 때우게 하여 보냈다. 얼마 후 보리밥을 해갖고 나온 부인에게 그 이야기를 했더니, 부인이 배고픈 사람에게 밥을 드려야 한다면서 뛰어나가 노스님을 모시고 와서 식사를 대접했다. 거지행색에 상처투성이라 부인은 남편과 함께 집으로 모시고 와 옷을 갈아입히고, 며칠 동안 침식을 제공하면서 상처를 치료해 기력을 회복시켜 주었다. 그러자 노스님은 은혜를 갚겠다면서 지금의 묘자리를 잡아주고는 "이 자리에 조상을 모시면 크게 발복할 것이요. 여기는 이충무공 사패지지(賜牌之地)이나 은밀히 이장하고 타향으로 가서 살다가 오면 당신 소유가 될 것이요." 하고는 사라졌다.

여기서 생각해 볼 것이 있다. 앞의 사진에서 보는 것처럼 근처에는 비룡상천형(飛龍上天形)과 또다른 대혈(大穴)이 있다. 전설대로라면 그 노스님의 안력은 대단하다. 그런 분이 비룡상천형(飛龍上天形)과 그 옆의 대혈(大穴)을 못보셨을 리는 없다. 그렇다면 이 두 대혈(大穴)보다 역량이 떨어지는 작은 자리를 잡아준 이유는 무엇일까? 아마도 인정이 많았던 취(取)자 동(東)자 분에 대한 좋은 뜻에서 그렇게 했을 것이다.

비룡망수형(飛龍望水形)

   남양 국사봉(國師峰)에서 흐르는 일지(一枝)에 맺은 (위에 있는) 비룡망수형(飛龍望水形)과 (아래에 있는) 옥녀산발형(玉女散髮形)은 매우 아름답다. 산수가 대취(大聚)하여 맺은 혈(穴)은 59대 장상만대영화(將相萬代榮華)하며, 당대에 발복하여 선발대부(先發大富)가 날 것이다. 병오파(丙午破)에 해좌사향(亥坐巳向)이다.

도비산(島飛山)의 대혈(大穴)

 이 대혈(大穴)은 오서산(烏棲山)이 태조(太祖), 가야산(伽倻山)이 중조(中祖), 도비산(島飛山)이 소조(小祖)를 이룬 혈(穴)이다. 가야산(伽倻山) 서행룡(西行龍)의 주혈(主穴)로 도비산(島飛山)에서 간인(艮寅)으로 낙맥(落脈)하여 해변에 와서 진(盡)하여 맺은 대혈(大穴)이다. 혈형(穴形)이 매우 풍후하고 혈처(穴處)가 풍만한 와혈(窩穴)이다. 혈(穴) 주변에 요석이 둘러 있어 대혈(大穴)임을 증명한다. 혈(穴)의 동남쪽에는 귀사(貴砂)가 중중하고, 남쪽 역시 외국 사신이 존귀한 귀인 앞에 경배를 드리는 형국이다. 이것은 충청남도 서부에서는 보기 드문 대혈(大穴)이다.

비룡망수형(飛龍望水形)

혈처(穴處)

태행산(太行山)

태행산하(太行山下) 양택지(陽宅地)

도비산(島飛山) 대혈(大穴) : 상제(上帝)

도비산(島飛山) 대혈(大穴)

혈전명당(穴前明堂) : 훌륭한 사격(砂格)들이 안개에 가려 있다.

도비산(島飛山) 대혈(大穴)의 사격(砂格)

공주 사곡면 동해동 오룡쟁주형(五龍爭珠形)

온양 南 二十里 신창 東 二十里 公州 北 六十里 삼읍계 무성 광덕 양룡(兩龍) 상과지간(相過之間) 동해곡 오룡쟁주형 구사(龜蛇) 마상귀인 일월 한문 6수구비(六秀具備) 고축(誥軸)이 동(東)에 있다. 이 대지는 귀불가언(貴不可言).

  입수(入首)가 영리하게 굴곡했으니 귀맥(貴脈)이다. 물은 건해방(乾亥方)과 경유방(庚酉方)에서 와서 곤수구(坤水口)로 사라진다. 귀사(貴砂)가 중중(重重)하고, 내당(內堂)은 용만마격(容萬馬格)이니 보기 드문 대지이다. 여의주는 경유방(庚酉方)에 있다. 여의주가 안(案)이 되었다고 입향(立向)을 잘못하면 패하니 크게 삼가해야 한다.

주산(主山)과 출맥(出脈)

영리과협(怜悧過峽)

혈(穴)

쟁주(爭珠)의 주(珠)

천등산하(天燈山下) 행주형(行舟形)

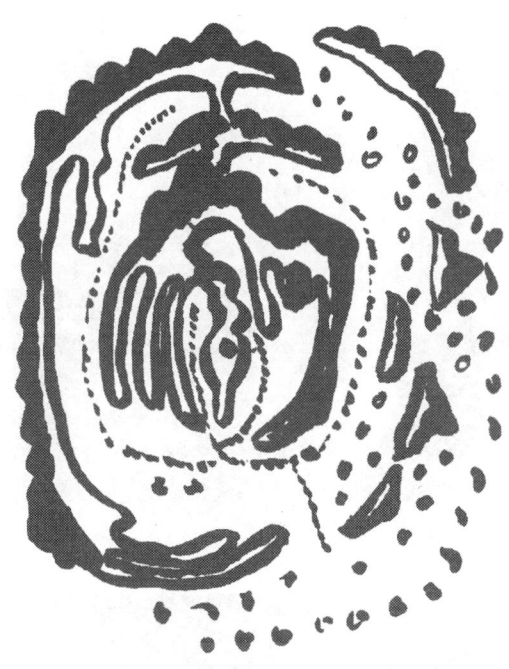

천등산(天燈山) 아래에 행주형(行舟形)이 있고, 두 개의 노(櫓)가 있어 안산(案山)이 되었다. 천등산(天燈山)은 삼봉(三峰)이 연기(連起)하여 삼태(三台)를 이루어 주산(主山)이 되었고, 혈(穴)이 신태방(辛兌方)에서 결인(結咽)하고, 바로 혈(穴)의 뒷맥이 술방(戌方)에서 왔고, 좌향(坐向)은 술좌진향(戌坐辰向)이고, 물은 손사방(巽巳方)과 병오방(丙午方)에서 와서 인방(寅方)으로 사라진다. 물이 생방(生方)에서 생방(生方)으로 돌아가니 인시(寅時)에 묘를 쓰면 다음 시간인 묘시(卯時)에 발복하여 3국 거부가 나온다. 15대 공경과 7대 효자가 나오며, 백자천손하며 만대나 영화를 누린다. 백리 내진(來盡)했으니 만대영화(萬代榮華)로다. 지금은 사업가 류영식 씨의 친산이다.

천등산(天燈山)과 행주형(行舟形)

행주형(行舟形)의 혈처(穴處)

필성작혈(弼星作穴)

행주형(行舟形)의 혈토(穴土)

해복형(蟹腹形)

갑개정일구(甲開丁一口)   천리행래휴(千里行來休)

산대도고기(山帶道高氣)   혈장해복초(穴藏蟹腹湫)

호탄가자축(虎呑佳字縮)   용토야계류(龍吐夜溪流)

만마명당리(萬馬明堂裡)   나성대안류(羅星對案留)

— 두사충결록(杜師忠訣錄)

  대흥 동쪽 20리 또는 예산읍 남쪽 15리에 위치한 갑정(甲亭)이라는 곳에 해복형(蟹腹形)이 있다. 13대나 관록(官祿)이 대단하며 성인을 배출한다. 이 용맥(龍脈)은 예산의 도고산(道高山)에서 흘러왔고, 물은 갑방(甲方)에서 와서 정방(丁方)으로 사라진다. 또한 혈전(穴前) 명당은 광활하여 만마를 용납할 수 있고, 나성(羅星)은 수구(水口)에 있다. 불원리(不元里)의 하천은 도고산(道高山)에서 발원하여 급하지 않게 느릿느릿 완만하게 흘러가고, 봉만(峰巒) 역시 완곡하게 흘러간다. 대술면의 모든 물이 이리로 모인다.

 해복혈(蟹腹穴) 근처 하천리에 있는 JP의 친산(親山) 역시 보기 드문 대혈(大穴)이고, 해복혈(蟹腹穴) 근처에 있는 HC의 선산 또한 대혈(大穴)이다. 이외에도 해복혈(蟹腹穴) 근처에 여러 개의 대혈(大穴)이 있다. 아름다운 광경을 어찌 말로 다할 수 있겠는가. 해복형(蟹腹形)은 부무적(富無敵)이요 귀불가형언(貴不可形言)이라고 했다. 수(壽)는 100세를 넘으며 만대영화지지(萬代榮華之地)이다. 대흥면에 있는 달성 서씨 시조 서한의 묘도 해복혈(蟹腹穴) 중의 하나이다.

해복혈(蟹腹穴)·1

해복혈(蟹腹穴)·2

태자협(太子峽)

수구나성(水口羅星) : 나성대안류(羅星對案留)

혈전(穴前) 명당 : 만마명당리(萬馬明堂裡)의 안무제(案無際)

과협처(過峽處)의 영송각(迎送脚)이 나무에 가려 있다. 양쪽의 영송지엽(迎送枝葉)은 매우 긴밀하게 직결(織結)되어 과협처(過峽處)를 지나는 주맥(主脈)을 보호하고 있다. 태자협(太子峽)이다.

밀양 종남산하(終南山下) 비봉포란형(飛鳳抱卵形)

　백두산에서 흘러온 일대간룡(一大幹龍)은 태백산맥을 타고 밀양에 와서, 금성수로 앞을 휘감아준 낙동강을 앞에 두고 삼천리 여정을 마친다. 칠백리를 흐른 낙동강도 이곳에 이르러서는 완곡하게 반원을 그리며 밀폐된 삼랑진 수구(水口)로 돌아간다. 이 양대 수구산(水口山)은 소백산맥에서 김해를 거쳐온 산맥과, 태백산맥에서 흘러온 산맥이 서로 천리를 흘러와 재회하면서 일대 밀폐된 수구산(水口山)을 이룬다. 양 산맥 사이를 장장 칠백리나 굽이쳐 흘러온 대강이 종남산(終南山) 줄기와 상호배합을 이루었으니 천하의 대지이다.

　종남산(終南山)은 태백산맥이 한반도 남단에 위치한 밀양에 이르러

41

마지막으로 창공에 높이 솟은 수려한 산이다. 종남산(終南山) 정상에서 사면을 둘러보면 칠백리 낙동강 장강이 굽이쳐 혈전(穴前)을 환요(環繞)하며, 청도에서 흘러온 대천과 합류하여 을진방(乙辰方)으로 소수(消水)한다.

삼랑진의 을진수구(乙辰水口)는 결직(結織)하여 중중(重重) 관쇄(關鎖) 밀폐되었다. 이것이 낙동강 최종의 수구(水口)가 되어 우사(右砂)는 소백산맥이 천리 내도(來到)하고, 좌사(左砂)는 태백산맥이 삼랑진에 내진(來盡)하여 상호 결직(結織) 대관국(大關局)을 형성하며 외수구(外水口)를 이루었다. 태백산 대간룡(大幹龍)이 천리 내진(來盡)하여 칠백리의 장강과 정배(正配)하고 있으니 과연 동양의 최대 혈이다. 역량을 측정할 수 없는 혈(穴)이 결실하여 범인은 알아볼 수 없게 은밀히 비장(秘藏)하고 있다. 이 혈(穴)은 병오방(丙午方)에 대살(大殺)이 있으니 적덕복인(積德福人)은 신중하게 구해야 한다. 삼성팔현(三聖八賢)이 나오고, 부귀불가형언지지(富貴 不可形言之地)요 천지동행지지(天地同行之地)이다.

종남산(終南山)

비봉포란형(飛鳳抱卵形)

일월산하(日月山下) 상운봉일형(祥雲奉日形)

　도계 구봉산에서 동쪽으로 흐르는 대룡(大龍)은 백병산과 토산령 (土山嶺)을 지나 분맥(分脈)하여, 하나가 행룡(行龍)하여 하늘 높이 일월산(日月山)을 세워 우리나라 최대의 영산이자 명산이 되었다. 그 아래에 천하의 대혈(大穴) 상운봉일형(祥雲奉日形)을 결혈(結穴)했 으니 상운천리안(祥雲千里案)이다.

상운봉일형(祥雲奉日形)·1

상운봉일형(祥雲奉日形)·2

일월산(日月山)

복종형(伏鍾形)

　대부분 복종형(伏鍾形)이 하나인 줄 알고 있지만 월명산(月明山) 아래 비인면(庇仁面) 복종(伏鍾)과 문수산하 종천면(鍾川面) 복종(伏鍾)은 별개이다. 지금의 종천면 부내도 옛날에는 비인(庇仁)에 속했던 관계로 혼동된 것 같다. 이 두 개의 복종혈(伏鍾穴)은 천하의 대혈(大穴)이다. 문수산하 부내 복종(伏鍾)은 옥룡자결록(玉龍子訣錄)에 우리 한반도의 제1갑지는 금강산 천황봉의 상제봉조형(上帝奉朝形)이요. 둘째는 문수산 복종(伏鍾)으로 삼성칠현(三聖七賢)이 연이어 나오며 해좌(亥坐)라 한다. 이 혈(穴)은 을진파(乙辰破)로 당대에 발복하는 부귀수불가형언(富貴壽不可形言)이요 만대영화지지(萬代榮華之地)이다.

월명산(月明山) 아래의 복종형(伏鍾形) 역시 대혈(大穴)이다. 비인(庇仁)의 월명산(月明山)에서 낙맥(落脈) 연기수봉(連起數峰) 건해(乾亥)로 박환(剝換)하여, 갑묘(甲卯)로 작뇌(作腦)하여 석중(石中)에 대결(大結)했으니, 내당(內堂)은 정미파(丁未破)이고 외당(外堂)은 곤파(坤破)이다. 이 혈(穴)은 흠이 있어 내당(內堂)의 수법이 맞지 않아 초대에는 재패(財敗)가 있고, 2대 후에 발복하여 왕후장상(王侯將相)과 삼성칠현(三聖七賢)이 나오며 만대영화(萬代榮華)할 것이다.

월명산(月明山)

월명산(月明山) 복종(伏鍾) 응성(應星)

월명산(月明山) 복종혈(伏鍾穴)

자미원국(紫微垣局)

예산군 덕산면과 서산시 해미면에 걸쳐 있는 가야산(伽倻山)은 667m의 그리 높지 않은 산으로 원효봉·석문봉·옥양봉 등이 흘립(屹立)하여 있다. 지상의 여러 산맥이 흘러가 도처에 크고 작은 혈(穴)을 수없이 맺어 보백지지(保魄之地)부터 왕후장상(王侯將相)에 이르기까지 천차만별이다.

지리학에서는 왕후장상지지(王侯將相之地) 이상의 최대혈(最大穴)을 원국(垣局)이라 한다. 원국(垣局)은 대개 양택(陽宅)으로 결혈(結穴)하여 고대 왕후들의 왕도처(王都處)가 되었고, 천성(天星)과는 항상 불가분의 관계를 가지고 있다. 원국(垣局)은 하늘의 성좌 이름으로 자미성좌(紫微星座), 천시성좌(天市星座), 태미성좌(太微星座), 천원성좌(天苑星座)를 말한다. 여기에 성좌(星座) 대신 원국(垣局)을 붙여 자미원국(紫微垣局), 천시원국(天市垣局), 태미원국(太微垣局), 천원원국(天苑垣局)이라 하며 4대 원국(垣局)이라 한다. 이와 같이 지구상에도 최대혈이 형성될 때는 천상과 같이 4대 원국(垣局)의 형태로 결혈(結穴)한다.

북방(北方) 임해방(壬亥方)에는 자미성좌(紫微星座) 즉 자미원국(紫微垣局)이 있으니, 지상에 자미원국(紫微垣局)이 결혈(結穴)하면 천상의 자미성좌(紫微星座)에 분포해 있는 성군(星群)과 같은 분포로 자미원국(紫微垣局) 등 원국(垣局) 내에 성봉(星峰)들이 포진한다.

원국(垣局)은 글자의 뜻과 같이 산줄기가 겹겹이 둘러싸여 마치 큰 집의 울타리와 같다. 일대간맥(一大幹脈)이 흘러가서 머물면 반드시 일대명당을 결혈(結穴)한다. 이때 일대간룡(一大幹龍)이면 원국(垣局) 양택(陽宅)을 결혈(結穴)하고, 소간룡(小幹龍)이면 음택(陰宅)이나 양택(陽宅)의 대부귀혈(大富貴穴)을 맺는다.

모든 용혈(龍穴)의 근본인 태조산(太祖山)은 용루보전(龍樓寶殿 : 廉貞 70%) 혹은 파군성(破軍星 : 30%)의 행룡(行龍)이어야 한다. 용루보전(龍樓寶殿)의 염정행룡(廉貞行龍)일 때는 태조낙맥(太祖落脈) 후 백리 천리 행룡(行龍) 후에 결혈(結穴)하고자 할 때는 홀연 염정(廉貞) 응성(應星)이 흘립(屹立)하여 앞면에 화개(華蓋) 삼태(三台) 출현으로 용(龍) 중의 최귀룡(最貴龍)을 형성한다. 이를 천문룡(天門龍)이라 한다. 이 화개3성(華蓋三星)의 품(品)자 봉에서 중심 출맥(出脈)하여 좌보자행룡(左輔自行龍)하면 9성(九星) 전변(轉變)하여 평지에 떨어져 원국(垣局)인 자미원국(紫微垣局)을 이룬다.

차령산맥은 속리산(俗離山)에서 역류하여 북행하다 진천군과 안성군, 천원군의 경계인 엽돈재에서 서쪽으로 대전신(大轉身)하여, 천안의 성거산(聖居山)을 거쳐 보령군과 청양군의 경계인 백월산(白月山)에서 일대 전신(轉身)하여 북방으로 흘러, 홍성군 일월산(日月山)과 예산군의 가야산(伽倻山)에 이르러 파군대성(破軍大星)이 되었고, 여기서 낙맥(落脈)하여 내포지역인 당진 이남 홍성 이북으로 흘러갔다. 이 대룡(大龍)은 내포지역으로 행진하여 홀연 좌보대성진(左輔大星辰)이 나타났으니 입원(入垣) 대좌보성(大左輔星)이다.

혈(穴)은 은은히 떨어져 보필입수(輔弼入首)하여 좌보(左輔 : 駝峰) 결혈(結穴)했다. 남북전후 문으로 결혈(結穴)했으니 연소형(燕巢形 : 평지에 살짝)과 괘등형(掛燈形 : 5~6부 능선)이다. 이것이 내포지역의 자미원국(紫微垣局)이다. 완도의 산상 연소형(燕巢形) 좌보(左輔) 결혈(結穴)-상황봉 자미원격-복두형-높은산) 천자지지(天子之地)는 자미원격(紫微元格)으로 역량은 내포지역의 자미원국(紫微垣局)보다 크다. 또한 전남 해남에 천시원격(天市垣格)이 있다. 갑묘입수(甲卯入首)에 병오득(丙午得) 신술파(辛戌破)이다. 나머지 두 원국(垣局)인 태미원국(太微垣局)·천원원국(天苑垣局)과 같은 격은 우리나라 어딘가에 있을 것으로 추정한다.

고 손석우씨가 자미원국(紫微垣局)이 충청도에 있다고 주장하면서, 충남 서산에 후천세계를 주도할 자미원국(紫微垣局)이 있는데 백억원을 내면 장소를 댈 수 있다고 호언했다고 한다. 산도에 있는 자미원국(紫微垣局)이 바로 그가 호언하던 것으로 당진군 정미면에 있다. 이 자미원국(紫微垣局)에 관해 손석우 씨, 지창룡 씨 등과 장익호 선생님간에 웃지 못할 에피소드가 있었으나 고인들의 명예가 있으니 언급하지는 않겠다. 다만 그 세 분 중에 자미원국(紫微垣局)을 알고 계셨던 분은 장 선생님 한 분 뿐이었던 것만은 확실하다.

서대산(西台山) 제왕지지(帝王之地)

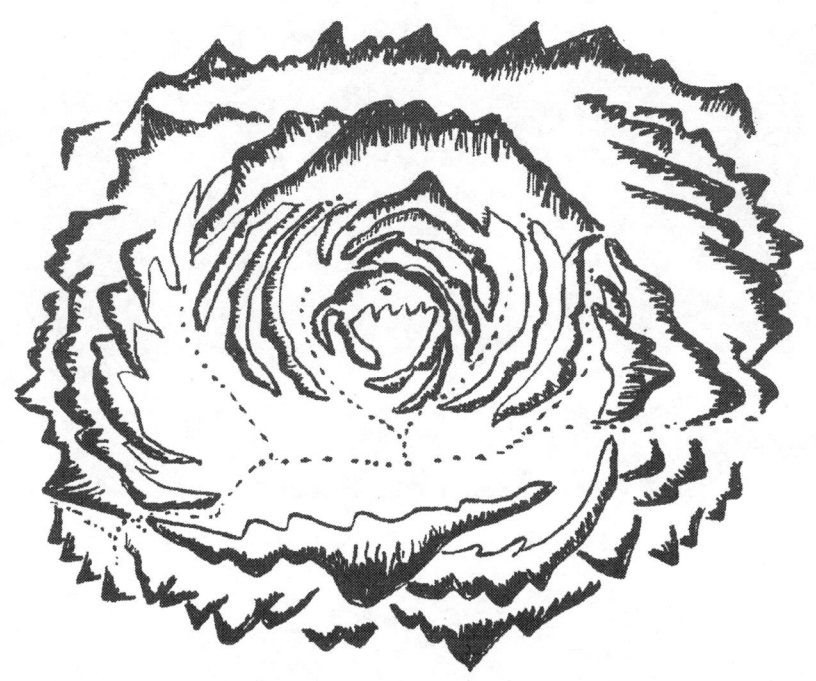

서대산(西台山)은 해발 900여 미터의 거대한 산이며 보전(寶殿)을 이루고 있다. 대둔산(大屯山)에서 염정작조(廉貞作祖)하여 흘러온 서대산(西台山)은 일대간룡(一大幹龍)으로 존귀한 대맥(大脈)이다. 이 맥(脈)이 대단연후(大斷然後)에 상제봉조형(上帝奉朝形)이 되었으니 천산만수(千山萬水)가 공조하여 7백 연화(烟花) 3천 분대(粉黛)를 이루어 장엄(莊嚴)하게 결국(結局)했으니 제왕지지(帝王之地)이다. 혈토(穴土)는 적황색으로 매우 윤택하다.

혈처(穴處)·1

혈처(穴處)·2

사격(砂格)

서대산(西台山)

영광 법성포 아롱도강형(兒龍渡江形)

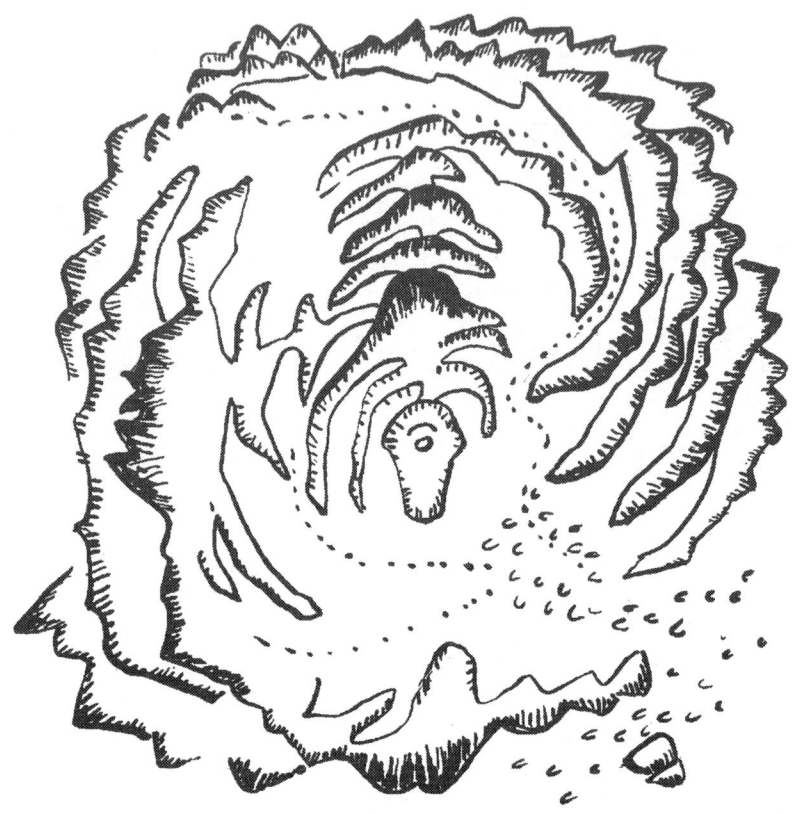

법성포의 지형을 살펴보면 기봉수봉(奇峰秀峰)들이 사방을 두르고, 서북으로 수구(水口)가 있으며, 중중(重重) 관쇄(關鎖)하고 있다. 대천(大川)으로 흘러가는 물길따라 조수(潮水)가 들락거린다. 은은히 낙맥(落脈)하여 융융(融融) 결혈(結穴)했으니 혈성(穴星)의 넉넉함이 복부격(覆釜格)이다. 용호(龍虎)없이 생겼으니 아롱도강형(兒龍渡江形)이다.

재상치(宰相峙) 과협(過峽)하고

복선봉(福仙峰)이 일어서니

용호(龍虎)없이 생긴 혈(穴)이

아룡도강(兒龍渡江) 정녕(丁寧)하다.

운사(雲砂)가 나열(羅列)하고

병정(丙丁)이 중중(重重)하니

만종록(萬鍾錄) 먹을 부귀

입으로 난 다 못한다.

아름다운 저 혈성(穴星)을

눈으로 난 다 못보겠다.

더욱 좋다 양평지재(良平之才)

대대로 불핍절(不乏絶)하리로다.

그러므로 3기(三奇) 중

제일이 되었구나.

혈전(穴前)의 묘방수(卯方水)가

대해(大海)로 들어가니

제 임자 못 만나면

열 번 써도 다 파리라.

— 도선결록(道詵訣錄) 중에서

봉서산하(鳳棲山下) 비봉형(飛鳳形)

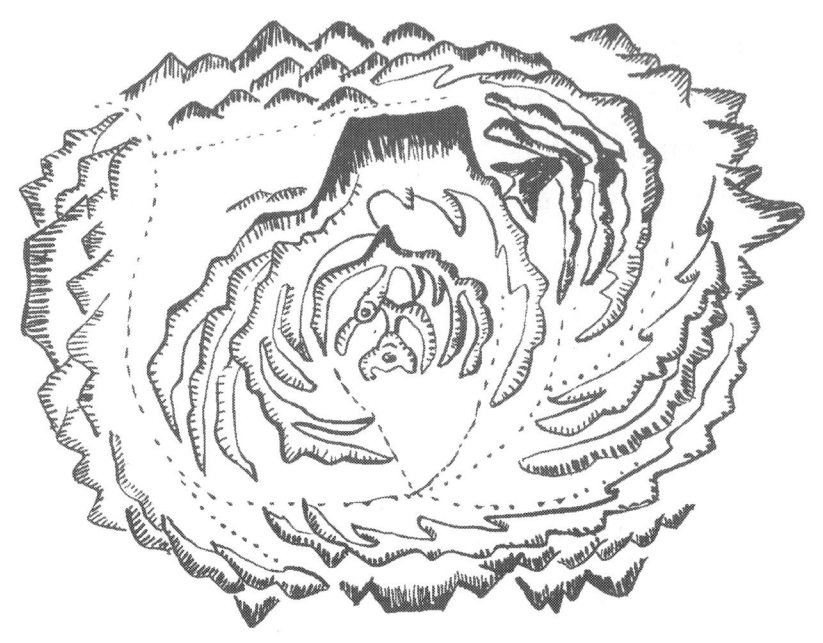

  파주시 봉서산(鳳棲山)에 결실한 비봉형(飛鳳形)은 경기도 8대 혈(穴) 중에서도 으뜸가는 명혈대지(名穴大地)이다. 봉서산(鳳棲山)은 철원의 대성산(大成山 : 1174m)에서 축간(丑艮)으로 낙맥(落脈)하여 포천군 백운산(白雲山)과 현등산(懸燈山 : 雲岳山), 양주 불국산(佛國山), 파주 광적면의 노고산(老姑山)을 세우고, 크게 회전하여 법원리 서쪽의 명학산(鳴鶴山)을 거쳐 거문존성(巨門尊星) 3길성(三吉星)이 되어 5~6백리 내진(來盡)하여 여장을 풀었다.

  이곳에서 임자건해(壬子乾亥)로 남전(南轉) 낙맥(落脈)하여 상하 혈(穴)로 결혈(結穴)되었으니 입수(入首)가 건해(乾亥)로 되었고, 자미입국(紫微入局)하여 천리 개국(開局) 만산만수(萬山萬水)가 회동(會

同)했으니 한반도 중부의 대명혈(大名穴)이라 하지 않을 수 없다. 임자(壬子)·계축(癸丑)·간인(艮寅)·갑묘(甲卯)·을진(乙辰)·손사(巽巳)·곤신방(坤申方)으로 득수(得水)하여 미방(未方)으로 귀고(歸庫)하고, 좌우 사(砂)가 중첩하여 매우 다정하다. 7백 연화(烟花) 3천 분대(粉黛)를 이루었고, 산세수세(山勢水勢)가 일품이다. 부귀겸전(富貴兼全)하며 36대 장상(將相) 뿐 아니라 천만대향화지지(千萬代香火之地)이다. 지금은 종로에서 원제당한약건재를 운영하는 박태호 씨의 선산이다.

파주시 근교의 광탄면 마장2리의 경치 좋은 곳에 옛 시골집 모습의 달뜨는 마을이라는 음식점이 있다. 이 음식점은 이학 선생께서 운영하는 집이다. 이학 선생은 대대로 한학을 하는 집안의 출신으로, 지금도 종로에서 한문학원을 운영하며 성균관의 강의와 선대의 문집을 번역하느라 무척이나 바쁘다. 봉서산(鳳棲山)의 비봉형(飛鳳形) 답산을 미치고 달뜨는 마을에서 동동주를 겸해 점심식사를 하니 매우 삽상(颯爽)하다. 달뜨는 마을에서 달을 보면서 동동주를 마시면 더욱 좋으련만 그때가 언제가 될지……

제1장. 이기론(理氣論)

1. 오행론(五行論)

동양에서는 음양오행(陰陽五行)의 원리로 변화하는 자연과 기타의 모든 질서를 설명했다. 음양오행(陰陽五行)의 원리는 인간의 사고로 만들어진 것이 아니라, 신물(神物)을 성인께서 받아 가르친 우주의 절대적인 진리이다.

동양에서는 신비의 해답을 푸는 관찰의 대상은 천지인(天地人) 삼계(三界)이다. 이는 음양오행(陰陽五行)의 원리를 바탕으로 해답을 얻을 수 있다. 천문·지리·의학·명리 등 모든 학문은 음양오행(陰陽五行)의 원리가 그 뿌리이다.

1. 하도(河圖)와 선천팔괘(先天八卦)

1. 하도(河圖)

5,400여년 전 복희(伏羲) 씨가 하수(河水)에서 나온 용마(龍馬)의 배

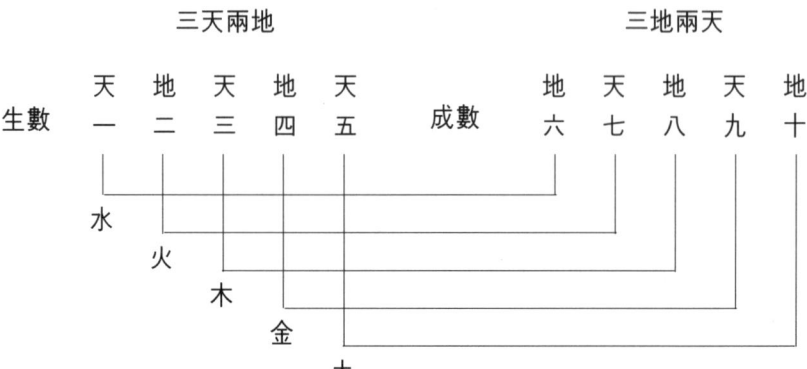

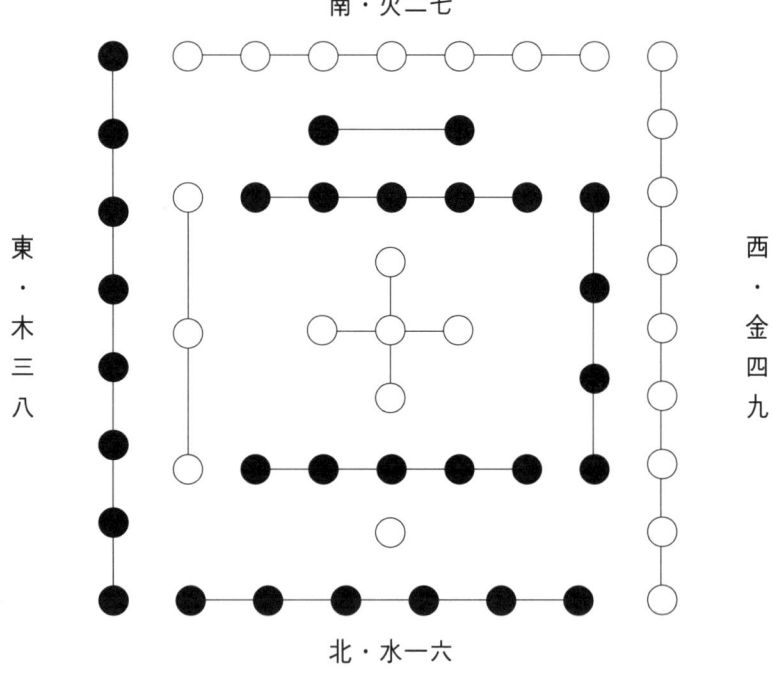

하도(河圖)의 수리(數理)

八	七	六	五	四	三	二	一
坤	艮	坎	巽	震	離	兌	乾
太陰		少陽		少陰		太陽	
陰				陽			
太極							

복희팔괘(伏羲八掛)의 변화순서

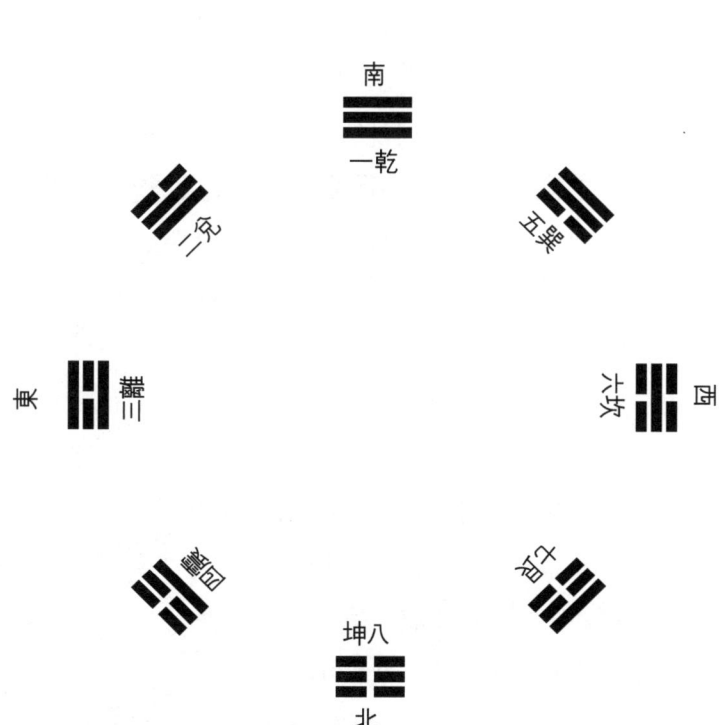

선천도(先天圖)

무늬에서 오묘한 이치를 발견하여 하도(河圖)를 완성하고, 선천도(先天圖)를 만들었다. 천지의 운행과 만상의 조화가 바탕이 된다.

수(水)는 목(木)을 생(生)하고, 목(木)은 화(火)를 생(生)하고, 화(火)는 토(土)를 생(生)하고, 토(土)는 금(金)을 생(生)하고, 금(金)은 다시 수(水)를 생(生)한다. 이것이 우주의 상생(相生)의 이치이다.

2. 선천팔괘(先天八卦)

선천팔괘(先天八卦)는 우주의 기본구조와 우주의 순환, 천지만물의 근본에 대한 설명이며 체(體)에 해당한다. 천지의 만상을 제도하는 음양(陰陽)의 운기는 진(震) 4에서 양(陽)이 출발하여 이(離) 3, 태(兌) 2를 지나 건(乾) 1에 순행(順行)하고, 음(陰)은 손(巽) 5에서 출발하여 감(坎) 6과 간(艮) 7을 지나 곤(坤) 8에 역행(逆行)한다. 우주 음양(陰陽)의 순역(順逆)은 태극(太極)의 원리이다.

2 낙서(洛書)와 후천팔괘(後天八卦)

1. 낙서(洛書) : 8방위(九宮) 12지지(十二地支)

약 4,200여년 전 우왕(禹王)께서 치산치수(治山治水)를 할 때 낙수(洛水)에서 나온 신령스런 거북이 등에 그려진 무늬를 보고 그린 구수도(九數圖)이며, 천지변화의 운행도이다.

이화(離火) 9를 머리에 이고, 감수(坎水) 1을 밟고, 왼쪽에 진목(震木) 3을, 오른쪽에 태금(兌金) 7을 각각 배치한다. 다시 오른쪽에 곤토(坤土) 2를, 왼쪽에 손목(巽木) 4가 있어 양 어깨가 되고, 건금(乾

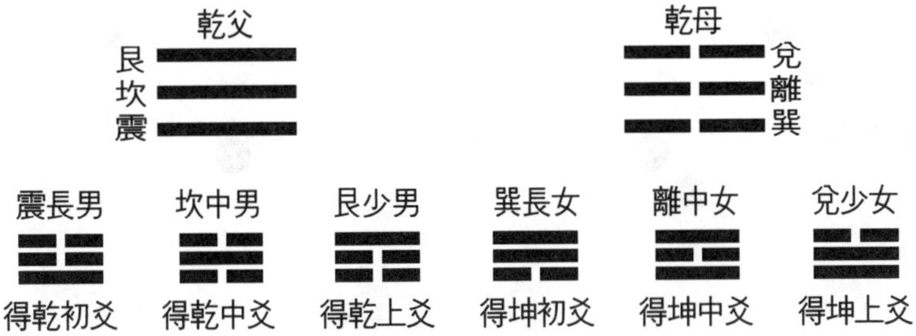

乾父

艮
坎
震

乾母

兌
離
巽

震長男	坎中男	艮少男	巽長女	離中女	兌少女
得乾初爻	得乾中爻	得乾上爻	得坤初爻	得坤中爻	得坤上爻

팔괘(八掛) 혈육도

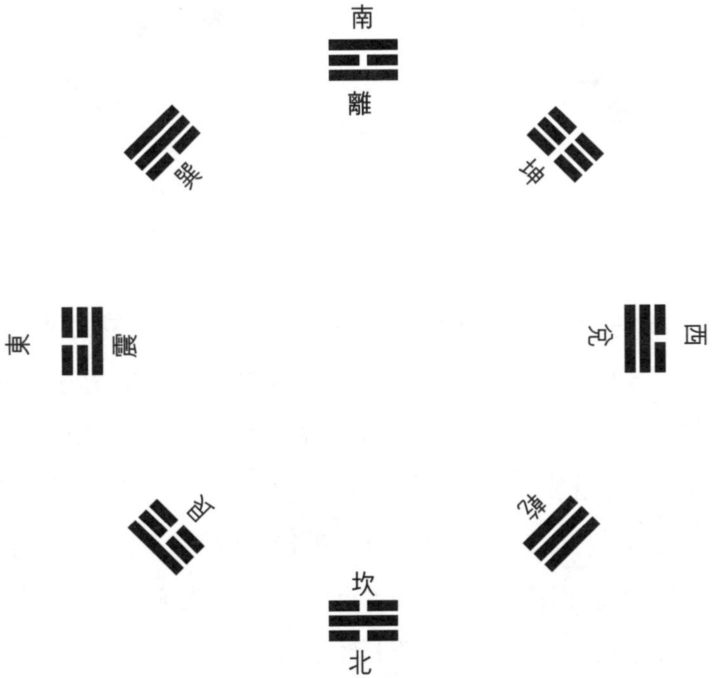

南
離

巽

坤

東 震

兌 西

艮

乾

坎
北

후천도(後天圖)

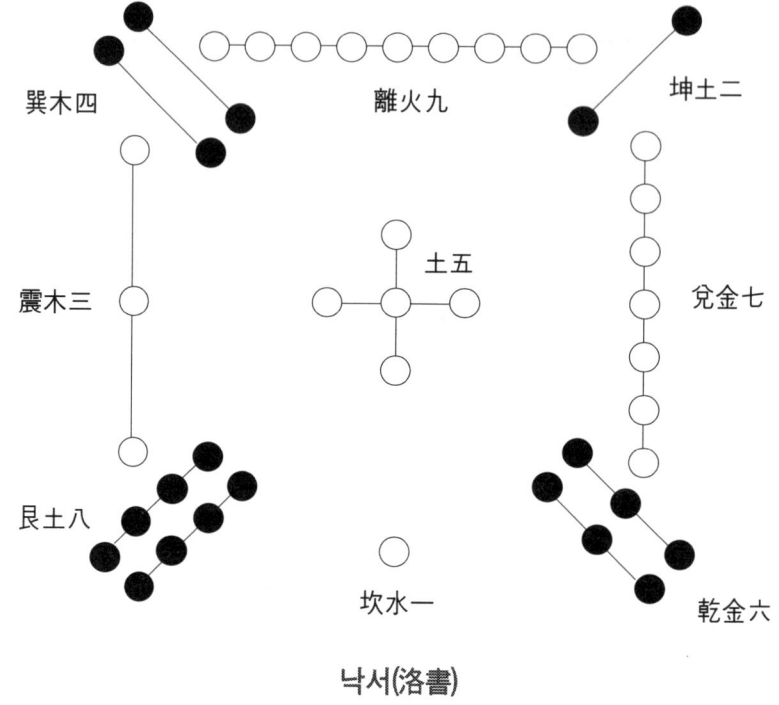

巽木四　　　　　　　離火九　　　　　　　坤土二

震木三　　　　　　　土五　　　　　　　　兌金七

艮土八　　　　　　　　　　　　　　　　　乾金六

坎水一

낙서(洛書)

金) 6은 오른쪽에, 간토(艮土) 8은 왼쪽에서 두 발이 되고, 무토(戊土) 5는 중앙에 위치하는 것이 신령한 거북의 모양이다. 천양지수(天陽之數) 1·3·7·9는 4정방(正方)에 위치하고, 지음지수(地陰之數) 2·4·6·8은 4간방(間方)에 위치한다. 9궁(九宮)의 배치는 일백궁(一白宮)은 자(子)에, 2흑궁(二黑宮)은 미신(未申)에, 3진궁(三震宮)은 묘(卯)에, 4손궁(四巽宮)은 진사(辰巳)에, 5황궁(五黃宮)은 중앙에, 6백궁(六白宮)은 술해(戌亥)에, 7적궁(七赤宮)은 유(酉)에, 8백궁(八白宮)은 축인(丑寅)에, 9자궁(九紫宮)은 오(午)에 배치한다.

2. 후천팔괘(後天八卦)

문왕(文王)께서 우주만상의 생왕사절(生旺死絕)과 순환의 이치를 그림으로 설명한 것이며, 용(用)에 해당한다.

천지만상은 진(震)의 묘(卯)·동(東)·춘(春)·3에서 나와, 손(巽)의 동남(東南)·4에 이르고, 이(離)의 오(午)·남(南)·하(夏)·9에서 왕성한 기운을 얻어, 곤(坤)의 서남(西南)·2에서 발전 성장하고, 태(兌)의 유(酉)·서(西)·추(秋)·7에서 성숙하여, 건(乾)의 서북(西北)·6에서 수확하고, 감(坎)의 자(子)·북(北)·동(冬)·1에서 되돌아가, 간(艮)의 동북(東北)·8에서 끝맺고 다시 소생한다는 천지만물의 이치를 설명한 것이다. 선천팔괘(先天八卦)는 우주의 기본인 체(體)의 표상이고, 후천팔괘(後天八卦)는 우주의 운용인 용(用)의 표상이며, 8방위의 표시이다.

3. 음양(陰陽) 양의(兩儀)

■ 양(陽) : ▬▬   ■ 음(陰) : ▬ ▬

양(陽)은 천양지기(天陽之氣)로 동(動)하고 충(沖)하며 창조하는 적극적인 본성이다. 음(陰)은 태음지기(太陰之氣)로 정(靜)하고 포용하며 화육(和育)하고, 보수적이며 소극적인 본성이다. 우주의 삼라만상은 이와 같은 상반된 두 기운의 흐름에 의한 상생(相生)과 상극(相剋) 작용에 의한 생장과 소멸의 순환이다. 양(陽)과 음(陰)은 모든 사물의 근원일 뿐만 아니라 그 기(氣)를 어떤 구체적인 현상으로 변화시키는 우주의 법칙이다.

4. 4상(四象) 8괘(八卦)

1. 4상(四象)

태양(太陽)·소음(少陰)·소양(少陽)·태음(太陰)을 4상(四象)이라
한다. 우주 삼라만상의 4원체(原體)이며, 음중유양(陰中有陽) 양중유
음(陽中有陰)이다.

태양(太陽) : ⚌ 양(陽) 위에 양(陽)을 더하니 태양(太陽)

소음(少陰) : ⚏ 양(陽) 위에 음(陰)을 더하니 소음(少陰)

소양(少陽) : ⚎ 음(陰) 위에 양(陽)을 더하니 소양(少陽)

태음(太陰) : ⚏ 음(陰) 위에 음(陰)을 더하니 태음(太陰)

2. 8괘(八卦)

4상(四象)을 다시 배합하여 우주조화의 기본 괘상(卦象)을 8가지로
나타낸 것이다. 건곤(乾坤)은 천지정위(天地定位)하고, 감리(坎離)는
수화불상역(水火不相射)이 되며, 간태(艮兌)는 산택통기(山澤通氣)하
고, 진손(震巽)은 뇌풍상박(雷風相撲)한다. 8괘(八卦)는 우주의 기본
틀이 된다.

- 건괘(乾卦) : ☰ 건삼련(乾三連) 태양(太陽 ⚌)에 양(陽 ―)을
  더한다.
- 곤괘(坤卦) : ☷ 곤삼절(坤三絶) 태음(太陰 ⚏)에 음(陰 ――)을

더한다.

- 감괘(坎卦) : ☵ 감중련(坎中連) 소양(少陽 ⚏)에 음(陰 ⚋)을 더한다.

- 리괘(離卦) : ☲ 이허중(離虛中) 소음(少陰 ⚎)에 양(陽 ⚊)을 더한다.

- 진괘(震卦) : ☳ 진하련(震下連) 소음(少陰 ⚎)에 음(陰 ⚋)을 더한다.

- 손괘(巽卦) : ☴ 손하절(巽下絶) 소양(少陽 ⚏)에 양(陽 ⚊)을 더한다.

- 간괘(艮卦) : ☶ 간상련(艮上連) 태음(太陰 ⚏)에 양(陽 ⚊)을 더한다.

- 태괘(兌卦) : ☱ 태상절(兌上絶) 태양(太陽 ⚌)에 음(陰 ⚋)을 더한다.

3. 오행(五行)

동양의 성인들은 모든 사물의 성분과 작용을 오행(五行)이라는 방법으로 분류하여, 상생(相生)·상극(相剋)·화합·동정(動靜)·순역(順逆) 등 우주의 자연법칙에 의한 조화로 천지만물이 생장하고 소멸하는 이치를 깨달았다. 현대의 과학도 음양(陰陽)과 오행(五行)의 테두리 안에서 일부만을 구체적으로 검증한 것에 불과하다. 앞으로도 영원히 이를 앞지르지 못할 것이 분명하다. 음양오행(陰陽五行)은 우주 안에 없는 곳이 없고, 관련되지 않는 사물이 없다.

오행(五行)은 목화토금수(木火土金水)를 말한다. 북방(北方)은 수(水)에 속하고, 남방(南方)은 화(火)에 속하고, 동방(東方)은 목(木)

에 속하고, 서방(西方)은 금(金)에 속하고, 토(土)는 중앙에 위치한다. 토(土)는 방위가 없으니 사실은 사행(四行)으로 사경오행(四經五行)이다. 사경(四經) 중 삼합오행(三合五行)이 인오술(寅午戌)하면 화국(火局)의 생왕묘(生旺墓) 3방(三方)을 말한다. 따라서 3방(三方)을 삼합오행(三合五行)이라 한다.

또한 장생방(長生方)의 기수(起數)를 따른 4장생(四長生) 오행(五行)은 인신사해(寅申巳亥)의 4장생방(四長生方)을 기점으로 한 오행(五行)이다. 또한 쌍산오행(雙山五行)은 인오술(寅午戌) 동궁자(同宮者) 간병신(艮丙辛)을 말한다. 그리고 현공오행(玄空五行)은 삼합(三合)과 쌍산(雙山)의 이기(理氣)로 수세(水勢)에 따라 입향(立向)하여 변화무쌍하다. 현자(玄者)는 변화를 말하고, 공자(空者)는 무소기착(無所寄着)을 말하니, 입혈정향(立穴定向)의 본룡(本龍)에 구애받지 않고 허령(虛靈)의 수법(水法)에 의해 입향(立向)하기 때문에 현공오행(玄空五行)이라고 한다.

삼합(三合) · 사생(四生) · 쌍산(雙山) · 현공오행(玄空五行)은 비록 명칭은 다르나 용법은 하나이다. 그리고 명칭을 달리한 향상오행(向上五行)이 있다. 이는 용혈(龍穴)과 수법(水法)이 상합(相合)되지 않을 때, 향상(向上)과 쌍산오행(雙山五行)을 적용하여 사절수(死絶水)를 생왕수(生旺水)로 변화하여 입향(立向)할 때 적용한다.

5. 정오행(正五行)

정오행(正五行)은 모든 오행(五行)의 기본이다. 따라서 각종 오행(五行)은 정오행(正五行)에 준하여 화생(化生)된다.

1·6은 북방수(北方水), 2·7은 남방화(南方火), 3·8은 동방목(東方木), 4·9는 서방금(西方金), 5·10은 중앙토(中央土)이고, 홀수는 양(陽), 짝수는 음(陰)이다.

五行	水		木		土		火		金	
陽	一	壬子	三	甲寅	五	辰戌	七	丙午	九	庚申
五行	火		金		水		木		土	
陰	二	丁巳	四	辛酉	六	癸亥	八	乙卯	十	丑未

■ 인갑묘을손(寅甲卯乙巽) 용(龍)은 동방목(東方木)이다.

좌선(左旋)이면 양갑목룡(陽甲木龍)이라 하고, 갑목장생(甲木長生)은 건해(乾亥), 왕(旺)은 갑묘(甲卯), 묘(墓)는 정미(丁未)에서 순행(順行)한다.

우선(右旋)이면 을음목룡(陰乙木龍)이라 하고, 을목장생(乙木長生)은 병오(丙午), 왕(旺)은 간인(艮寅), 묘(墓)는 신술(辛戌)에서 역행(逆行)한다.

■ 사병오정(巳丙午丁) 용(龍)은 남방화(南方火)이다.

좌선(左旋)이면 양병화룡(陽丙火龍)이라 하고, 병화장생(丙火長生)은 간인(艮寅), 왕(旺)은 병오(丙午), 묘(墓)는 신술(辛戌)에서 순행(順行)한다.

우선(右旋)이면 음정화룡(陰丁火龍)이라 하고, 정화장생(丁火長生)은 경유(庚酉), 왕(旺)은 손사(巽巳), 묘(墓)는 계축(癸丑)에서 역행(逆行)한다.

■ 신경유신건(申庚酉辛乾) 용(龍)은 서방금(西方金)이다.

좌선(左旋)이면 양경금룡(陽庚金龍)이라 하고, 경금장생(庚金長生)은 손사(巽巳), 왕(旺)은 경유(庚酉), 묘(墓)는 계축(癸丑)에서 순행(順行)한다.

우선(右旋)이면 음신금룡(陰辛金龍)이라 하고, 신금장생(辛金長生)은 임자(壬子), 왕(旺)은 곤신(坤申), 묘(墓)는 을진(乙辰)에서 역행(逆行)한다.

■ 해임자계(亥壬子癸) 용(龍)은 북방수(北方水)이다.

좌선룡(左旋龍)이면 양임수룡(陽壬水龍)이라 하고, 임수장생(壬水長生)은 곤신(坤申), 왕(旺)은 임자(壬子), 묘(墓)는 을진(乙辰)에서 순행(順行)한다.

우선룡(右旋龍)이면 음계수룡(陰癸水龍)이라 하고, 계수장생(癸水長生)은 갑묘(甲卯), 왕(旺)은 건해(乾亥), 묘(墓)는 정미(丁未)에서 역행(逆行)한다.

■ 곤간진술축미(坤艮辰戌丑未) 용(龍)은 중앙토(中央土)이다.

좌선(左旋)이면 양무토룡(陽戊土龍)이라 하고, 무토장생(戊土長生)은 곤신(坤申), 왕(旺)은 임자(壬子), 묘(墓)는 을진(乙辰)에서 순행(順行)한다.

우선(右旋)이면 음기토룡(陰己土龍)이라 하고, 기토장생(己土長生)은 갑묘(甲卯), 왕(旺)은 건해(乾亥), 묘(墓)는 정미(丁未)에서 역행(逆行)한다.

  토(土)는 해(亥)에서 기포(起胞)하여 술(戌)에서 장사(墓)지내야 한다. 그러나 술(戌)은 화(火)의 묘(墓)가 되고, 화(火)는 토(土)의 어머니(火生土)이니 같이 장사지내지 못한다. 축(丑)은 금(金)의 묘(墓)이니 토(土)의 아들(土生金)이기 때문에 합장하지 못한다. 미(未)는 목(木)의 묘(墓)이니 극(剋)을 당할까 두려워 합장하지 못한다(木剋土), 진(辰)은 수(水)의 묘(墓)이니 수(水)는 토(土)의 아내(土剋水)가 되어 진(辰)에 장사지내는 것이다.

6. 삼합오행(三合五行)

■ 건갑정(乾甲丁) 해묘미(亥卯未)는 탐랑일로행(貪狼一路行) 목국(木局)의 삼합(三合)이다.
■ 간병신(艮丙辛) 인오술(寅午戌)은 위위시염정(位位是廉貞) 화국(火局)의 삼합(三合)이다.
■ 손경계(巽庚癸) 사유축(巳酉丑)은 진시무곡위(盡是武曲位) 금국(金局)의 삼합(三合)이다.
■ 곤임을(坤壬乙) 신자진(申子辰)은 문곡종두출(文曲從頭出) 수국(水局)의 삼합(三合)이다.

7. 사장생오행(四長生五行)

■ 좌선룡(左旋龍)

갑목장생(甲木長生)은 건해(乾亥), 경금장생(庚金長生)은 손사(巽巳), 병화장생(丙火長生)은 간인(艮寅), 임수장생(壬水長生)은 곤신(坤申), 무토장생(戊土長生)은 곤신(坤申)이다.

■ 우선룡(右旋龍)

을목장생(乙木長生)은 병오(丙午), 신금장생(辛金長生)은 임자(壬子), 정화장생(丁火長生)은 경유(庚酉), 계수장생(癸水長生)은 갑묘(甲卯), 기토장생(己土長生)은 갑묘(甲卯)이다.

갑경병임(甲庚丙壬)은 양(陽)에 속하므로 순행(順行)하고, 을신정계(乙辛丁癸)는 음(陰)에 속하므로 역행(逆行)한다.

8. 쌍산오행(雙山五行)

- 임자(壬子)는 동궁(同宮) 수(水) 왕(旺), 계축(癸丑)은 동궁(同宮) 금(金) 묘(墓), 간인(艮寅)은 동궁(同宮) 화(火) 장생(長生)이다.
- 갑묘(甲卯)는 동궁(同宮) 목(木) 왕(旺), 을진(乙辰)은 동궁(同宮) 수(水) 묘(墓), 손사(巽巳)는 동궁(同宮) 금(金) 장생(長生)이다.
- 병오(丙午)는 동궁(同宮) 화(火) 왕(旺), 정미(丁未)는 동궁(同宮) 목(木) 묘(墓), 곤신(坤申)은 동궁(同宮) 수(水) 장생(長生)이다.
- 경유(庚酉)는 동궁(同宮) 금(金) 왕(旺), 신술(辛戌)은 동궁(同宮)

화(火) 묘(墓), 건해(乾亥)는 동궁(同宮) 목(木) 장생(長生)이다.

9. 4대국오행(四大局五行) : 수구포법(水口胞法)

- 신술(辛戌) · 건해(乾亥) · 임자(壬子) 수구(水口)는 화국(火局)
- 계축(癸丑) · 간인(艮寅) · 갑묘(甲卯) 수구(水口)는 금국(金局)
- 을진(乙辰) · 손사(巽巳) · 병오(丙午) 수구(水口)는 수국(水局)
- 정미(丁未) · 곤신(坤申) · 경유(庚酉) 수구(水口)는 목국(木局)

10. 현공오행(玄空五行)

현공오행(玄空五行)은 후천팔괘(後天八卦)에 속하는 나경(羅經) 외
반봉침(外盤縫針)을 응용하여 입혈정향(立穴定向)하는 방법의 하나
이다. 외반봉침(外盤縫針)에 의해 득수(得水)와 소수(消水)의 방위를
확인하고, 향상(向上)과 쌍산오행(雙山五行)을 응용하여 향상(向上)
생왕수(生旺水)가 상당(上堂)하도록 하고, 소수(消水)는 병사묘(病死
墓)의 방위로 정한다. 향(向)과 득수(得水)는 상생(相生) 파구(破口 :
水口)는 상극(相剋)하여 나가면 길하다. 이때 용상팔살(龍上八殺)을
주의해야 한다.

예를 들어 소수구(消水口)가 신술(辛戌 : 外盤縫針) 방위이면 화국
(火局)이다. 삼합(三合)에 의하면 인오술국(寅午戌局)에서 간인(艮
寅)은 화국(火局)의 장생(長生), 병오(丙午)는 화국(火局)의 왕방(旺
方)이므로 신술방(辛戌方)으로 소수(消水)하면 4대국법(四大局法)으

로는 화국(火局)이다. 장생(長生)은 간인(艮寅)이고, 왕(旺)은 병오(丙午)이므로 간인(艮寅) 장생향(長生向)이나 병오왕향(丙午旺向)이 대길향(大吉向)이다. 이와 같이 장생(長生)·향상(向上)·삼합(三合)·쌍산오행(雙山五行) 등을 응용하여 입혈정향(立穴定向)하는 것을 현공오행(玄空五行)이라 한다.

11. 향상오행(向上五行)

- 을진(乙辰)은 수국(水局)의 정고(正庫)이다.
- 신술(辛戌)은 화국(火局)의 정고(正庫)이다.
- 계축(癸丑)은 금국(金局)의 정고(正庫)이다.
- 정미(丁未)는 목국(木局)의 정고(正庫)이다.

이상의 4국(四局) 중 어느 한 국(局)으로 소수(消水)할 때 생왕묘(生旺墓) 3향(向) 중 용(龍)의 입수(入首)와 합치되는 향(向)을 택하면 된다. 그러나 수구(水口)와 입수룡(入首龍)이 불합할 때는 차고입향(借庫立向)을 하고, 수구(水口)가 정미방(丁未方)이고 입수(入首)가 임자룡(壬子龍)일 때는 병오향(丙午向) 즉 자왕향(自旺向)을 한다. 이때 병오향(丙午向)은 화국(火局)의 왕향(旺向)이고, 수구(水口) 정미(丁未)는 목국(木局)의 묘(墓)이다.

따라서 입수룡(入首龍)과 수구(水口)가 삼합오행(三合五行)과 일치되지 않는다. 이때는 향상오행(向上五行)을 응용하여 병오향(丙午向)은 쌍산오행(雙山五行)에 있어 화국(火局)의 왕(旺)이고, 정미(丁未)는 쇠방(衰方 : 巨門水)이다. 쇠방(衰方)의 소수(消水) 역시 대길향

(大吉向)이다. 이와 같이 향상(向上)에 의해 입혈정향(立穴定向)하는 것이 향상오행(向上五行)이다.

12. 전도오행(顚倒五行)

좌선양룡(左旋陽龍)은 우선음수(右旋陰水)와 상호배합하여 결국(結局)하고, 우선음룡(右旋陰龍)은 좌선양수(左旋陽水)와 상호배합하여 결혈(結穴)하는데, 순역(順逆 : 左右旋)이 서로 회전하여 동일한 묘고방(墓庫方)으로 선회한다. 또한 좌선룡(左旋龍) 입수(入首)이나 변작(變作)하여 우선룡(右旋龍) 결국(結局)할 때가 있고, 우선룡(右旋龍) 입수(入首)이나 변작(變作)하여 좌선룡(左旋龍) 결국(結局)할 때가 있다. 4대국(四大局)에는 생왕묘(生旺墓) 정국향(正局向)이 있지만 변작(變作)하여 자생향(自生向)과 자왕향(自旺向)을 하기도 한다. 이상의 여러 향(向)은 전도오행(顚倒五行)에서 이루어진다.

우선 수구(水口)를 찾아 4국(四局) 중에서 어느 국(局)에 속하는가를 확인한 후에 입향(立向)해야 한다. 좌선(左旋)·우선(右旋)에 의한 물의 변화에 따라 입향(立向)하면 착오가 없을 것이다. 입향(立向)할 때 외수구(外水口)에 의하면 큰 착오가 생기니 주의해야 한다. 내수구(內水口)에 의한 입향(立向)은 혈전(穴前) 금어수(金魚水)의 수구(水口)에 의한 입향(立向)을 해야 하는데 대부분이 잘못한다. 또한 순역(順逆) 24산(二四山)에는 화갱(火坑)이 있으니 주의해야 한다.

화갱(火坑)은 예를 들면 사병오정(巳丙午丁) 좌선(左旋) 양병(陽丙) 화룡(火龍)의 정고(正庫)는 신술(辛戌)이다. 그러나 수구(水口)가 축방(丑方)이면 변작(變作)하여 우선(右旋) 음정화룡(陰丁火龍)이 된다. 이때 향(向)은 사유축(巳酉丑) 금국(金局)으로 한다. 그러나 이것을 깨닫지 못하고 양병(陽丙) 화룡(火龍)이라고 하여 화룡(火龍)의 생왕묘향(生旺墓向) 즉 인오술(寅午戌) 화룡(火龍) 입향(立向)을 하면 수불귀고(水不歸庫)하여 큰 착오를 일으킨다. 이것을 화갱(火坑)이라 한다. 이때 반드시 물의 변화에 의한 입향(立向)을 해야 하고, 용(龍)은 보지 않고 물의 변화에 의한 사유축(巳酉丑) 금국(金局)의 입향(立向)을 해야 한다.

또한 곤신(坤申)·해(亥)·임자(壬子)의 내룡입수(來龍入首)는 양수(陽水) 좌선(左旋) 장생룡(長生龍)이다. 수국(水局)의 정고(正庫)는 을진(乙辰)이지만 계축(癸丑)으로 소수(消水)할 때는 반드시 사유축(巳酉丑) 금국(金局) 입향(立向)을 해야 한다. 만일 신자진(申子辰) 수국(水局)의 입향(立向)을 하면 수불귀고(水不歸庫)하여 상인정(傷人丁)하며 파재대흉(破財大凶)하니 화갱(火坑)이 된다.

또한 갑묘(甲卯)·건해(乾亥) 목기(木氣) 행룡(行龍)했을 때 정미(丁未)의 수(水)가 내(來) 즉 해묘미(亥卯未) 목국(木局)의 묘방수(墓方水)가 내(來)하여 명당에 상당(上堂)하고, 곤신(坤申)·경유(庚酉)·병오(丙午)의 물과 합류하여 해묘(亥卯)의 생왕방(生旺方)으로 흘러가면 수신(水神)의 내거(來去)는 모두 흉한 출입이 된다.

따라서 전후좌우 만국대살(滿局帶殺)이다. 목기(木氣) 행룡(行龍)에 정미(丁未)는 목국(木局)의 묘방(墓方)이다. 진술축미 (辰戌丑未) 4국(四局)의 지지방(地支方)은 대살방(帶殺方)이니 목룡(木龍)에 정미수(丁未水)는 대살방(帶殺方)이다. 쌍산(雙山) 건해룡(乾亥龍)은 목국(木局) 정미방(丁未方)으로 소수(消水)해야 하나, 을진방(乙辰方)으로 소수(消水)하면 당연히 신자진(申子辰) 수국(水局) 생왕묘향(生旺

墓向)을 해야 한다.

입수룡(入首龍)에 의해 개문입면(開門立面)한 것이 손사방(巽巳方)
이면 절처봉생(絶處逢生) 자생향(自生向)으로 개문입면(開門立面)이
갑묘방(甲卯方)이면 갑묘향(甲卯向) 즉 자왕향(自旺向)을 해야 한다.
이는 향상(向上)으로 한 것이며, 이와 같은 것을 전도오행(顚倒五行)
이라 한다.

13. 납음오행(納音五行)

망자의 생년, 좌산(坐山)의 관계, 혼인택일, 궁합 등에 이용한다.

■ 납음수(納音數) : 土 1궁, 火 3치, 水 5우, 金 7상, 木 9각

8괘(八卦)와 천간지지(天干地支)

八卦	乾	坤	震	巽	坎	離	艮	兌
天干	甲壬	乙癸	庚	辛	戊	己	丙	丁
地支			子午	丑未	寅申	卯酉	辰戌	巳亥

■ 경자(庚子)인 경우

경자(庚子)의 자(子)는 경(庚)에 속하므로(庚→庚) 1이다, 1은 토
(土)의 소리이므로 경자(庚子)는 신축(辛丑)과 함께 벽상토(壁上土)
라 한다.

■ 병인(丙寅)인 경우

병인(丙寅)은 무(戊)에 속하므로(丙→丁→戊) 3이다. 화(火)의 소리

병인(丙寅)은 정묘(丁卯)와 더불어 노중화(爐中火)이다.

■ 임술(壬戌)인 경우

술(戌)은 병(丙)에 속하므로(壬→癸→甲→乙→丙) 5이다. 수(水)의 소리 임술(壬戌)은 계해(癸亥)와 함께 대해수(大海水)이다.

■ 임신(壬申)인 경우

신(申)은 무(戊)에 속하므로(壬→癸→甲→乙→丙→丁→戊) 7이다. 금(金)의 소리 임신(壬申) 계유(癸酉)는 검봉금(劍鋒金)이다.

육십갑자(六十甲字) 납음오행(納音五行)

六十甲字	甲字 乙丑	丙寅 丁卯	戊辰 己巳	庚午 辛未	壬申 癸酉
納音五行	海中金	爐中火	大林木	路中土	劒鋒金
六十甲字	甲戌 乙亥	丙子 丁丑	戊寅 己卯	庚辰 辛巳	壬午 癸未
納音五行	山頭火	澗下水	城頭土	白鑞金	楊柳木
六十甲字	甲申 乙酉	丙戌 丁亥	戊子 己丑	庚寅 辛卯	壬辰 癸巳
納音五行	泉中水	屋上土	霹靂火	松柏木	長流水
六十甲字	甲午 乙未	丙申 丁酉	戊戌 己亥	庚子 辛丑	壬寅 癸卯
納音五行	沙中金	山下火	平地木	壁上土	金箔金
六十甲字	甲辰 乙巳	丙午 丁未	戊申 己酉	庚戌 辛亥	壬子 癸丑
納音五行	覆燈火	天河水	大驛土	釵釧金	桑柘木
六十甲字	甲寅 乙卯	丙辰 丁巳	戊午 己未	庚申 辛酉	壬戌 癸亥
納音五行	大溪水	沙中土	天上火	石榴木	大海水

■ 기사(己巳)인 경우

사(巳)는 정(丁)에 속하므로(己→庚→辛→壬→癸→甲→乙→丙→丁)
9이다. 목(木)의 소리 기사(己巳) 무진(戊辰)은 대림목(大林木)이다.

餘滴 · 2 : 음양(陰陽)의 구분

1. 천간지지(天干地支)의 음양(陰陽)

天干(陽)	太陽	甲丙戊庚壬
	少陽	乙丁己辛癸
地支(陰)	少陰	子寅辰午申戌
	太陰	丑卯巳未酉亥

2. 정음(淨陰) 정양법(淨陽法)

■ 정양(淨陽) : 건갑(乾甲) 곤을(坤乙) 계신자진(癸申子辰)
　　　　　　　임인오술(壬寅午戌)

■ 정음(淨陰) : 간병(艮丙) 손신(巽辛) 경해묘미(庚亥卯未)
　　　　　　　정사유축(丁巳酉丑)

8괘(八卦) 가운데 괘(卦)를 뺀 모습이 위아래가 같으면 정양(淨陽)
이라 하고, 다르면 정음(淨陰)이라 한다. 건(乾) · 곤(坤) · 감(坎) · 리
(離)는 정양(淨陽)이다. 갑(甲)은 건괘(乾卦)에 속하고, 을(乙)은 곤
괘(坤卦)에 속하고, 계신자진(癸申子辰)은 감괘(坎卦)에 속하고, 임인
오술(壬寅午戌)은 이괘(離卦)에 속한다. 따라서 건갑(乾甲) · 곤을(坤

乙)·계신자진(癸申子辰)·임인오술(壬寅午戌)은 정양(淨陽)이다.

간(艮)·손(巽)·진(震)·태(兌)는 정음(淨陰)이다. 병(丙)은 간괘(艮卦)에 속하고, 신(辛)은 손괘(巽卦)에 속하고, 정사유축(丁巳酉丑)은 태괘(兌卦)에 속하고, 경해묘미(庚亥卯未)는 진괘(震卦)에 속한다. 따라서 간병(艮丙)·손신(巽辛)·경해묘미(庚亥卯未)·정사유축(丁巳酉丑)은 정음(淨陰)이다.

3. 오행(五行)의 종류

五行	木	火	土	金	水
正五行	寅甲卯乙巽	巳丙午丁	辰戌丑未艮坤	申庚酉辛乾	亥壬子癸
三合五行	乾甲丁亥卯未	艮丙辛寅午戌		巽庚癸巳酉丑	坤壬乙申子辰
四大局五行	丁未坤申庚酉	辛戌乾亥壬子		癸丑艮寅甲卯	乙辰巽巳丙午
洪範五行	艮卯巳	壬乙丙午	癸丑未坤庚	丁酉乾亥	子寅甲辰巽申
八卦五行	震巽	離	艮坤	乾兌	坎

2. 포태기법(胞胎起法)

포태기법(胞胎起法)은 8괘(八卦) 기법이며 12궁(十二宮) 즉 12방위를 파악하는 방법이다. 천지만상의 생로병사의 질서정연한 순환의 단계적 과정이다. 순서는 다음과 같다.

포(胞 : 絶)·태(胎)·양(養)·생(生)·욕(浴)·대(帶)·관(官)·왕(旺)·쇠(衰)·병(病)·사(死)·장(葬 : 墓)

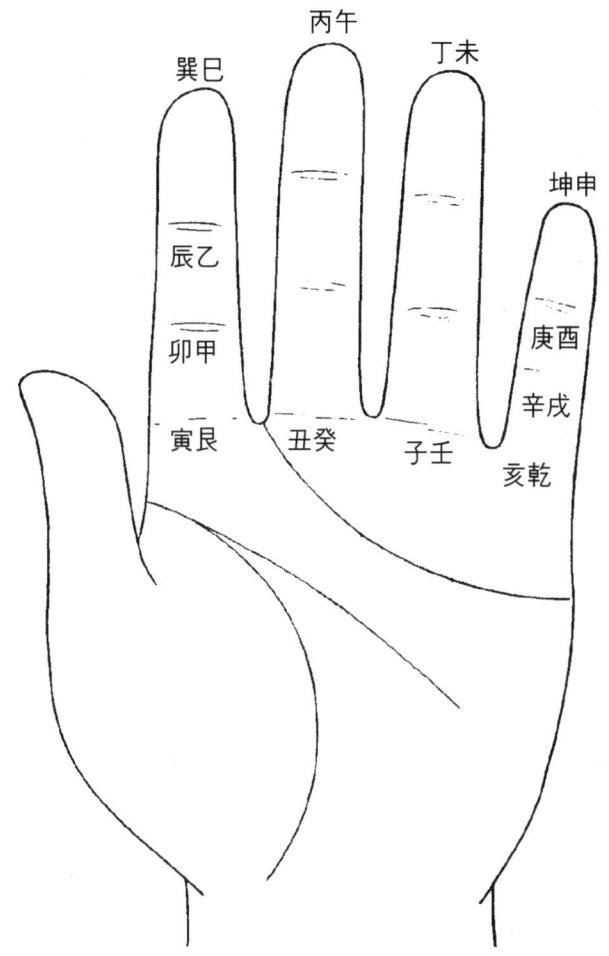

　용(龍)이나 수(水)가 좌선(左旋)할 때는 금인수토사(金寅水土巳) 목
신화해당(木申火亥當)하고, 용(龍)이나 수(水)가 우선(右旋)할 때는
금묘수토오(金卯水土午) 목유화자기(木酉火子起)이다.

1. 정오행(正五行) 좌산포태법(坐山胞胎法)

이것은 좌산(坐山)에서 수(水)의 득파(得破)를 보는 방법이다. 득수(得水)는 생왕관대(生旺官帶)가 최길이고, 수파(水破)는 병사장(病死墓)이 가능하다. 이 법을 볼 때는 4대국법(四大局法)과 쌍산법(雙山法)을 모두 보지 않는다. 좌선(左旋)이면 순수(順水), 우선(右旋)이면 역수(逆水)이다.

- 해임자계(亥壬子癸) : 수(水)
- 인갑묘을손(寅甲卯乙巽) : 목(木)
- 사병오정(巳丙午丁) : 화(火)
- 신경유신건(申庚酉辛乾) : 금(金)
- 진술축미곤간(辰戌丑未坤艮) : 토(土)

2. 4대국(四大局) 수구포법(水口胞法)

이 법은 순수(順水)에만 해당하고, 용(龍)과 파(破)만 본다. 용(龍)은 입수(入首)를 말하고, 파(破)는 수구(水口)를 말한다. 용(龍)은 생(生)·왕(旺)·관(官)·대(帶) 등이 귀룡(貴龍)이고, 파(破)는 포(胞)·욕(浴)·쇠(衰)·병(病)·사(死)·묘(墓)가 가능하다.

- 신술(辛戌)·건해(乾亥)·임자(壬子) 수구(水口)는 을병교이추술(乙丙交而趨戌) 화국(火局) 을룡(乙龍)이다.
- 계축(癸丑)·간인(艮寅)·갑묘(甲卯) 수구(水口)는 두우납정경지

4대국(四大局) 입향(立向) 수구포법(水口胞法)

	甲癸木局		乙丙火局		辛壬水局		丁庚金局	
	左旋 陽 甲木水法	右旋 陰 癸水龍法	左旋 陽 丙火水法	右旋 陰 乙木龍法	左旋 陽 壬水水法	右旋 陰 辛金龍法	左旋 陽 庚金水法	右旋 陰 丁火龍法
胞 (絶)	坤申	丙午	乾亥	庚酉	巽巳	甲卯	艮寅	壬子
胎	庚酉	巽巳	壬子	坤申	丙午	艮寅	甲卯	乾亥
養	辛戌	乙辰	癸丑	丁未	丁未	癸丑	乙辰	辛戌
生	乾亥	甲卯	艮寅	丙午	坤申	壬子	巽巳	庚酉
浴	壬子	艮寅	甲卯	巽巳	庚酉	乾亥	丙午	坤申
帶	癸丑	癸丑	乙辰	乙辰	辛戌	辛戌	丁未	丁未
官	艮寅	壬子	巽巳	甲卯	乾亥	庚酉	坤申	丙午
旺	甲卯	乾亥	丙午	艮寅	壬子	坤申	庚酉	巽巳
衰	乙辰	辛戌	丁未	癸丑	癸丑	丁未	辛戌	乙辰
病	巽巳	庚酉	坤申	壬子	艮寅	丙午	乾亥	甲卯
死	丙午	坤申	庚酉	乾亥	甲卯	巽巳	壬子	艮寅
墓 (葬)	丁未	丁未	辛戌	辛戌	乙辰	乙辰	癸丑	癸丑

기(斗牛納丁庚之氣) 금국(金局) 정룡(丁龍)이다.

- 을진(乙辰)·손사(巽巳)·병오(丙午) 수구(水口)는 신임회이취진 (辛壬會而聚辰) 수국(水局) 신룡(辛龍)이다.

- 정미(丁未)·곤신(坤申)·경유(庚酉) 수구(水口)는 금양수계갑지 령(金羊收癸甲之靈) 목국(木局) 계룡(癸龍)이다.

용(龍)을 볼 때 수구(水口)가 신술(辛戌)·건해(乾亥)·임자(壬子)로 나가면 모두 을병화국(乙丙火局) 을룡(乙龍)이다. 그러므로 을목 장생(乙木長生)은 병오(丙午)에 있다. 입수(入首)가 병오(丙午)이면 생룡(生龍)이고, 을진입수(乙辰入首)이면 관대룡(冠帶龍)이고, 갑묘입수(甲卯入首)이면 임관룡(臨官龍)이고, 간인입수(艮寅入首)이면 왕룡 (旺龍)이고, 임자입수(壬子入首)이면 병룡(病龍)이고, 건해(乾亥入首)이면 사룡(死龍)이고, 경유입수(庚酉入首)이면 절룡(絶龍)이 된다.

3. 쌍산오행(雙山五行) 향상포법(向上胞法)

이 법은 순수(順水)에만 해당하고, 수(水)의 득파(得破)만을 보는데 득수(得水)가 더 중요하다. 양(養)·생(生)·왕(旺)·관(官)·대(帶) 득수(得水)는 가하고, 파(破)는 포(胞)·욕(浴)·쇠(衰)·병(病)·사 (死)·묘(墓) 등이 가하다.

외수구파(外水口破)이면 4대국포법(大局胞法)을 보고, 향상포법(向 上胞法)은 혈전수(穴前水) 즉 골육수(骨肉水)의 득파(得破)를 보는 것으로 순수기법(順數起法)이다.

- 건갑정(乾甲丁) 해묘미향(亥卯未向)은 목(木)이다.
- 간병신(艮丙辛) 인오술향(寅午戌向)은 화(火)이다.
- 곤임을(坤壬乙) 신자진향(申子辰向)은 수(水)이다.
- 손경계(巽庚癸) 사유축향(巳酉丑向)은 금(金)이다.

3. 나경론(羅經論)

나경(羅經)의 원리와 근원은 태극(太極)에 있고, 구조와 바탕은 낙서(洛書)의 후천도(後天圖)에 있다. 태극(太極)의 음양(陰陽)과 양의(兩儀)를 4상(四象)으로 나누고, 이를 다시 8괘(八卦)로 나누고, 또다시 24방위로 나누어 나경패철(羅經佩鐵)의 기본구조로 했다.

나경(羅經)의 분획은 첫째로 지반정침(地盤正針)을 주공(周公)께서 선천지지(先天地支) 12방위를 분정 배치하고, 여기에다 한나라 때의 적송자(赤松子)가 사유팔간(四維八干)을 상배(相配)하여 24기본정위를 설정했다. 천반봉침(天盤縫針)은 당나라 때 양균송(楊筠松) 선생이 천간(天干)과 지지(地支)의 쌍산(雙山)을 봉합하여 천반봉침(天盤縫針)을 획정하고, 인반중침(人盤中針)은 송나라 뢰문준(賴文俊)이 28성수(二八星宿)의 위치에 대응한 인반중침(人盤中針)을 획정하여 비로소 천지인(天地人) 3위의 정확한 위치와 방위를 경반(經盤)에 분계 등재했다. 이것을 실용하기 위해 천지인(天地人) 3반(盤)을 기준으로 세분하여, 5층 72지기(地紀)와 7층 60천기(天紀)를 나누어 120분금과 360도로 분정했다.

이것이 나경패철(羅經佩鐵)의 기본구조이기는 하나 실제는 좀더 복잡하고 다양하다. 우선 우주의 정확한 위치측정을 비롯하여 길흉방위의 판별과 격룡(格龍) 정혈(定穴)을 하고, 사수(砂水)의 소납(消納) 등으로 음양(陰陽) 양택(兩宅)의 선별정위와 이에 의한 길흉을 판정하는 것이 나경패철(羅經佩鐵)의 풍수지리학적 기능이다.

제1층 : 용상팔살(龍上八殺)

감룡곤토진산후(坎龍坤兎震山猴) 손계건마태사두(巽鷄乾馬兌蛇頭)
간호이저위살요(艮虎離猪爲殺曜) 묘택봉지일단휴(墓宅逢之一旦休)

- 감룡(坎龍)은 양수(陽水)이고 진(辰)은 토(土)이니 토극수(土剋水)이다.
- 곤룡(坤龍)은 양토(陽土)이고 묘(卯)는 음목(陰木)이니 목극토(木剋土)이다.
- 진(震 : 卯)는 음목룡(陰木龍)이고 신(申)은 양금(陽金)이니 금극목(金剋木) 이다.
- 손(巽)은 음목룡(陰木龍)이고 유(酉)는 음금(陰金)이니 금극목(金剋木)이다.
- 건(乾)은 양금(陽金)이고 오(午)는 양화(陽火)이니 화극금(火剋金)이다.
- 태(兌-酉)는 음금(陰金) 사(巳)는 음화(陰火)이니 화극금(火剋金)이다.
- 간(艮)은 토(土)이고 인(寅)은 양목(陽木)이므로 목극토(木剋土)이다.

■ 리(離 : 午)는 양화(陽火)이고 해(亥)는 음수(陰水)이니 수극화(水剋火)이다.

 예를 들어 오룡입수(午龍入首)에 해향(亥向)을 하면 용상팔살(龍上八殺)을 범하고, 감룡입수(坎龍入首)에 진향(辰向)을 하면 용상팔살(龍上八殺)을 범하는 것이다.

제2층. 황천대살(黃泉大殺)

■ 계갑향중(癸甲向中) 우견간(憂見艮) : 간방(艮方)으로 수(水)가 나가면 목국(木局)에서 황천(黃泉)이 된다. 목국(木局)에서의 간파(艮破)는 정생향(正生向)·정왕향(正旺向)·양향(養向)·묘향(墓向)·자생향(自生向)·자왕향(自旺向) 중 어느 향(向)에서나 퇴신수법(退神水法)이 되어 패절(敗絶)과 절사(絶嗣) 등이 따르며 흉하다. 계갑목국(癸甲木局)에서는 간방출수(艮方出水)를 매우 꺼린다. 화국(火局)·수국(水局)·금국(金局)도 같은 이치이다.
■ 을병수방(乙丙須防) 손수선(巽水先) : 손방(巽方)으로 수(水)가 나가면 화국(火局)의 황천(黃泉)이다.
■ 정경곤상(丁庚坤上) 시황천(是黃泉) : 곤방(坤方)으로 물이 흘러가면 금국(金局)의 황천(黃泉)이다.
■ 신임수로(辛壬水路) 파당건(怕當乾) : 건방(乾方)으로 물이 흘러가면 수국(水局)의 황천(黃泉)이다.

제3층. 24산(二四山)의 오행(五行)

오행(五行)의 상생(相生) 상극(相剋)을 표시한다.

제4층. 지반정침(地盤正針)

하도(河圖)의 선천팔괘(後天八卦)를 체(體)로 삼고, 낙서(洛書)의 후천팔괘(後天八卦)로 남북의 오자(午子)의 정위를 나타낸 24방위이다. 행룡(行龍)의 측정(格龍)과 양택(陽宅)의 입향(立向)과 음양(陰陽) 배합의 원리를 측정한다. 풍수지리의 양택(陽宅)에서는 8방위만이 필요하고, 더 세밀한 음택(陰宅)에서는 24방위가 모두 필요하다.

지반정침(地盤正針)의 구조는 오행(五行)의 4정(四正)인 자오묘유(子午卯酉), 4생(四生)인 인신사해(寅申巳亥), 4장(四藏)인 진술축미(辰戌丑未) 등 지지(地支) 12위를 30도 간격으로 배정한다. 여기에다 갑경병임(甲庚丙壬) 을신정계(乙辛丁癸)의 8간(八干)과 건곤간손(乾坤艮巽) 4유(四維)를 천간(天干)으로 동음동양(同陰同陽)끼리 각각 짝을 지어 쌍산(雙山)·생왕묘(生旺墓)·삼합오행(三合五行)으로 정침(正針) 24위를 후천팔괘(後天八卦) 방위의 배치 순서대로 각각 15도씩 360도를 균등하게 배열했다.

용맥(龍脈)이 내려와 멈출쯤이면 혈성(穴星)과 혈장(穴場)을 만든다. 이렇게 혈장(穴場)을 형성하는 힘은 내룡(來龍)의 기운에 있는 만큼 혈장(穴場)을 사용하는 것은 후천(後天)의 용(用)이나, 혈장(穴場)을 이룬 용맥(龍脈)은 선천(先天)의 체(體)가 된다.

제5층. 내지반분금(內地盤分金)

　천산72룡(穿山七十二龍) : 용(龍)의 출맥(出脈)을 격정(格定)하는 것으로, 명당에 내려진 입수(入首) 후면의 내맥(來脈)을 격정(格定)한다. 입수(入首)까지의 길흉을 본다.

제6층. 사격(砂格)
제7층. 투지60룡(透地六十龍)

　천산72룡(穿山七十二龍)으로 입수(入首) 도두(到頭)한 용맥(龍脈) 중에서 화갱(火坑)・살요(煞曜)・공망맥(空亡脈)은 피하고, 왕상맥(旺相脈)만을 정확히 입맥(入脈)시켜 재혈(裁穴)을 올바르게 하는 층이다. 입수(入首)에서 혈(穴)까지.

제8층. 천반봉침(天盤縫針)

　천반봉침(天盤縫針)은 납수(納水)와 음택(陰宅) 입향(立向)을 본다. 지반정침(地盤正針)은 선천(先天)의 하도(河圖)를 체(體)로 하고, 봉침(縫針)은 후천(後天)의 낙서(洛書)로 용(用)을 삼는다. 선천(先天)은 진북(眞北)으로 정(靜)하여 산맥을 격정(格定)하고, 후천(後天)은 자북(磁北)으로 동(動)하여 납수(納水)를 간정(看定)한다. 정침(正針) 24산(二四山)으로는 격룡(格龍)을 하고, 봉침(縫針) 24방위로는 납수(納水)와 향(向)을 정한다. 납수(納水)와 향(向)은 불가분의 관계로 수(水)와 용(龍)을 보면서 향(向)을 정한다.

양공구빈수법(楊公救貧水法)의 생왕호용(生旺互用)하는 진신수법(進神水法)을 적용하고, 산수의 음양(陰陽)과 국세(局勢)를 잘 보아야 하고, 수구(水口)를 판별하는 것은 매우 중요하다. 양공구빈수법(楊公救貧水法)은 당나라 때 국사를 지낸 양균송(楊筠松) 선사가 청랑경(靑囊經)을 저작하면서 산형적인 풍수학을 모양에서의 음양(陰陽)적인 이론으로 정리하고, 그중에서 물의 흐름을 장생법(長生法)의 9궁수법(九宮水法)으로 정립한 이론이다. 이 수법(水法)을 적용한 결과 모두 빨리 발복하여 가난을 구제했다고 하여 구빈수법(救貧水法)이라 하고, 조빈모부법(朝貧暮富法)이라고도 한다.

제9층. 외반봉침(外盤縫針)

입향(立向)의 분금(分金)이다.

제2장. 용론(龍論)

1. 개 론

곤륜산은 지구의 모든 산맥과 산악의 총 조종산(祖宗山)이 된다. 곤
륜산은 중국을 9개의 주로 나눌 때 중앙에 있는 산이다. 동경 80~95
도, 북위 35도로 중국의 북서쪽에 있다. 길이는 500여 킬로미터이고,
해발 5,000미터가 넘는 산들이 여러 개 있고, 7,000미터가 넘는 산도
두 개나 있다. 세계에서 가장 높은 산인 에베레스트 산도 곤륜산에서
뻗어나간 줄기이다. 양균송(楊筠松)의 수미산도 곤륜산의 또다른 이
름의 하나이다.

곤륜산에서 북으로 흘러간 천산산맥은 다시 흥안령산맥으로 이어져
수만리를 흐르고, 다시 횡락(橫落)하여 동북으로 흘러 장백산맥이 되
었다. 장백산맥의 일대간룡(一大幹龍)은 우리 백의민족의 발상지인
만주를 거쳐 백두산에 이르러 대진(大盡)했다. 백두산에서 남으로 흐
르는 대간룡(大幹龍)은 마천령산맥으로 팔도강산에 널리 펴져 명혈

대지(名穴大地)를 수없이 결실하여 운기도래(運氣到來)를 기다리고 있으며, 후일 많은 인재를 배출할 것이다.

대간룡(大幹龍)이 대혈(大穴)을 이루려면 조산(祖山)이 염정작조(廉貞作祖)하고 용루보전(龍樓寶殿)이 있어야 한다. 서울을 예로 들면 도봉산이 염정(廉貞) 화성(火星)으로 태조산(太祖山)이 되었고, 용맥(龍脈)이 흘러 높이 솟은 백운대가 탐랑(貪狼) 파군성(破軍星)으로 용루(龍樓)가 되었고, 다시 흘러 보현봉이 되었다. 이는 파군(破軍) 거문성(巨門星)으로 용맥(龍脈)이 횡류하여 보전(寶殿)이라고 한다.

이같이 대간룡(大幹龍)이 대혈(大穴)을 결혈(結穴)할 때는 반드시 질서정연하게 염정(廉貞)이 태조산(太祖山)이 되고, 용루보전(龍樓寶殿)을 이루는 등 조산(祖山)이 최존귀의 위풍당당한 체계를 갖춘다. 그리고 다시 이곳에서 낙맥(落脈)하여 긴 것은 수백리, 짧은 것은 수십리를 행룡(行龍)하여 원국(垣局)이나 군왕지지(君王之地), 또는 대성대현(大聖大賢)이 나오는 음양택(陰陽宅)을 결혈(結穴)하고, 대부대귀가 나오는 음양택(陰陽宅)을 결혈(結穴)한다.

서울의 원국(垣局)을 자세히 설명하면 우리민족의 발상지이며 성지인 백두영봉에서 염정(廉貞) 발조(發祖)하고 사루하전(辭樓下殿)하여 장엄하게 발원한 장백대간의 건해용맥(乾亥龍脈)은 마천령산맥이 되어 용약남진(踊躍南進)하다 갑산에서 기세충천하고, 서남진하는 간인룡(艮寅龍)인 함경산맥과 합기단룡(合氣單龍)으로 개마고원을 지나, 다시 영흥에서 남진하는 낭림산맥의 기운을 배합 보강하고, 행도천리하여 고원과 양덕까지 힘차게 뻗어내려 온다.

한편 태백 간룡(幹龍)은 회양·통천·고성에 이르러 만방에서 으뜸가는 우리의 자랑인 천하명산 금강산을 만들고, 여기서 역전하여 되돌아 올라가다가 다시 하나의 맥을 발원하여 서남쪽으로 향해 힘차게 내달리는 한 용맥(龍脈)이 있다. 이것이 서울판도의 간룡(幹龍)인 광주산맥이다. 이 광주산맥은 회양·양구·화천·가평으로 행룡(行龍)하다. 그중 한 맥(脈)이 남양주를 향해 전진하여 포천과 양주로 돌아들어와 도봉산과 북한산으로 이어진다.

이곳에서 다시 탐랑성(貪狼星)으로 행룡(行龍)한다. 주룡(主龍)은 비봉에서 잠시 머물다가 동남진하여 정릉고개에서 과협(過峽) 결인(結咽)하고, 북악의 8각치에서 일지맥(一枝脈)을 동쪽으로 뻗어 낙산이 되고, 원맥은 다시 서남진하여 간인(艮寅)·계축(癸丑)·건해(乾亥)로 전진하여 임자(壬子)로 북악산을 기봉(起峰)하니, 탐랑(貪狼) 목성(木星)으로 최존귀룡(最尊貴龍)이다. 주룡(主龍)의 한 맥(脈)이 계속 전진하여 인왕산이 되고, 남진하여 남산을 높이 세우니 바로 서울의 안산(案山)이다.

지리풍수학은 동양철학의 근간인 태극설(太極設)에 의한 우주관의 일부이다. 우주는 태초에는 아무것도 존재하지 않는 공허한 창공이었다. 이 때를 무극(無極)시대라고 한다. 이 무극(無極)이 한번 동(動)하여 태극(太極)이 생성되었고, 이 태극(太極)시대에 물질적인 존재가 생성되어 우주창조의 시발이 되었다. 태극(太極)이 한번 동(動)하니 태음(太陰)과 태양(太陽) 즉 음양(陰陽)이 생성되었고, 오행(五行)으로 진화 발전되어 우주의 삼라만상이 생성·발전·소멸되어 간다. 이상의 음양론(陰陽論)은 우주창조의 근간이 되고, 음(陰)과 양(陽)은 상반된 성품을 소유하며, 상호 교감교배할 때는 새로운 생명체가 태어난다.

천(天 : 陽)과 지(地 : 陰)가 교감교배하면 우수(雨水)가 온세상에

충만하고, 지중으로 행(行)하여 생기가 되어 만물을 소생하게 한다. 동물은 자웅이 상호교접으로, 식물은 암술과 수술이 교감교제하여 별개의 생명체가 창조되어 진화 발전해 가는 것이다. 이상과 같이 하늘과 땅, 동물과 식물 등 모든 생명체는 음(陰)과 양(陽)이 교감교접하여 새로운 생명체를 창조하는 것이다.

산천은 태조산(太祖山)에서 낙맥(落脈)하여 수십리 수백리를 행룡(行龍)하여 혈(穴)을 맺는다. 행룡(行龍)할 때 여러 번의 개장(開帳)과 여러 번의 과협(過峽)·천장(穿帳)·천전도수(穿田渡水)·필성도맥(弼星渡脈)·박진(剝盡) 후에 홀연 환골성(換骨星)이 나타나니 출맥(出脈)하여 단이복단(斷而復斷)하고, 간지(幹枝) 출맥(出脈) 4수(四獸)가 단취(團聚)하고, 수(水)의 원포(圓抱) 지엽(枝葉)의 거듭된 포리(包裏) 천관(天關) 지축(地軸)이 상견할 때 양정하강(陽精下降) 음정상승(陰精上昇)할 때 홀연 십조통맥지정(十條通脈之情 : 도선대사 비록) 음양(陰陽)이 교감한 후에 생자생손(生子生孫)하여 은은히 결혈(結穴)하며 혈처(穴處) 비만(肥滿) 육후처(肉厚處)가 된다.

이때 혈토(穴土)는 황금색이나 오색토로 찬연하다. 산천의 정기가 응결된 장소로 주변의 토색과는 판이하게 다르다. 이곳은 1~2평에 불과하며, 인간의 지보격인 혈처(穴處)이다. 이곳은 적덕(積德) 수백년이나 수십대가 아니면 얻을 수 없다. 이는 창조주께서 인간에게 하사하는 지극한 보화이기 때문이다.

이상과 같이 우주의 삼라만상은 음양(陰陽)의 교배로 인하여 열매를 맺고, 새로운 생명체로 발전 진화해 간다. 산맥에 혈(穴)이 결실하는 것은 창조의 원리요 진화의 법칙이다. 따라서 혈(穴)을 찾으려면 먼저 음양교배(陰陽交配)의 원리를 알아 산맥의 흐름에서 결실처를 찾아야 한다.

혈(穴)은 우주창조의 법칙을 따라 일정한 장소에 1~2평밖에 안되는 지구창조 당시부터 이미 정해져 있는 것이다. 이는 인간사회에 둘도 없는 지귀한 보화가 되어 자손에게 부귀영화를 누리게 한다. 지리풍수학은 인간의 생존과학이며 생활과학이다. 인간은 모체에 포태(胞胎)될 때부터 죽어 백골이 없어질 때까지 자연법칙의 범주에서 벗어날 수 없다. 또한 현세를 사별한 후 백골이 흙에 묻혀 대자연의 영향력 아래에서 자손들에게 절대적인 영향을 준다. 백골이 혈(穴)이 아닌 곳에 묻히면 머지않아 부식되지만, 혈(穴) 중에 묻히면 대자연의 생명력을 얻어 부식되지 않고 황골이 되어 영원히 존속한다.

지리풍수학은 양택론(陽宅論)과 음택론(陰宅論) 두 가지로 구분하는데, 원리에는 차이가 없다. 단 양택론(陽宅論)은 혈(穴)의 정기가 지표면에 널리 퍼져 있어 필성작혈(弼星作穴)을 한다. 또한 양택(陽宅)은 거주하는 사람이 이주하면 그 양택(陽宅)이 발휘하는 영향력이 중단되나, 음택(陰宅)은 백골을 파내지 않으면 영원하다. 그러므로 우리는 항상 음택(陰宅)이나 양택(陽宅)에서 영향을 받으며 살아가는 것이다.

2. 용맥론(龍脈論)

1. 용맥(龍脈)

맥(脈)은 산과 산이 꼬리를 물고 앞으로 전진하는 것을 말하고, 산

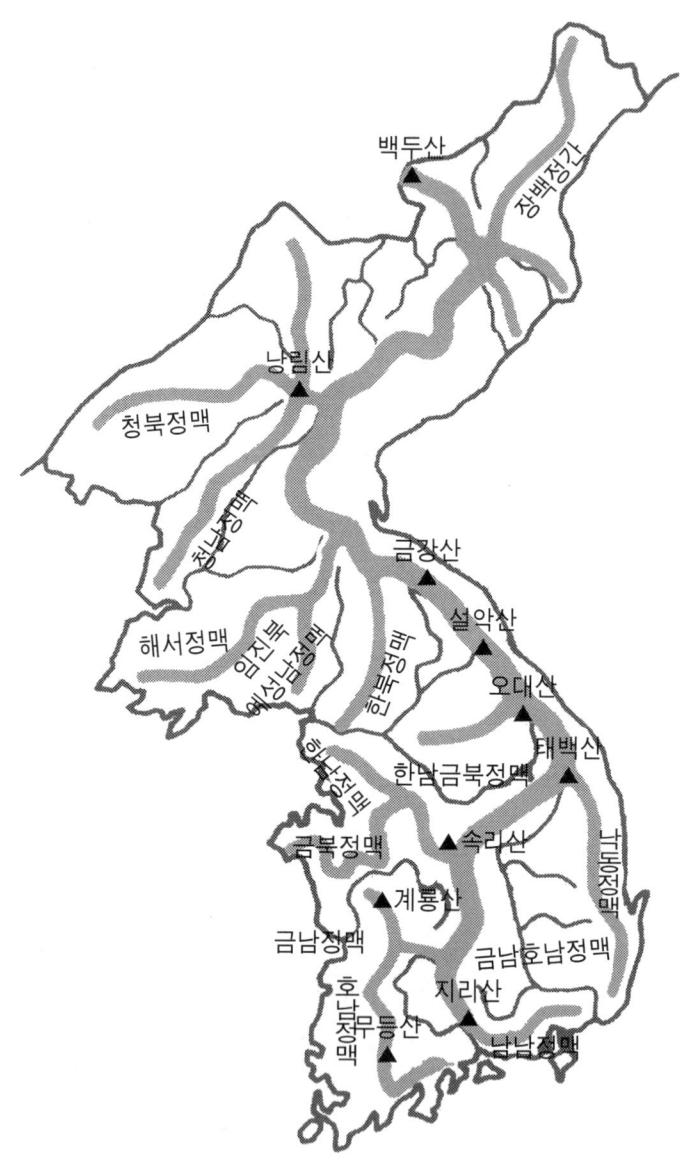

백두산

장백정간

낭림산

청북정맥

청남정맥

금강산

설악산

해서정맥

임진북예성남정맥

한북정맥

오대산

태백산

한남금북정맥

금북정맥

속리산

낙동정맥

한남정맥

계룡산

금남정맥

금남호남정맥

지리산

호남정맥

무등산

낙남정맥

맥은 여러 산의 집단을 말하고, 용(龍)은 산과 산, 또는 하나의 산에서 능선을 따라 트림하듯 이어가는 형태를 말한다. 용(龍)은 기복과 종횡을 자유자재로 구사하며 움직이다 물 근처에 와서 동작을 멈춘다. 맥(脈)은 형체(形體)이고, 용(龍)은 정신(精神)이라고 할 수 있다.

끝없는 시간(宙)과 공간(宇)을 지배하는 우주의 대생명력과 창조력에 의해 창조된 지구는 양(陽)에 속하는 태양(太陽)에서 빛과 열을 받아 만물을 창조했다. 높은 곳은 산맥이 되어 음(陰)에 속하고, 낮은 곳은 바다와 하천이 되어 양(陽)에 속한다. 지구가 스스로 보유하고 있는 대생명력은 전적으로 산과 하천에 있다.

하나의 산맥이 흘러갈 때는 반드시 한 줄기의 물과 같이 흘러가니 산수동로(山水同路)요 음양동행(陰陽同行)이다. 양 물 사이에는 반드시 산맥이 있고, 양 산맥 사이에는 반드시 한 줄기의 하천이 있다. 그러므로 한 산맥이 대간맥(大幹脈)일 때는 백리나 천리를 흘러가 산맥이 다하여 같이 흘러온 하천이나 강과 음양상배(陰陽相配)하여 꽃을 피우고 열매를 맺는다. 이것을 혈(穴)이라고 한다.

백리나 천리를 행룡(行龍)하여 혈(穴)을 맺으면 대혈(大穴) 대명당(大明堂)이라 한다. 이런 곳에는 왕도처(王都處)나 대성(大聖), 왕후장상(王侯將相), 대부대귀지지(大富大貴之地)가 이루어진다. 또한 산맥이 태조산(太祖山)에서 십리나 수십리를 흘러가 혈(穴)을 맺으면 소혈(小穴)로 촌락을 이루고, 하급관리 등을 배출하니 천차만별이다.

우주는 무형인 무극(無極)에서 유형인 태극(太極)으로 창조 진화되었고, 우주의 유형인 태극(太極)은 북극성으로 본다. 북극성 주위에는 북두칠성(九星)이 회전하며 태양계를 지배한다. 이 9성(九星)은 각각 임무가 다르다. 명칭은 탐(木)·거(土)·녹(土)·문(水)·염(火)·무

(金)·파(金)·보(土)·필(金)이라 하고, 5기(五氣 : 五行)로 분류한다. 천상의 별들과 지상의 산들은 2기(二氣 : 陰陽)와 5기(五氣 : 五行)의 연관작용으로 창조 진화하고, 지상에서 하나의 산맥이 흘러갈 때도 2기(二氣)와 5기(五氣)의 연관성을 가지고 태조산(太祖山)에서 출발하여 흘러간다.

하나의 산맥이 태조산(太祖山)에서 출발할 때는 9성(九星) 중 어느 하나의 정기를 받아 행룡(行龍)한다. 이 하나의 용맥(龍脈)이 행룡(行龍)할 때 중간에 잡다하게 다른 성(星)이 나타나더라도 간간이 근본정신이 발로되고, 행룡(行龍)이 다하여 혈(穴)을 맺을 때는 근본정신이 크게 발로되어 사방의 여러 봉우리들과는 달리 창공에 높이 솟아 수려하고 아름다운 자태를 나타낸다. 십리 백리 밖에서도 수려하고 단아한 봉우리를 볼 수 있다. 이를 응성(應星)이라 하고, 소조산(小祖山)이라고도 한다. 만일 봉우리의 자태가 수려하지 못하고 파손되거나 기울거나 단정하지 못하거나 아름답지 못하면 응성(應星)이나 소조산(小祖山)이 아니다. 이런 곳에는 혈(穴)을 맺어도 좋은 혈(穴)이 되지 못한다.

응성(應星)은 뒤로는 태조산(太祖山)과 응하고, 앞으로는 혈장(穴場)과 응하는 것을 말한다. 다시 말해 흐르는 산맥이 9성(九星) 중 어느 하나의 정기를 받아 흘러왔는가를 알리는 성봉(星峰)이다. 이 소조(小祖)에 올라 사면을 관찰하면 대간룡(大幹龍)일 때는 내룡(來龍)의 형태는 천병만마(千兵萬馬)가 하강하는 듯하고, 봉황새가 구름을 헤치고 날으는 듯 웅장하고, 한 번 날으면 하늘높이 치솟는 형세이고, 한 번 평지에 떨어지면 잠적하여 주사(蛛絲 : 맥이 거미줄처럼 미세하여 알아보기 어려운 것) 마적(馬跡 : 맥이 미세하게 물거품처럼 부

풀어서 끊어졌다가 다시 이어지는 것, 말발굽 자국이 계속 이어진 것 같은 형태. 평지의 맥으로 바위나 돌로 이어지는 것은 참이 아니나 냇물을 건널 때는 암반으로 건너기도 한다.)의 형세로 잠행(潛行)하여 행적이 묘연하다.

그러나 중앙의 행적은 항상 견지(堅持)한다. 다시 점점 높이 일어나 대봉만(大峰巒)을 세우니 3길성(三吉星)이나 5길존성(五吉尊星)으로 수려 단아하게 하나의 봉우리가 된다. 여기에 도달하기까지 무수한 지각(枝脚)을 벌리고, 그 지각(枝脚)들은 중앙 본룡(本龍)을 십리 백리에서 회포한다.

따라서 소조산(小祖山) 꼭대기에 올라 사면을 둘러보면 많은 산이 소조(小祖)를 위하여 개면(開面) 공읍(拱揖)하고, 천태만상의 형태로 원근에 나열해 있다. 또한 여러 골짜기에서 흐르는 물은 한 곳으로 합류하여 양대 산이 서로 엇갈려 좁게 잠긴 문으로 흘러나가, 태조(太祖)에서 같이 흐르는 대수(大水)와 합류하여 혈처(穴處)를 회포하면서 외수구(外水口)로 빠져나간다. 이때 외수구(外水口) 내에는 크고 작은 평지가 생긴다. 이를 외당(外堂 : 外明堂)이라 하고, 혈(穴)의 좌우 계곡에서 여러 갈래의 물줄기가 혈전(穴前)에 와서 취적(聚積)하는 평지를 내당(內堂 : 內明堂)이라고 한다.

또한 대간룡(大幹龍)이 혈(穴)을 맺을 때 외명당(外明堂) 밖으로 회포하여 흘러가는 대수(大水)가 소수(消水)하는 곳인 외수구(外水口)의 수중이나 강변에 동떨어져 석봉(石峰)이나 견토(堅土)로 봉(峰)이 있으면 나성(羅星)이라고 한다. 나성(羅城)은 혈(穴)을 두르고 있는 전체적인 사격(砂格)을 말하고, 나성(羅星)은 수구사(水口砂)를 말하며 순수(順水)보다 역수(逆水)로 앉는 것이 상격이다.

그리고 대수(大水)의 건너편에는 멀리 몇 십리 밖에 다른 산이 수천 리나 수백리를 내룡(來龍)하여 창공에 높이 솟아 영접하는 형태로 공립(拱立)하면 조산(朝山 : 서울의 경우에는 관악산)이라고 한다. 이는 마치 외국사신이 지존한 귀인에게 인사를 드리는 격이다. 또한 근거리의 좌우에서 수려한 봉우리가 소조산(小祖山)을 옹위하고 있으면 천을(天乙) 태을봉(太乙峰)이라 하여 귀격을 이룬다.

이상과 같이 소조산(小祖山)에서 대세를 관망해 보면 대혈(大穴)이 결혈(結穴)된 것을 알 수 있다. 소조산(小祖山)은 좌우로 대개장(大開帳)하여 수십리를 환요(還遶)하여 외청룡(靑龍) 외백호(白虎)가 되어 외수구(外水口)를 이루어 장엄하고, 그 안으로도 9~10개의 지맥(枝脈)이 흘러 광활하고, 어지럽게 많은 산줄기와 많은 계곡수가 산만하게 흘러왔는데, 불과 1~2평에 불과한 혈(穴)을 어디서 찾을 수 있는가. 이때 대혈(大穴)이면 대부분이 중심 낙맥(落脈)하니, 응성(應星)의 정기를 받아 결혈(結穴)한다. 혈(穴)의 정기를 모은 혈장(穴場)을 자세히 관찰해 보면 기기묘묘하다. 응성(應星)의 정신과 조금의 차이도 없이 4상(四象)의 형태로 은은히 결실한다. 만일 응성(應星)의 정신과 합치되지 않으면 본혈(本穴)이 아니다.

2. 혈(穴)과 작용

혈(穴)의 생성과정을 보면, 태조산(太祖山)에서 낙맥(落脈)하여 긴 여정에 오를 때부터 2기(二氣 : 陰陽)의 대생명력과 5기(五氣 : 五行)의 정기을 받아 출맥(出脈)한다. 즉 오행(五行) 중 어느 하나의 정기를 받아 목적지를 향하여 출발하는 것이다. 여정을 마치고 목적지에 도달하면 태조산(太祖山) 수기(受氣)의 강약에 따라 혈(穴)의 크기가 결정된다. 여정이 끝나면 산수동로(山水同路)라고 하는 것과 같이, 산은 음(陰)이요 물은 양(陽)이니 비로소 음양(陰陽)이 결합하여 보금자리를 형성한다. 백리 천리를 행룡(行龍)하여 왔다 해도 보금자리는 불과 1~2평밖에 되지 않는다.

이 1~2평밖에 되지 않는 곳을 혈(穴)이라 하고, 혈전(穴前)에 작은 평지가 생기는데 평탄한 곳을 명당이라고 한다. 1~2평밖에 안되는 혈(穴)을 결혈(結穴)하기에 십리 백리 천리를 행룡(行龍)하면서 지중의 정기를 모아 음정상승(陰精上昇) 양정하강(陽精下降)의 원리로 감응하고, 천기(天氣)와 지정(地精)이 교감하여 결혈(結穴)한다. 이것이 곧 대생명체의 개화결실이다.

혈(穴)은 응성(應星) 즉 소조산(小祖山)의 5기(五氣) 정신에 의거하여 은연히 결혈(結穴)한다. 혈(穴) 중에는 2기(二氣)의 대생명력과 산천의 정기가 응결되어 창조주의 오묘한 섭리를 내장한다. 하나의 산맥이 태조산(太祖山)에서 낙맥(落脈)하여 인사를 하고 떠날 때는 오행(五行) 중 하나를 수기(受氣)한다. 십리 백리 천리를 행룡(行龍)하여 결혈(結穴)할 때는 그 수기(受氣)의 대소와 성격 등이 혈장(穴場) 주변에 빠짐없이 생생하게 나타난다. 입수(入首)에서부터 환요(還遶)한 봉만(峰巒)들, 내거수(來去水) 상황 등과 여러 사격(砂格)에 의해 혈(穴)의 대소, 귀혈(貴穴)·부혈(富穴), 발음(發蔭)의 장단 등이 생생하게 결정되어 나타난다.

이같이 태조산(太祖山)에서 낙맥(落脈)하여 조종(祖宗)에 인사를 하고 여정에 오를 때는, 5기(五氣)의 사명을 받고 떠나 혈장(穴場)에 이르러 여실히 발로된다. 또한 혈장(穴場)의 여러 사격(砂格)들은 자기만이 소유하고 있는 독자적인 에너지를 발산하고, 이 에너지들은 혈(穴)에 집결하여 응결된다. 이같이 우주에서 자수(自受)한 2기(二氣)의 대생명력과 5기(五氣)의 연관작용으로 성립된 곳이 혈(穴)이다. 이와 같이 산천의 정기가 응결한 장소이므로 혈(穴)의 토색과 토질은 각양각색이나, 윤기가 있고 습기가 적당하다. 여기에 백골을 묻으면 대생명력과 5기(五氣)의 작용을 받아 영원히 부식되지 않는다.

혈(穴)에 들어간 백골은 2기(二氣)의 대생명력과 5기(五氣)의 연관작용으로 인하여 우주의 정령과 동화되어 하나의 큰 생명력을 보유한다. 따라서 선조의 정기를 받아 태어난 직계자손만이 이 에너지 싸이클과 합치되어 절대적인 영향을 받고, 인간의 흥망성쇠도 좌우된다. 팔도강산에 혈(穴)은 많지만 수천 년 동안에 혈(穴)이 백 개가 있다면 그 중 한 개 정도나 썼을 정도이니, 혈(穴)을 얻기가 매우 어렵다. 그리고 창조주께서 혈(穴)을 만드실 때 혈(穴)마다 함정을 만들어 악인(惡人)이 쓰면 화를 받게 되어 있다.

3. 용법(龍法)

1. 부룡(富龍)

비만하면서 장막(帳幕)은 많지 않다. 창(倉)·상(箱)·고궤사(庫櫃砂)가 혈장(穴場)을 따라 기운을 감추어 장풍(藏風)이 되고, 금성수(金星水)가 모여 혈(穴)에 굽이쳐 둥글게 돌면 나라도 감당하지 못할 부를 누린다.

2. 귀룡(貴龍)

귀룡(貴龍)은 거듭해서 장막(帳幕)을 에워싸고, 기고(旗鼓)·문필(文筆)·보호사(保護砂)가 나열 조배(朝拜)하여 일자문성안(一字文星案)이 되고, 염정(廉貞)으로 발조(發祖)하여 과협(過峽)이 귀하며 송영(送迎)이 다정하다.

3. 빈룡(貧龍)

벌레처럼 조잡하며 혈(穴)이 노출되고, 목성수(木星水)나 사비수(斜飛水)로 달아나서 관란(關欄)함이 없고, 기(氣)가 흩어져 바람이 불어 그치지 않는다.

4. 천룡(賤龍)

번화룡(繁花龍)·겁살룡(劫殺龍)·반궁형(反弓形)의 사(砂)와 좌우변에 전호(纏護)가 없다.

산맥의 흐름인 용맥(龍脈)은 간룡(幹龍)과 지룡(枝龍) 두 가지로 나눈다. 간룡(幹龍)은 산의 원맥을 말하고, 지룡(枝龍)은 이 간룡(幹龍)에서 나뉘어져 흘러간 산맥을 말한다. 이것을 충분히 숙지해야 혈(穴)의 대소를 구분할 수 있다. 대간룡(大幹龍)이 행룡(行龍)하여 명당을 이루면 대원국(大垣局)인 왕도처(王都處)를 이루고, 보다 작은 혈(穴)은 왕후장상지지(王侯將相之地)나 대부대귀지지(大富大貴之地)를 이룬다. 지룡(枝龍)은 행룡(行龍)하여 결실하면 소부소귀(小富小貴)를 이룬다.

간룡(幹龍)에는 대간룡(大幹龍)과 소간룡(小幹龍) 등 차이가 많다.

간룡(幹龍)이 분맥(分脈) 분지(分枝)하여 지룡(枝龍)이 되고, 이 지룡(枝龍)은 다시 분맥(分脈)하여 지룡(枝龍)을 형성하고, 이 지룡(枝龍)은 또다시 분맥(分脈)하여 또다른 지룡(枝龍)을 형성한다. 이때 지룡(枝龍)은 지룡(枝龍)의 간룡(幹龍)이 된다. 이같이 간룡(幹龍)에도 대간룡(大幹龍)과 소간룡(小幹龍) 등 차이가 많다.

또 양 산 사이에는 반드시 한 줄기 물이 있고, 양 물 사이에는 반드시 하나의 산룡(山龍)이 있다. 산수동로(山水同路)로 수세(水勢)를 관찰하여 수원(水源)의 장단과 산룡(山龍)의 장단을 판단할 수 있고, 수원(水源)의 원근을 살펴 용(龍)의 지간(枝幹)을 판별할 수도 있다. 큰 강이 합류하거나 굴곡하는 곳은 대간룡(大幹龍)의 진처(盡處)이기 때문에 반드시 대혈(大穴)을 이루어 원국(垣局)이나 왕후장상지지(王侯將相之地) 또는 대부대귀지지(大富大貴之地)를 이룬다.

그렇다고 큰 강변 가까이에 결실하는 것은 아니다. 대지대혈(大地大穴)은 큰 강이 합류하거나 회전하는 곳에서 가까운 곳이 아니라 십리나 이십리 정도 떨어진 곳에 결실하는 것이 보통이다. 대혈(大穴)을 이루면 양변의 청룡(靑龍) 백호(白虎)의 호위룡(護衛龍)은 혈전(穴前) 10~30리 앞으로 나가서 본혈(本穴)을 호위(護衛)하며 결국(結局)하니, 10~20리 거리 내에서 결혈(結穴)한다.

예를 들어 서울은 한강이 회포했으니 대간룡(大幹龍)의 진처(盡處)이다. 광주산맥(한북정맥) 진처(盡處)에 왕도처(王都處) 원국(垣局)을 형성했고, 개성 송도는 임진강이, 평양은 대동강이 각각 회포하여 대원국(大垣局)을 이루어 대간룡(大幹龍)의 진처(盡處)이다. 혈처(穴處)는 대개 큰 강에서 수십리 거리에 위치한다. 대간룡(大幹龍)이 진(盡)하여 대혈(大穴)을 이루면 국세(局勢)가 웅장하며 명당이 광취

(廣聚)하다. 백리 내의 산천이 서로 응하고, 수구(水口)는 4중 5중 10 중으로 환포(還抱) 관쇄(關鎖)하여 대혈(大穴)을 맺는다.

산수동로(山水同路)했으니, 하나의 산맥이 태조산(太祖山)에서 낙맥 (落脈)하여 행룡(行龍)의 시발처에서 물 역시 같은 태조산(太祖山)에 서 발원하여 용(龍)과 더불어 수십리 수백리 수천리를 서로 긴밀히 포룡(抱龍)하면서 수백 천리를 흘러간다. 이같이 하나의 용맥(龍脈) 과 하나의 수원(水源)은 음양(陰陽)의 관계를 가지고 면면히 흘러 산 룡(山龍)이 행진하여 결실하면, 반드시 동로(同路)한 용맥(龍脈)과 강수(江水)는 음양상배(陰陽相配)하여 결혈(結穴)한다. 이처럼 큰 강 변이나 큰 강이 합류하는 곳에는 간룡(幹龍)이 다하여 대혈(大穴)을 이룬다. 그리고 수원(水源)이 길면 용맥(龍脈)도 길다.

간룡(幹龍)과 지룡(枝龍)을 구분하는 것은 쉽지 않으니, 산세를 많 이 관찰해서 심안(心眼)을 열어야 한다. 대개 간룡(幹龍)은 성봉(星 峰)이 단정하며 미려하고, 지각(枝脚)을 멀리 개장(開帳)하여 본룡 (本龍)을 호위(護衛)하며 흘러간다. 대간룡(大幹龍)은 여러 번의 과 협(過峽)을 형성하며 말이 달리듯 용맹한 기상이 있고, 남을 호위(護 衛)하지 않고 유아독존격으로 행룡(行龍)하여 기봉(起峰)할 때는 하 늘을 찌를 듯이 높이 솟아 수려하고, 평지에 낙맥(落脈)하면 초사회 선(草蛇灰線 : 여러 산들 가운데 구불구불한 맥으로 요도(橈掉)와 지 각(枝脚) 없이 달려나오는 龍脈)·주사(蛛絲)·마적(馬跡) 등의 형태 로 변화무궁하게 행룡(行龍)한다.

지룡(枝龍)은 절절히 성봉(星峰)을 이루나, 기울어 단정 수려하지 못한 봉우리를 형성하고, 지각(枝脚)은 멀리 뻗지 못하고 공연히 웅 장하기만 하다. 지룡(枝龍)도 박환낙맥(剝換落脈)하여 소소혈(小小

穴)을 맺는다.

4. 조종산(祖宗山)과 소조산(小祖山)

조종산(祖宗山 : 太祖山)은 하나의 산맥이 최초로 출발하는 산을 말한다. 암석으로 된 높고 험준한 모양으로, 멀리서 보면 구름 중에 솟아 수려하기 이를데 없으나, 가까이 보면 기암괴석이 가득하여 감히 접근하기 어려운 높은 산이다. 그중에서도 염정성(廉貞星 : 火星 : 도봉산·금강산·대둔산 등)이라고 불리는 산이 가장 존귀하다. 이것은 마치 톱날처럼 날카로운 봉우리가 수없이 구름 속에 솟아 있는 흑황색의 돌산으로, 오행(五行) 중 화(火)에 속하는 화성(火星)이고, 용루(龍樓)와 보전(寶殿) 두 가지로 나눈다.

조종산(祖宗山 : 太祖山)은 산 중의 제왕으로 대간룡(大幹龍)이 아니면 나타나지 않는다. 이를 취강산(聚講山 : 대둔산 등)이라고도 한다. 각 봉우리를 선인으로 보고, 여러 선인들이 모여 강론을 한다는 뜻이다. 강론이 끝나면 동서남북으로 분지벽맥(分枝壁脈)하여 각자 먼 길을 떠난다.

염정(廉貞) 조종산(祖宗山 : 太祖山) 중 높이 솟은 봉우리(북한산 백운대 등)를 용루(龍樓)라 하고, 높고 평평한 것(북한산 보현봉 등)을 보전(寶殿)이라 한다. 여기서 가장 높은 봉우리가 가장 존귀한 봉우리이다. 같은 조종산(祖宗山 : 太祖山)에서 여러 개의 용맥(龍脈)이 동서남북으로 낙맥(落脈) 행룡(行龍)하나, 최고봉의 중복(中腹)에서 출맥(出脈) 행룡(行龍)한 것이 주룡(主龍)이다. 대간룡(大幹龍)인

동시에 제좌(帝座) 행룡(行龍)이다. 다른 맥(脈)도 9성(九星)이 각자 출맥(出脈)하여 사방팔방으로 떠난다.

조종산(祖宗山 : 太祖山)에서 여러 개의 용맥(龍脈)이 출맥(出脈) 행룡(行龍)할 때 특별히 기억해야 할 점이 있다. 조종산(祖宗山 : 太祖山)에서 주룡(主龍)을 비롯하여 여러 개의 용맥(龍脈)이 각자 출맥(出脈)하여 사방으로 떠날 때 낙맥(落脈) 후 도속처(倒續處 : 제1절에 起峰한 것, 个자 出脈, 梧桐枝)가 9성(九星) 중 어디에 속하는가이다. 제1절 성봉(星峰)은 행룡(行龍)의 근본정신을 발휘한다.

예를 들어 제1성이 거문룡(巨門龍)이면 용맥(龍脈)의 주혈(主穴)은 거문작혈(巨門作穴)이 되어 겸혈(鉗穴)이 되고, 탐랑성(貪狼星)이면 유두혈(乳頭穴)을 결혈(結穴)하고, 무곡성(武曲星)이면 와혈(窩穴)을 결혈(結穴)한다. 이 용맥(龍脈)들은 원행(遠行)하여 행룡(行龍)의 진처(盡處)에 각자 주혈(主穴)을 맺는데, 최대혈(最大穴)은 최고봉에서 낙맥(落脈)한 혈(穴)이다. 이같이 태조산(太祖山)에서 여러 갈래의 용맥(龍脈)이 각각 분종(分宗)하여 행룡(行龍)하여 결혈(結穴)한다.

1. 소조산(小祖山)

소조산(小祖山 : 應星)은 앞으로는 혈장(穴場)과 상응(相應)하고, 뒤로는 태조산(太祖山)과 상응(相應)하는 산을 말한다. 4흉성(四凶星)이면 성립되지 않고, 3길성(三吉星)이나 5길성(五吉星)으로 이루어진다. 태조산(太祖山)에서 하나의 용맥(龍脈)이 행룡(行龍)하여 결혈(結穴)하면 소조산(小祖山)을 이루므로 소조산(小祖山)을 응성(應星)이라고도 한다. 조종산(祖宗山 : 太祖山)과 혈(穴)의 상응지성(相應

之星)이기 때문이다. 소조산(小祖山)의 규모를 관찰하여 혈(穴)의 미
악(美惡)과 대소, 오행(五行)을 판단한다. 한 용맥(龍脈)의 태조(太
祖) 낙맥(落脈) 후 무수한 과협(過峽)을 경과한 후에, 여러 번 천장
(穿帳)하여 대성진(大星辰)을 세우면 응성(應星) 소조산(小祖山)이
된다. 이때 반드시 3길성(三吉星)이나 5길성(五吉星)이어야 한다.

소조산(小祖山)은 대단과협(大斷過峽)이나 천전과협(穿田過峽)을
한 후 일대용성(一大聳星)을 형성한다. 과협(過峽) 전에는 양변각이
제송(齊送)하고, 대단(大斷) 후에는 양변각이 제영(齊迎)하니 이를
과협(過峽)이라 한다. 중간의 본맥(本脈)을 보호하기 위한 것으로 영
송각(迎送脚)이라고도 한다. 대단(大斷) 후 본룡(本龍)의 일선맥(一
線脈)을 중심으로 직상(直上)하여 일대성진(大星辰)을 형성한다. 이
를 소조산(小祖山)이라고 한다. 이 대성진(大星辰)의 양변으로 일대
개장(開帳)하여 지각(枝脚)을 벌려, 양변으로 수십리를 흘러 외수구
(外水口)를 형성한다.

대개장(大開帳)은 소조(小祖) 대성진(大星辰)의 정상에서 십(十)자
대개장(大開帳 : 충남 홍성 烏棲山 : 사방으로 出脈)은 매우 적다. 출
맥(出脈)한 후 개장(開帳)하거나, 대성진(大星辰) 후면에서 대개장
(大開帳)하거나, 한 변의 개장(開帳)이 뒤에서 이루어지거나, 다른 한
변 개장(開帳)은 앞에서 이루어지거나, 앞에서 출맥(出脈)한 후 전후
참치(參差 : 가지런하지 못하고 둘쑥날쑥한 것) 개장(開帳)하는 등
다양하다.

소조산(小祖山)의 정상에서 멀리 내다보면 대간룡(大幹龍)의 진처
(盡處)이면 산수동행(山水同行)이라 하는 것과 같이, 동조(同祖) 출
발인 수세(水勢)가 장원(長遠)하면 큰 강을 이루어 10~20리 앞 외청

룡(靑龍) 백호(白虎) 밖을 왕왕히 다정하게 회포하여 흘러가고, 강 건너편 창공에는 다른 곳의 귀룡(貴龍)이 천리 내도(來到)하여 구름 속에 높이 솟아 영접하여 조산(朝山)을 이룬다.

양변의 호위룡(護衛龍)은 여러 번 회포하고, 수구(水口)는 여러 번 관쇄(關鎖)하고, 수구산(水口山)은 고대(高大) 또는 사상한문(獅象捍門)이나 일월한문(日月捍門), 수구(水口) 밖 큰 강 중류나 큰 강변에는 나성(羅星), 나성(羅星) 외 산각(山脚) 역시 회포, 장하(帳下)에는 귀인이 공읍(拱揖)하고, 옥궤(玉几)·면궁일안(眠弓一案)·일자문성안(一字文星案) 등이 면전에서 공읍(拱揖)한다. 좌우에는 금인(金印)·어병(御屛)·선교(仙橋) 등 기고(旗鼓)가 병렬하여 귀사(貴砂)가 중중(重重)하고, 후면의 내룡(來龍)은 천병만마(千兵萬馬)가 하강지세로 대창(帶倉)·대고(帶庫)·대기(帶旗)·화개3봉(華蓋三峰)·천을봉(天乙峰)·태을봉(太乙峰) 등이 나열해 있다. 이곳이 대간룡(大幹龍)의 진처(盡處)이다. 이러한 용(龍)은 반드시 대원국(大垣局)이나 왕후장상(王侯將相), 대부대귀지지(大富大貴之地)를 형성한다.

9~10개의 맥로(脈路)를 식별할 때 단이복단(斷而復斷) 심단자(甚斷者)는 진실로 진룡(眞龍)이고, 가룡(假龍)은 회포하는 정이 있고, 좌우나 앞에 개면공립(開面拱立)하여 시위지산(侍衛之山)이나 안산(案山), 수구산(水口山)을 형성한다. 산맥은 조종산(祖宗山 : 太祖山)의 낙맥(落脈)에서 결혈(結穴)까지 일관된 근본정신이 있으니 오행(五行)이다. 산봉은 용맥(龍脈)의 근해(根荄)이며 혈(穴)은 여기서 결실한다. 따라서 혈(穴)은 반드시 그 산맥의 일관된 정신으로 나타난다.

소조산(小祖山)이 탐랑성(貪狼星)이면 유두혈(乳頭穴), 거문성(巨門星)이면 겸혈(鉗穴), 무곡성(武曲星)이면 와혈(窩穴)로 짐작할 수 있다. 만일 혈(穴)의 형태가 용맥(龍脈)의 정신과 다르면 가혈(假穴)이다. 하나의 용맥(龍脈)이 결혈(結穴)할 때는 필히 가혈(假穴)이 있다. 진혈(眞穴)은 추졸하나 가혈(假穴)은 오히려 매우 아름답다. 어리석은 사람이 진혈(眞穴)과 가혈(假穴)을 구분하지 못하여 가혈(假穴)을 취하면 패가망신하니 신중에 신중을 더해야 한다.

귀룡(貴龍)은 항상 중앙을 택하고, 소조산(小祖山)에서 낙맥(落脈)할 때 진맥(眞脈)은 양변 개장(開帳)의 중심으로 낙맥(落脈)한다. 양변의 장각(帳脚)이 제송(齊送)하므로 출장(出帳)이라고 한다. 후면에 입맥(入脈)할 때는 입장(入帳) 앞면 중심 출맥(出脈)을 출장(出帳)이라고 한다. 진맥(眞脈)을 따라가 보면 맥기(脈氣)가 미려하고, 눈지(嫩枝) 행맥(行脈) 후 수리나 십여리에 양정하강(陽精下降) 음정상승(陰精上昇) 음양상교(陰陽相交) 후 개화 결실한다.

천리 행룡(行龍)은 불과 1~2평에 도달하여 개화 결실한다. 이 1~2평이 곧 혈(穴)이며 창조주의 오묘한 섭리가 비장되어 있는 곳이다. 이곳에서 사방을 관찰하면 만산만수곡곡(萬山萬水曲曲) 개면공립(開面拱立)하고 천리안조공(千里案朝拱) 무일점반주(無一點反走) 외명당(外明堂) 용만마(容萬馬)의 형상을 이룬다. 이와 같은 혈(穴)은 지귀지고의 보물로, 선하며 효성이 지극한 사람만이 얻을 수 있다.

2. 지룡행룡(枝龍行龍)

지룡(枝龍)은 간룡(幹龍)이 행룡(行龍)할 때 분지벽맥(分枝壁脈)하여 이루어지고, 지룡(枝龍)은 또다시 분지(分枝)하여 지룡(枝龍)을 만든다. 지룡(枝龍) 결혈(結穴)은 간룡(幹龍) 결혈(結穴)에 비할 바가 못된다. 따라서 간룡(幹龍) 결혈(結穴)은 매우 적으나 지룡(枝龍) 결혈(結穴)은 도처에서 볼 수 있다.

조종산(祖宗山 : 太祖山)에서 흘러가는 여러 조의 산맥은 주룡(主龍) 행룡(行龍)을 제외하고는 모두 형제지간이다. 대간룡(大幹龍)이 수백천리를 갈 때도 기봉(起峰)하여 분지벽맥(分枝壁脈)하니, 하나의 간룡(幹龍)이 태조낙맥(太祖落脈)하여 천백리를 행룡(行龍)할 때 수많은 지룡(枝龍)을 만든다. 따라서 도처에 지룡(枝龍) 결혈(結穴)이 많다. 지룡(枝龍)은 또다시 분맥(分脈)하여 결혈(結穴)하니 혈(穴)의 대소에는 큰 차이가 있다.

지룡(枝龍)은 간룡(幹龍)이 행룡(行龍)할 때 간간이 고기성봉(高起星峰)하면 반드시 분지(分枝)한다. 이때 낙맥(落脈) 초에 지룡(枝龍)의 정신인 오행(五行)이 결정된다. 간룡(幹龍)이 태조산(太祖山)에서 낙맥(落脈)할 때와 같은 방법으로 오행(五行) 정신이 결정된다. 최초의 낙맥(落脈) 후 높이 솟은 제1성진(星辰)이 9성(九星) 중 어디에 속하느냐에 따라 그 용맥(龍脈)의 오행(五行) 정신이 결정된다.

또 지룡(枝龍)이 행룡(行龍)하다가 박환낙맥(剝換落脈)하여 수시로 박환보성(剝換輔星)의 형태로 나타난다. 지룡(枝龍) 역시 행진하여 결혈(結穴)할 때는 소조산(小祖山) 즉 응성(應星)을 세운다. 이 소조산(小祖山) 대개장(大開帳)이 세 겹이면 지룡(枝龍) 중에서 간룡(幹龍)이고, 개장(開帳) 수가 적으면 적을수록 역량이 작아 작은 혈(穴)을 맺는다.

수세(水勢) 역시 동조기원(同祖起源)으로 동행하므로 장원(長遠)함이 간룡(幹龍)에 비할 바가 아니다. 이때 지룡(枝龍)의 조산(祖山)은 처음 낙맥(落脈)하는 산이 태조(太祖)이다. 수세(水勢)의 대소를 보아 용맥(龍脈)의 대소를 가리고, 근해(根荄)에 의거한 혈(穴)의 형태가 아니면 결코 본혈(本穴)이 아니라는 것을 알아야 한다.

문곡성(文曲星) 행룡(行龍)은 태조산(太祖山) 낙맥(落脈)할 때 제1절 성봉(星峰)이 나타나지 않는다. 단지 굴곡활동 행룡(行龍) 수리이면 용(龍)의 정신인 오행(五行)은 문곡성(文曲星)이다. 처음 낙맥(落脈)할 때 기봉(起峰)하지 않고 굴곡활동 행룡(行龍)이 수리이면 문곡성(文曲星)이 측면 성봉(星峰) 아미형(蛾眉形)으로 소형의 산이 2~3봉 연출한다. 이 용맥(龍脈)이 문곡성(文曲星)이다.

이 용(龍)은 무기력하여 일어나지 못하는 성봉(星峰)으로, 수리나 수십리를 행룡(行龍)하여 일단 돈기(頓起) 3길성진(三吉星辰)하면 연이은 잡출 성봉(星峰) 후나 대단(大斷) 후 점점 높이 솟아 창천수성(漲天水星 : 金水星體)이나 아미성(蛾眉星)을 만들어 장심혈(掌心穴)을 이룬다.

3. 평양행룡(平洋行龍)

높은 산의 대간룡(大幹龍)은 수백리를 행룡(行龍)하여 평야에 떨어지거나, 큰 강이나 해변가에 나타나 많은 살기(殺氣)를 벗고 대진하여 결혈(結穴)하니 천하의 대지이다. 물건너 수십백리 산천이 멀리 내응(來應)하여 성곽을 형성하고, 국세(局勢)가 광활하며 기상이 활대하여 대성(大聖) 대현(大賢) 대귀(大貴)의 대혈(大穴)을 이룬다.

높은 산에서는 성봉(星峰)에서 진룡결혈(眞龍結穴)을 찾지만 평양심룡법(平洋尋龍法)은 수세(水勢)를 따른다. 다시 말해 망망한 평양에서 용(龍)의 기복은 눈에 들어오지 않는다. 단지 용맥(龍脈)이 은

은하게 행진하는 것을 알 수 있다. 따라서 수세(水勢)를 관찰하면 용맥(龍脈)의 진행을 알 수 있고, 양 물 사이의 진룡(眞龍)을 파악할 수 있다. 수행(水行)이면 진룡(眞龍) 역시 행진 중일 것이고, 양수(兩水)가 상회(相會)하여 합류하면 진룡(眞龍) 역시 머무를 것이다. 이 용(龍)은 우필성(弼星)이니 은은하게 내장하여 맥을 잃은 듯 하고, 은요행(隱曜行)하여 단맥(斷脈)한 것 같으나 은은하게 행진한다.

이때 주위의 지엽을 따라 가운데 출맥(出脈)한 것이 정룡(正龍)이다. 수진용진(水盡龍盡)이면 곡포상교(曲抱相交)하여 크게 맺는다. 은은미미하게 구부(邱阜)를 형성하여 장심(掌心) 중에 와(窩)나 겸형(鉗形)으로 나타난다. 구부와(邱阜窩) 중에 미미은은하게 나타나는 소구부돌(小邱阜突)을 형성하니, 와중미돌(窩中微突 : 주로 突處에서 1~2자 정도 밑으로 있는 혈) 중에서 혈(穴)을 찾아야 한다.

가까운 곳에는 도랑물이 요포(繞抱)하고, 그밖에는 대수대하(大水大河)가 회환(回還)하며 외면에는 멀리 있는 산이 위요(圍繞)하여 성곽을 형성하고, 좌우에는 호전룡(護纏龍)이 격수(隔水 : 靑龍 白虎 뒤에 있는 물)의 원거리에 요포(繞抱)한다. 이것이 대진(大盡) 결혈(結穴)의 징조이다. 결혈(結穴)할 때 멀리 있는 산천이 위요(圍繞)하여 나성(羅城)을 이루고, 만산만수(萬山萬水)는 내취(來聚)하여 다정하며, 수세(水勢)가 반배(反背)하면 허가지(虛假地)이다.

산지의 심혈(尋穴)은 과협(過峽) 후 기정(起頂)하면 퇴사(退卸:龍脈이 구르고 꺾여 때를 벗으면 조악하고, 늙은 용이 평탄한 용으로 젊고 예쁘게 바뀌는 것) 박환(剝換)한 용맥(龍脈)이고, 기정(起頂)의 성봉(星峰) 두면(頭面)을 살펴 용맥(龍脈)의 정신인 오행(五行)을 알아 혈(穴)의 형태를 알게 된다. 이같이 성봉(星峰)의 두면(頭面)과 지각(枝脚)으로 혈장(穴場) 용맥(龍脈)의 오행(五行)을 간파한다.

평양지국(平洋之局)은 일망무애(一望無涯)의 평양을 행룡(行龍)할 때 맥로(脈路)가 어딘지 알 길이 막연하다. 이때는 수세(水勢)에 따라 심혈(尋穴)한다. 수행(水行) 즉 용행(龍行)이요, 수지(水止) 즉 용지(龍止)의 원리에 따라, 양수교전(兩水交纏) 즉 음양(陰陽) 상회지국(相會之局)이 된다.

4. 괴혈(怪穴)

괴혈(怪穴)은 추졸하여 보기에 흉하고, 한쪽이 깨져 불가한 듯하나 일석지지(一席之地)가 있다. 혈장(穴場)의 앞에 여기(餘氣 : 혈이 머금은 氣를 한순간에 멈추기 아쉬워 穴前으로 짧고 나지막하게 뻗어 내린 줄기. 餘氣는 주인 앞에 펼쳐진 氈이며 주인의 입을 보호하는 입술이다. 큰 일을 성취한 후에 벌이는 뒷풀이다. 穴은 餘氣가 있기 때문에 아늑한 기분을 느낄 수 있다.)의 순전(脣氈)도 없고, 한쪽으로 삐뚤어져 깎여 좌변으로 맺으면 우변의 백호사(白虎砂)가 없거나 있다 해도 무정하고, 우변이 충실히 맺으면 좌변의 청룡사(靑龍砂)가 없거나 있다 해도 무정하다.

도두결혈(到頭結穴)했으나 대강대하(大江大河)를 임하여 앞으로 조금의 여지도 없고, 안산(案山)도 없고, 산 정상 부근에 개혈(盖穴)로 결혈(結穴)하여 사방이 내려다 보이나 사수(砂水)를 분간하기 어렵고, 혈(穴)이 높은 곳에 있어 풍취(風吹)를 받고, 악석이 혈장(穴場) 부근에 깔려 주위가 모두 석벽으로 흙이 없고, 결혈(結穴)하여 혈장(穴場)을 이룬 곳만 흙이 있어 비석비토(非石非土)일 수도 있고, 흙

같으면서도 흙이 아닌 것 같기도 한 곳이 바로 괴혈(怪穴)의 진혈(眞穴)이다.

혈(穴) 중이 반드시 오색토를 겸비하거나 홍황색으로 자윤해야 한다. 만약 개금정(開金井)하여 석벽이거나 말라빠진 흙이나 진황토·돌맹이·자갈 등이 나오면 모두 가혈(假穴)이다. 미미한 집안에서 훌륭한 자손이 나오는 것은 진정한 괴혈(怪穴)에 반드시 진룡(眞龍)과 진안(眞案)이 있고, 참답게 조대(朝對)하고 진귀인(眞貴人)과 역수와 거수(去水)가 으뜸으로 훌륭하다. 사증명당(砂證明堂) 수증혈(水證穴)이요, 진룡(眞龍) 진안(眞案) 진괴혈(怪穴)이라 했다. 사(砂)는 명당을 증명하고, 수(水)는 진혈(眞穴)을 증명함이다. 진룡(眞龍)과 진안(眞案)에 진짜 괴혈(怪穴)이 있다고 했다.

지리를 연구하는 것은 진혈(眞穴)을 알기 위함이다. 어느 한 곳에 이르렀을 때 먼저 혈성(穴星)이 있느냐 없느냐 하는 것은 첨원방정(尖圓方正)을 가리는 것이다. 양혈(陽穴)로 맺기도 하고 음혈(陰穴)로 맺기도 하나, 음양(陰陽)을 논하지 말고 혈(穴)의 진기(眞氣)를 가려야 한다. 혈전(穴前)에 전순(前脣)의 여기(餘氣)가 있고, 수구(水口)에 큰 암석이 있어 거수(去水)를 관란(關欄)하고, 하사(下砂)와 역수(逆水)가 혈장(穴場)을 호종(護從)하여 명당의 기운을 융취(融聚)하고, 수구(水口)가 흩어지지 않으면 진혈(眞穴)이 확실하다.

부혈(富穴)은 혈장(穴場)의 위치가 낮은 곳에 많은데 대개 비만하고, 귀혈(貴穴)은 높은 곳에 많은데 사수(砂水)가 수려하며 아름답고, 궁혈(窮穴)은 누풍(漏風)하여 풍취(風吹)를 받으며 거수(去水)가 곧게 흐르고, 천혈(賤穴)은 사수(砂水)가 반궁하여 무정하다. 만약 평탄한 곳이면 굳이 혈후(穴後)의 진기(眞氣)에 구애를 받을 필요가 없다. 평탄한 곳이면 기복이 거의 없으니 혈토(穴土)가 후비한 것이 중요하다. 혈전수(穴前水)가 만포하여 유정하고, 거듭 환포(還抱)하면 대지의 진혈(眞穴)이다.

5. 박환법(剝換法)

박환(剝換)은 모든 살기(殺氣)와 조잡한 악기를 벗고 새로운 옷으로 갈아입는 것과 같다. 태조산(太祖山)은 멀리서 보면 수려하고 아름답지만 가까이서 보면 악석과 괴석이 많아 살기(殺氣)가 가득하며 매우 조잡하다. 이와 같은 살기(殺氣)와 조잡한 흉기(凶氣)를 벗고 수려한 성봉(星峰)으로 변하는 것을 박환(剝換)이라 하고, 흐르는 산맥도 유눈(柔嫩)해진다.

식물은 수년이 지난 원줄기가 아니라 여기서 돋아난 눈지(嫩枝)에서 열매를 맺는다. 이와 같이 산맥도 유눈(柔嫩)한 생지(生枝)에서 결혈(結穴)한다. 큰 산이 홀연 낙맥(落脈)하여 작은 산으로 변하거나 대단과협(大斷過峽)을 하면, 악산은 반드시 수려한 성봉(星峰)과 용맥(龍脈)으로 변모한다. 높은 봉우리에서 굴곡 낙맥(落脈)하거나 과협(過峽)·천전도수(穿田渡水)·주사(蛛絲)·마적(馬跡) 등의 과협(過峽) 악산이 조잡한 살기(殺氣)를 벗고 길한 기운으로 변모 환출하는 것을 박환법(剝換法)이라고 한다.

9성행룡(九星行龍) 중 흉성은 대단과협(大斷過峽)·천전과협(穿田過峽)·주사(蛛絲) 마적(馬跡) 등의 대단맥처(大斷脈處)를 통과하여 산룡(山龍)의 조악하고 옹종한 모양 등을 없애고, 미려하며 유눈(柔

嫩)한 기상으로 환출하여 결혈(結穴)한다. 하나의 용맥(龍脈)이 행룡(行龍)할 때는 박환법(剝換法)을 세밀히 연구해야 하고, 박환낙맥(剝換落脈)할 때는 본룡(本龍)의 정신인 오행(五行)을 탐지할 수 있다. 이것이 바로 박환보성(剝換輔星)이다. 이 소성봉(小星峰)은 이 용맥(龍脈)의 오행(五行)이 나타나는 곳이며, 용맥(龍脈)의 정신이다.

만일 박환보성(剝換輔星)이 탐랑보성(貪狼輔星)이면 용맥(龍脈)은 탐랑성(貪狼星) 행룡(行龍)이고, 무곡보성(武曲輔星)이면 무곡(武曲) 행룡(行龍)이다. 이와 같이 소성봉(小星峰)이 9성(九星) 중 어디에 속하냐에 따라 용맥(龍脈) 맥기(脈氣)의 오행(五行)이 결정된다. 그러나 문곡룡(文曲龍)만은 소성봉(小星峰)을 형성하지 않는다. 굴곡 활동하여 수리를 행룡(行龍)하고, 측면 성봉(星峰) 후 3~4개의 작은 성봉(星峰) 아미봉(蛾眉峰)을 이룬다.

만일 높은 산에서 박환낙맥(剝換落脈)할 때 성봉(星峰)을 이루지 못하고, 굴곡 행룡(行龍) 수리이면 문곡(文曲) 행룡(行龍)이다. 물론 하나의 용맥(龍脈)이 태조산(太祖山)에서 낙맥(落脈)하여 수십리 수백리를 동분서주하여 행룡(行龍)할 때 각양각색의 성봉(星峰)을 형성하나, 소조산(小祖山)에서 낙맥(落脈)할 때는 본(本) 용맥(龍脈)의 근본정신인 오행(五行)이 발로(發露)되며, 성봉(星峰)의 두면(頭面)을 관찰하여 용맥(龍脈)의 정신을 구분할 수도 있다.

※ 병(屛)·장(障)·장(帳)
■ 병(屛) : 병풍을 둘러싼 모양.
■ 장(障) : 군대의 행렬처럼 펼쳐진 모양.
■ 장(帳) : 용의 왕성한 기운을 펴는 모양.

병(屛)은 수려하고 장(障)은 조악하다. 단정하게 열리면 병(屛)이고, 횡렬(橫列)로 원대하면 장(障)이다. 장(障)과 출맥분지(出脈分枝)는 같지 않다. 분지(分枝)는 양수(兩手)가 향(向) 앞으로 열려 영(令)자 모양과 같고, 장(障)은 양 어깨가 횡으로 열려 일(一)자 모양과 같다. 열장(列障)의 장(障)은 개장(開帳)의 장(帳)자와 같지 않다. 열장(列障)은 높고 길게 안으로 굽어싸고, 장(帳)은 높고 짧으며 모나게 보인다.

餘滴·3 : 우리나라 산줄기

1. 산맥

우리나라의 산맥은 지질구조를 반영하여 크게 세 방향으로 나눈다.

■ 한국 방향

남북 방향의 산맥은 낭림·마천령·태백산맥이다. 이들은 모두 신생대의 지반융기로 생성되어 높고 험준하다. 산맥들의 중기가 남북 방향을 이루는 것은 융기와 더불어 생성한 단층선들이 대체로 남북 방향을 유지했기 때문이다. 한국 방향의 산맥에서 빗살모양으로 갈라져 나온 산맥들은 추가령 구조곡을 경계로 한다. 북부지방의 산맥은 랴오둥 방향, 남부지방의 산맥은 중국 방향으로 뻗어 있다. 추가령 구조곡은 서울과 원산을 연결하는 약 180킬로미터의 직선상의 골짜기로, 편마암층 사이에 끼어 있는 화강암의 차별침식으로 형성되었으며 경원선이 지난다.

■ 랴오둥 방향

동북동~서남서 방향의 산맥들은 낭림산맥에서 황해 쪽으로 빗살처럼 뻗고 있는 강남·적유령·묘향·언진·멸악산맥과 동해안을 따라 길게 발달한 함경산맥이다. 이중에서 함경산맥은 융기에 의한 산맥이고, 다른 산맥들은 중생대 트라이아스기의 송림 변동시에 생긴 구조선을 따라 하천침식이 진전된 결과 생긴 산지들이다. 황해로 근접할수록 고도가 낮아지며 산줄기가 흩어진다.

■ 중국 방향

북동~남서 방향의 산맥들은 마식령·광주·차령·노령·소백산맥이다. 이중에서 소백산맥은 융기로 인한 산맥이고, 나머지 산맥들은 융기와 더불어 중생대 쥐라기의 대보조산운동 때 생성된 구조선들을 따라 하천의 침식을 받은 결과 생긴 산지들이다. 따라서 소백산맥은 고도가 높으며 험준하고, 다른 산맥은 낮고 산줄기가 분명하지 않다.

2. 1차 산지와 2차 산지

함경산맥·낭림산맥·태백산맥은 다른 산맥에 비해 고도가 높고 연속성이 뚜렷하여 1차 산지로 분류한다. 신생대 제3기 중엽에 동해 쪽으로 치우친 융기의 결과로 형성되었다. 1차 산지는 교통의 큰 장애물이 되어, 과거에는 우리나라를 여러 지역으로 갈라놓는 역할을 했다. 또한 일찍부터 산맥의 낮은 부분, 즉 고개는 산맥의 양 지역을 연결하는 통로로 이용했다.

예를 들면 태백산맥의 대관령과 한계령을 통해 영서지방과 영동지방이 연결되고, 영남지방은 소백산맥의 죽령(영풍~단양)·조령(문경

~충주)·추풍령·육십령(거창~진안) 등을 통해 중부지방 또는 호남지방과 연결된다. 대관령(862미터)은 영동고속도로가 개통된 이후 교통량이 많아졌고, 한계령·진부령·미시령 등은 설악산국립공원의 관광객이 많아지면서 교통량이 증가했다.

태백산맥과 낭림산맥에서 서쪽으로 뻗어나온 산맥들은 신생대 3기 융기 이후 차별침식의 결과로 형성된 2차 산지이다. 다시 말해 오랜 침식으로 평탄했던 한반도가, 융기한 후 중생대의 지각변동에 의해 만들어졌던 침식에 약한 구조선을 따라 하천이 흐르면서 골짜기가 되고, 그 사이의 지역이 산지로 남아 산맥의 모습이 드러난 것이다. 이들 산맥은 동고서저(東高西低)의 경동지형을 반영하여, 서쪽으로 오면서 낮아지고, 연속성이 뚜렷하지 않아 교통의 큰 장애는 되지 않는다.

3. 백두대간(白頭大幹)

백두대간(白頭大幹)이란 한반도의 뼈대를 이루는 산줄기를 말한다. 백두산에서 남으로 맥을 뻗어 낭림산·금강산·설악산·오대산을 거쳐 태백산에 이른 뒤, 다시 남서쪽으로 소백산·월악산·속리산·덕유산을 거쳐 지리산에 이른다. 다시 말해 한반도 산계의 중심이며 국토를 상징하는 산줄기로, 함경도·평안도·강원도·경상도·충청도·전라도에 걸쳐 있다. 산경표(山經表)에 보면 한국의 산맥은 1개의 대간(大幹), 1개의 정간(正幹), 13개의 정맥(正脈)으로 되어 있다. 이러한 산경(山經) 개념은 김정호의 「대동여지도」에 잘 나타나 있다. 선의 굵기로 산맥의 규모를 표시했는데, 가장 굵은 것은 대간(大幹), 두 번째는 정맥(正脈), 세 번째는 지맥(枝脈), 그 외는 골짜기를 이루는 작은 산줄기로 나타냈다.

정맥(正脈)과 정간(正幹)의 차이는 산줄기를 따라 큰 강이 동반하느냐이다. 강이 있으면 정맥(正脈)이고, 없으면 정간(正幹)이 된다. 유일한 정간(正幹)은 지금의 함경산맥에 해당하는 장백정간(長白正幹)이다. 산맥을 대간(大幹)·정간(正幹)·정맥(正脈)의 체계로 이해하는 전통적인 산맥분류법은 오늘날과는 상당한 차이가 있다.

백두대간을 오늘날의 개념으로 말하면, 마천령·낭림·부전령·태백·소백산맥을 모두 합친 산맥이다. 근대의 산맥 이름은 일제강점기 때 일본의 지질학자 고토가 14개월 동안 한반도를 둘러보고 쓴 「An Orographic Sketch of Korea」라는 글에서 기원한다. 그러나 이것은 인간의 삶과는 무관한 지질학적 관점에서 나온 산맥이다. 해발고도나 교통, 물자교류 등 인간의 생활에 미치는 영향과는 거리가 멀다.

산이 높고 봉우리가 조밀한 줄기가 산맥으로 인정되지 않고, 오히려 산맥으로 잘 드러나지 않는 낮은 구릉이 지질구조 때문에 산맥으로 인정된 경우도 있다. 산맥의 연결성을 살피는 데는 전통적인 산맥체계가 더 나은 것이 사실이다. 우리 고유의 산에 대한 관념과 신앙의 중심에 자리하여 두만강·압록강·한강·낙동강 등을 포함한 한반도의 많은 수계의 발원처가 되기도 한다. 따라서 백두대간은 한반도의 자연적인 상징인 동시에 한민족의 인문적인 기반이 되는 산줄기이다.

산을 생명이 있는 나무에 비유해, 큰 줄기와 작은 가지를 나누어 국토 전체를 유기적으로 조망하는 시각은 풍수적인 관점에서 기인한 것이다. 풍수적인 관점에서 한국 지기(地氣)의 발원처는 백두산이고, 백두대간을 타고 내린 기(氣)가 정맥(正脈)을 타고 다시 나누어지고, 각 정맥(正脈)에 맥을 댄 지맥(枝脈)의 기(氣)가 우리의 삶이 어우러

지는 마을과 도시로 전달된다. 그래서 전 국토가 백두산의 정기를 받아 숨쉬고 있다고 생각하는 것이다. 이것은 풍수의 기본이기도 하다.

통일신라 시대의 선승(禪僧)이며 한반도 풍수지리의 이론적 토대를 마련한 도선국사(道詵國師)도 "우리나라는 백두산에서 일어나 지리산에서 마치니, 그 세는 물을 근본으로 하고 나무를 줄기로 하는 땅이다"라고 했다. 일찍이 백두대간을 국토의 뼈대로 파악하면서 중요성을 인식하고 있었음을 알 수 있다. 외세에 의해 붙여진 지질학적이며 비인간적인 산맥의 이름보다 백두대간적인 산맥 인식의 중요성은 그것이 국토의 고유성과 유구한 생명력, 인간과 자연의 일체화를 지향하는 유기체적 산맥관으로, 우리의 지리관·산맥관에 뿌리를 댄 한국적인 산맥론의 표상이다.

※ 협(峽)

협(峽)은 용(龍)이 허물을 벗고 환골하여 참된 정(精)이 수렴된 곳을 말한다. 용(龍)이 참되지 않으면 아름다운 협(峽)이 없으나, 협(峽)이 아름다우면 좋은 혈(穴)을 맺는다.

따라서 과협(過峽)에는 양변으로 보내주는 송(送)과 맞이하는 영(迎)이 있고, 일어나고(起) 엎드리는(伏) 산이 있어야 한다. 이때 송영(送迎)이 한쪽으로만 있거나 쌍으로 있을 수 있다. 송영(送迎)이 만나 서로 가로막고 주밀하게 보호한다면 대지를 이룬다. 양변으로 호위(護衛)가 없거나 곡협(曲峽)이 되어 풍취(風吹)하면 맥의 기운은 요동하여 약해진다. 용(龍)이 곧게 내려가 결혈(結穴)하면 역량이 가볍다. 협(峽)의 많고 적음은 용(龍)의 장단에 달려 있는데, 노협(老峽)·중협(中峽)·소협(少峽)의 3대 협(峽)이 있다. 이중에서 소협(少

峽)이 혈(穴)과 가장 가깝고, 점혈할 때는 마땅히 소협(少峽)을 위주로 한다. 소협(少峽)은 중심으로 나온 것이 제일이고, 좌나 우로 치우쳐 나온 것은 그 다음이다. 만약 회두(回頭)하여 조산(祖山)을 돌아다보며 나오면 매우 묘한 협(峽)이다. 협(峽)의 종류는 다음과 같다.

- 천전과협(穿田過峽) : 밭을 지나가는 것.
- 도수과협(渡水過峽) : 물을 지나가는 것.
- 평지과협(平地過峽) : 평지를 지나가는 것.
- 지호과협(枝護過峽) : 못이나 호수를 지나가는 것.
- 쌍맥과협(雙脈過峽) : 쌍맥으로 지나가는 것.
- 변지변맥과협(邊池邊脈過峽) : 못가나 맥의 변으로 지나가는 것.
- 음과협(陰過峽) : 음맥으로 지나가는 것.
- 양과협(陽過峽) : 양맥으로 지나가는 것.
- 고과협(高過峽) : 높게 지나가는 것.
- 저과협(低過峽) : 낮게 지나가는 것.
- 장과협(長過峽) : 길게 지나가는 것.
- 단과협(短過峽) : 짧게 지나가는 것.
- 활과협(闊過峽) : 넓게 지나가는 것.
- 협과협(狹過峽) : 좁게 지나가는 것.
- 곡과협(曲過峽) : 꺾이면서 지나가는 것.
- 직과협(直過峽) : 곧게 지나가는 것.
- 명과협(明過峽) : 밝게 지나가는 것.
- 투과협(偸過峽) : 가만히 지나가는 것.

이처럼 많으니 하나 하나 외우기 보다 대략적으로 이해하기 바란다. 고과협(高過峽)은 외롭게 노출되지 않아야 하고, 저과협(低過峽)은 쇠잔할 정도로 상하지 않아야 하고, 장과협(長過峽)은 중심을 속으로 싸안아야 하고, 단과협(短過峽)은 조악스럽게 꿈틀대지 말아야 하고, 활과협(闊過峽)은 넓어도 흩어지지 않아야 하고, 직과협(直過峽)은 죽은 것 같이 굳어 있지 않아야 하고, 천전과협(穿田過峽)은 수겁(水劫)이 없어야 하고, 도수과협(渡水過峽)은 석량(石梁)이 있어야 한다. 쳐다보면서 내려오면 구부려서 가고, 구부려서 내려오면 쳐다보고 가면 이것이 음양(陰陽)이 분수(分受)하는 것이니 아름답다.

혈(穴)은 대협(大峽) 사이에 이루는 경우가 많다. 큰 용(龍)은 과협(過峽)을 지나 반드시 돈기(頓起 : 머리를 조아리고 일어서는 것)하고, 그 돈기(頓起)한 곳에서 기운이 하나로 뭉친다. 이렇게 뭉친 성봉(星峰) 아래에서 맥이 갈라지면서 결혈(結穴)하기도 하고, 과협(過峽)이 만들어지지 않으면 멀리가서 결혈(結穴)하기도 하고, 과협(過峽)이 있으면 그 부근에서 결혈(結穴)하기도 한다.

6. 9성론(九星論)

현대과학은 초거대 과학(천문·우주·항공 등)과 초미세 과학(생명·원자·물리·나노 등)으로 양극화 되어 가고 있다. 빛으로 말하면 초거대 과학은 적외선의 모든 범위를 망라한 과학이고, 초미세 과학은 자외선의 모든 범위를 망라한 과학이라 하겠다. 두 과학의 결론은 물론 공간이다. 우주는 시간을 동반한 공간이고, 원자도 쪼개고 쪼

개보면 결국은 쿼크라는 시간을 동반한 공간, 즉 색깔이나 어떤 흔적으로 나타난다. 색즉시공(色卽是空) 공즉시색(空卽是色)이다.

지리학을 억지로 분류하자면 기초과학, 즉 빛으로 말하면 가시광선의 범위 내에 있다고 하겠다. 물론 오랜 시간 후에는 나름대로 초거대 초미세로 나누어지리라고 생각한다.

일년 내내 우리의 생활에 지대한 영향을 주는 북두칠성과 그 옆의 두 개의 별을 합하여 9성(九星)이라고 한다. 9성(九星)은 우리의 산천과 매우 흡사하다. 양균송 선생의 재천9성(在天九星) 이론 이후 지리학에 9성(九星)을 대입한 결과, 산의 많은 비밀이 풀리면서 산천의 열매인 혈(穴)의 생성에도 일정한 법칙이 있음을 알게 되었다. 이른바 9성론(九星論)이다. 지금은 천문학이 발달해 몇 백억 광년 밖에 있는 은하계를 연구하고, 블랙홀이니 우주·반우주하는 마당에 고리타분하게 무슨 9성(九星)이냐고 비웃는 분들도 계시겠지만, 이것은 엄연한 사실로 그 결과가 말해주고 있다. 9성(九星)의 영향은 태양계의 일원인 우리 지구에서는 모든 현상의 기본을 이룬다. 9성(九星)을 모든 산과 산맥에 적용한 결과 하나의 일정한 법칙으로 정립되고, 정확하며 질서정연하게 어떤 결과에 도달하게 된다.

■ 북두칠성(北斗七星)의 북두(北斗)는 하늘(우주)의 중심인 자미원(紫微垣) 안에 있고, 곤륜산은 중국을 9개의 주로 나눌 때 중앙에 있는 산이다.

■ 지구에서 볼 수 있는 별자리는 북반구에 48개, 남반구에 40개로 모두 88개이다. 이 별자리를 찾으려면 가장 찾기 쉬운 북두칠성을 기준으로 삼는 것이 좋다.

■ 북두칠성은 일년 내내 우리의 머리 위에서 원을 그리며 돌고 있
  다. 별자리가 계절에 따라 차례로 나타나는 것은 지구가 태양을
  공전하기 때문이다.

■ 북두칠성은 봄철의 대표적인 별자리인 큰곰자리의 꼬리부분이다.

■ 북두칠성의 6번째 별(자루쪽에서 두 번째)을 자세히 보면 두 개의
  별이 모인 것을 알 수 있다(左輔星).

■ 북두칠성의 국자 주둥이 쪽 1·2번 별의 간격만큼 수직 방향으로
  5배 나아간 자리에 있는 별이 북극성이다.

이기론(理氣論)으로 9성(九星 : 九宮)은 탐랑(貪狼 : 艮丙)·거문
(巨門 : 巽辛)·녹존(祿存 : 乾甲)·문곡(文曲 : 壬寅午戌)·염정(廉
貞 : 庚亥卯未)·무곡(武曲 : 丁巳酉丑)·파군(破軍 : 癸申子辰)·보
필(輔弼 : 坤乙)의 8괘(八卦)이고, 보필(輔弼)은 일괘(一卦)한다.

■ 탐랑성(貪狼星)
천추생기궁(天樞生氣宮)으로 궁재간위(宮在艮位)하고, 극부귀(極富
貴)의 상(象)이다. 따라서 탐랑(貪狼) 간맥(艮脈)과 간봉(艮峰)을 사
용하면 부귀고수(富貴高壽)와 문무과갑(文武科甲)에 이른다.

■ 거문성(巨門星)
천선의성궁(天璇醫星宮)으로 궁재손위(宮在巽位)하고, 부귀(富貴)의
상(象)이다. 손맥(巽脈)과 손봉(巽峰)을 사용하면 부귀왕정(富貴旺
丁)과 삼공육경출(三公六卿出)에 이른다.

■ 녹존성(祿存星)

천기절체궁(天機絶體宮)으로 궁재건위(宮在乾位)하고, 병권(兵權)의 상(象)이다. 건맥(乾脈)과 건봉(乾峰)을 사용하면 병권중직(兵權重職)에 이르나, 후대에는 남녀가 포악하여 패가망신한다.

■ 문곡성(文曲星)

천권유혼궁(天權遊魂宮)으로 궁재이궁(宮在離宮)하고, 준아(俊雅)의 상(象)이다. 문곡(文曲) 이맥(離脈)과 이봉(離峰)을 사용하면 총명한 인물이 나와 절세문장(絶世文章)에 이르나, 후대에는 음탕하며 패가한다.

■ 염정성(廉貞星)

천형오귀궁(天衡五鬼宮)으로 궁재진위(宮在震位)하고, 살벌의 상(象)이다. 염정(廉貞) 진맥(震脈) 진봉(震峰)을 사용하면 무장병권(武將兵權)에 이르나, 후대에는 반역하며 패망한다.

■ 무곡성(武曲星)

개양복덕궁(開陽福德宮)으로 궁재태위(宮在兌位)하고, 극귀(極貴)의 상(象)이다. 무곡(武曲) 태맥(兌脈) 태봉(兌峰)을 사용하면 공경장상(公卿將相)과 부귀왕정(富貴旺丁)에 이른다.

■ 파군성(破軍星)

요광절명궁(瑤光絶命宮)으로 궁재감위(宮在坎位)하고, 호쟁(好爭)의 상(象)이다. 파군(破軍) 감맥(坎脈)과 감사(坎砂)를 사용하면 간혹 호걸지재(豪傑之材)를 이루나, 마침내는 흉폭하며 횡사한다.

■ 좌보우필성(左輔右弼星)

천과귀혼궁(天寡 歸魂宮)으로 궁재곤위(宮在坤位)하고, 평안다복의 상(象)이다. 보필(輔弼) 곤맥(坤脈)과 곤사(坤砂)를 사용하면 비록 권모득귀(權謀得貴)이나 별무대발(別無大發)한다.

천상에는 북두칠성이 있어 9성(九星)으로 나누고, 지상에도 또한 9성(九星)이 있어 용맥(龍脈)을 이루며 지중으로 행한다. 북두칠성은 좌보성(左輔星)과 우필성(右弼星)을 합하여 9성(九星)으로 이루어졌다. 제1성은 천추성(天樞星), 제2성은 천선성(天璇星), 제3성은 천기성(天璣星), 제4성은 천권성(天權星)이라 한다. 이 4성(四星)은 방체(사각형)를 이루어 두괴(斗魁)가 되고, 음정(陰精)에 속하여 지구를 상징한다.

그리고 제5성은 옥형(玉衡), 제6성은 개양성(開陽星), 제7성은 요광성(瑤光星)이라 하는데, 두병(斗柄)이 되어 양정(陽精)에 속하며 하늘을 상징한다. 좌보성(左輔星)은 제6성의 좌변에 있어 항상 볼 수 있으나, 우필성(右弼星)은 제7성의 우변에 있어 보이지 않는다.

지리학에서는 제1성을 탐랑(貪狼)이라 하며 목(木)에 속하고, 제2성을 거문(巨門)이라 하며 토(土)에 속하고, 제3성은 녹존(祿存)이라 하며 토(土)에 속하고, 제4성은 문곡(文曲)이라 하며 수(水)에 속하고, 제5성은 염정(廉貞)이라 하며 화(火)에 속하고, 제6성은 무곡(武曲)이라 하며 금(金)에 속하고, 제7성은 파군(破軍)이라 하며 금(金)에 속하고, 제8성은 좌보(左輔)라 하며 토(土)에 속하고, 제9성(九星)은 우필(右弼)이라 하며 금(金)에 속한다.

천상에는 오성(五星)이 있고 지상에는 오행(五行)이 있다. 이상과 같이 북두 9성(九星)을 오행(五行)으로 분별했다. 지상에서도 역시 오행(五行)이 있는데, 이것이 산천이 되어 행룡(行龍)할 때 9성(九星)으로 구분했다. 그리고 9성(九星)을 오행(五行)으로 구분하여 목화토금수(木火土金水)로 나눈다.

9성(九星) 오행(五行)은 기조지성(起祖之星), 행룡지성(行龍之星), 결혈지성(結穴之星), 보좌지성(補佐之星) 등을 말한다. 겸2(兼二), 겸3(兼三), 겸4(兼四)로 이루어지면 용(龍)의 대소를 알 수 있고, 심지어 9성(九星)이 차례로 변한 즉 대지임을 알 수 있다.

9성(九星)에는 길체(吉體)와 흉체(凶體)가 있다. 탐랑(貪狼)·거문(巨門)·무곡(武曲) 3성(三星)은 3길존성(三吉尊星)이고, 좌보(左輔)와 우필(右弼) 역시 길성이다. 9성(九星) 중에는 5길존성(五吉尊星)과 4흉성(四凶星)이 있다. 4흉성(四凶星)은 녹존(祿存)·문곡(文曲)·염정(廉貞)·파군(破軍)이다.

이상과 같이 3길성(三吉星)이나 5길성(五吉星), 4흉성(四凶星)이 있다. 형상의 미악(美惡)과 오행(五行)의 생극(生剋)과 음양(陰陽)의 순역(順逆)에 따라 화(禍)와 복(福)이 있고, 길(吉)·흉(凶)·화갱(火坑)·주보(珠寶) 등이 있다. 길한 것은 취하고 흉한 것은 피하는 것이 지리학의 목적이다.

머리가 둥글고 종을 엎어 놓은 것 같은 것은 금(金)이고, 머리가 뾰쪽하고 높이가 높은 것은 목(木)이고, 굴곡과 파동이 있는 것은 수(水)이고, 돌로 된 머리부분이 톱날이나 불꽃처럼 날카롭고 높이 솟아 있는 것은 화(火)이고, 머리부분이 모나서 병풍과 같은 것은 토

(土)에 속한다. 이처럼 성봉(星峰)의 머리를 관찰하여 오행(五行)을 구분한다.

또한 머리부분이 둥글고 모나 있는 것은 금토(金土) 겸체이고, 머리부분이 둥글며 굴곡이 있는 것은 금수(金水) 겸체이다. 9성(九星)의 강유(强柔)는 같지 않고, 산룡(山龍)의 형태도 같지 않다. 따라서 성봉(星峰)의 머리부분을 보고 산룡(山龍)의 정신과 오행(五行)을 구분하여 9성(九星) 중 어디에 속하는지를 알 수 있다. 태조산(太祖山)에서 낙맥(落脈)하여 행룡(行龍)할 때 응성(應星)이 9성(九星) 중 어디에 속하는가를 알 수 있다. 용맥(龍脈)의 오행(五行)과 혈(穴)의 형태를 알 수 있다.

■ 탐랑성(貪狼星)은 첨순(尖筍)과 같으며 무각(無脚)이고, 목(木)에 속한다. 결혈(結穴)할 때는 유두혈(乳頭穴 : 혈판이 1~2평이나 3~4평으로 넓지 않다.)을 맺는다.

■ 거문성(巨門星)은 방체(方體)이며 무각(無脚)이고, 토(土)에 속한다. 결혈(結穴)할 때는 겸채혈(鉗釵穴)을 맺는다.

■ 녹존성(祿存星)은 두원(頭圓)이나 미방(微方)이며 다각(多脚)이다. 과호(瓜瓠)와 같으며 토(土)에 속한다. 결혈(結穴)할 때는 소치(梳齒)나 겸채혈(鉗釵穴)을 맺는다.

■ 문곡성(文曲星)은 아미형(蛾眉形)으로 무각(無脚)이고, 수(水)에 속한다. 결혈(結穴)할 때는 장심혈(掌心穴)을 맺는다.

■ 염정성(廉貞星)은 날카로우며 높이 솟아 있고, 무각(無脚)이며 화(火)에 속한다. 결혈(結穴)할 때는 이벽형(犁錯形 : 밭을 가는 보습의 모양)을 맺는다.

- 무곡성(武曲星)은 머리가 둥글며 종이나 솥을 엎어 놓은 모양이고, 무각(無脚)이며 금(金)에 속한다. 결혈(結穴)할 때는 원와형(圓窩形 : 혈판이 20~30평 되는 것도 있으며 넓다.)을 맺는다.
- 파군성(破軍星)은 전두고탁(前頭高卓)하며 주기지형(走旗之形)이고, 금(金)에 속한다. 결혈(結穴)할 때는 첨사창형(尖似槍形)을 맺는다. 각(脚)은 직협(直峽)으로 둥글지 않으며 대횡개장(大橫開帳)하기도 한다.
- 좌보성(左輔星)은 두고두저형(頭高頭低形)으로 어깨 쪽이 둥글다. 양각(兩脚)은 양쪽으로 뻗어 있고, 토(土)에 속한다. 결혈(結穴)할 때는 반원형으로 연소형(燕巢形)이나 괘등형(掛燈形)을 맺는다.
- 우필성(右弼星)은 지중으로 은은하게 행하며 금(金)에 속한다. 은은융융(隱隱融融) 결혈(結穴)하며 용(龍)에 따라 변한다.

1. 탐랑성(貪狼星) : 목(木)

탐랑성(貪狼星)은 북두칠성 중 제1성이며 목성(木星)에 속한다. 형태는 첨체(尖體)이며 마치 죽순과 같고, 단정하며 용립하여 수려하다. 이것이 탐랑성(貪狼星)의 본성이다. 탐랑성(貪狼星)에는 길체(吉體) 5가지와 흉체(凶體) 7가지가 있다. 길체(吉體)에는 첨(尖) · 원(圓) · 평(平) · 직(直) · 소(小)가 있다.

1. 첨탐랑(尖貪狼)
성두(星頭)가 첨체(尖體)로 형성되어 마치 죽순과 같고, 성신(星身)은 용기(聳起 : 頓起)하여 단정하며 입체적이다. 대개 누전(樓殿) 아

탐랑성(貪狼星)

출진탐랑(出陣貪狼)

래 제1절에 높이 솟아 있는데, 각(脚)이 없는 정체(正體)이다. 또한 승룡체(乘龍體)와 대검체(帶劍體)가 있다. 승룡체(乘龍體)는 양각이 마치 승마하는 것과 같이 출맥처(出脈處)로 곡전(曲轉)하는 것을 말하고, 대검체(帶劍體)는 양각이 옆으로 뻗어나간 것을 말한다. 승룡체(乘龍體)는 문귀(文貴)에 응하고, 대검체(帶劍體)는 무귀(武貴)에 응한다.

첨탐(尖貪)의 정체(正體)·승룡체(乘龍體)·대검체(帶劍體)는 결혈(結穴)할 때의 주산(主山)이나 소조산(小祖山)을 말한다. 이상의 3가지 외에 첨탐(尖貪) 행룡(行龍)할 때 출진(出陣) 탐랑(貪狼)이 있다. 이는 출맥처(出脈處)에서 보면 한 개의 첨탐(尖貪)으로 보이나, 옆에서 보면 3~5개가 연립해 있다. 출진(出陣) 탐랑(貪狼)은 분종처(分宗處)에 밀집해 있어 점점 높고 크게 행룡(行龍)하며 분맥(分脈)한다.

탐랑성(貪狼星)

2. 원탐랑(圓貪狼)

 평지에 탁연히 높이 서 있는 탐랑(貪狼)은 성두(星頭)가 원체(圓體
: 서울 북악산)로 4면이 같다. 단정하며 출맥처(出脈處)가 현능(弦稜
: 開帳한 것으로 出脈處에서 穴脈을 보호하는 것)이 분명하다.

3. 평탐랑(平貪狼)

 대탐랑성(大貪狼星)이 산정에 횡재(橫在 : 巨門星처럼 있는 것)하여
있는 것으로 와체(臥體)를 말한다. 옆에서 보면 산정의 성봉(星峰)이
마치 거문성(巨門星)과 같이 일(一)자로 되어 방체(方體)로 보인다.
또한 양 머리가 미미하게 높고, 중간이 약간 낮은 것도 있다. 그리고
입맥처(入脈處)는 두첨(頭尖)하고, 낙맥처(落脈處)는 두활(頭闊)한
곳에서 낙맥(落脈)한다. 만일 낙맥처(落脈處)가 중간에서 횡락(橫落)
하면 거문성(巨門星)이다.

원탐랑(圓貪狼)

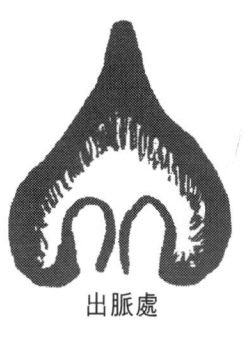

出脈處

승룡체(乘龍體)

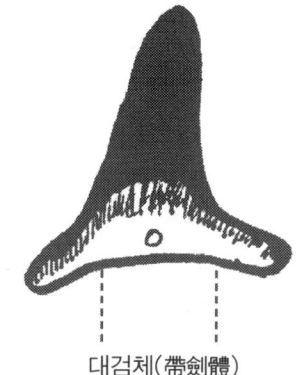

대검체(帶劍體)

4. 직탐랑(直貪狼)

고산 낙맥(落脈) 후 인승(引繩) 모양으로 낙맥(落脈)하다 평강(平岡)을 형성하여 미미하게 기복하며 다소 긴 것을 말한다. 옆에서 보면 평강(平岡)으로 보이나, 낙맥처(落脈處)에서 보면 첨원(尖圓) 탐랑(貪狼)으로 보인다.

5. 소탐랑(小貪狼)

산정에 다시 솟은 작은 탐랑(貪狼)으로, 탐랑행룡(貪狼行龍)할 때 박환처(剝換處)의 소첨(小尖) 탐랑(貪狼)을 말한다.

이상의 5가지는 탐랑(貪狼)의 정형(正形)으로 길체(吉體)이다. 염정작조(廉貞作祖)이면 장원급제와 귀응삼공(貴應三公)에 이른다. 출진(出陣) 탐랑행룡(貪狼行龍) 결작(結作)이면 장원지지와 문무대공명 대부귀를 이룬다. 그러나 염정작조(廉貞作祖)가 아니면 대공명을 이룰 수 없다.

흉체(凶體) 7가지는 탐랑성(貪狼星)의 길체(吉體) 중 흉체(凶體)이다. 의(欹)·사(斜)·공(空)·도(倒) 등이면 간사지인이 나오고, 석(石)·파(破) 등이면 흉함을 당하고, 측(側)이면 성직자나 독신자가 나온다.

- 의(欹) : 의(欹)는 봉두(峰頭)는 정립했으나 산의 중간이 깨져 절벽처럼 흉한 모습을 말한다.
- 사(斜) : 봉두(峰頭)를 정립하고 출맥처(出脈處) 한 변이 현능(弦稜 : 開帳하여 出脈處에서 穴脈을 보호하는 것)은 분명하나, 한 변의 현능(弦稜)이 분명하지 않다.
- 측(側) : 봉두(峰頭)는 정립했으나 측면으로 출맥(出脈)하여 기복(起伏) 없이 곧장 나간 것을 말한다.
- 석(石) : 온통 쇄석(碎石)으로 출맥(出脈) 대살(帶殺)한 것을 말한다.
- 도(倒) : 봉두(峰頭)가 단정하지 못하고 한 변으로 기울어진 것을 말한다.
- 파(破) : 출맥처(出脈處)에 골이 생긴 모양으로 수직으로 깨진 것을 말한다.
- 공(空) : 산에 공동(空洞)이 많은 것을 말한다.

이상은 탐랑성(貪狼星)의 흉체(凶體)를 설명했다. 두면(頭面)이나 신상(身上)에 결함이 있으니 주의해야 한다.

소요산(逍遙山)은 포천의 왕방산(旺方山)에서 출발하여 왕방산의 서북방에 국사봉(貪狼)을 세우고, 수십리를 행룡(行龍)하는데 일정한 원리로 흐른다. 다시 말해 탐랑성(貪狼星)의 정신으로 질서정연하게 흘러갔다. 첨체(尖體) 탐랑(貪狼)에서 시작하여 원체(圓體)·평체(平體)·직체(直體)·소체(小體) 탐랑(貪狼)의 순서로 행룡(行龍)하여 일사분란하게 흘러갔다. 이처럼 지구의 모든 산맥은 흘러간다.

탐랑성(貪狼星)의 조종(祖宗)은 염정(廉貞)이다. 용루보전(龍樓寶殿)에서 분종출룡(分宗出龍)할 때 낙맥(落脈) 제1절이 탐랑성(貪狼星)이면 탐랑룡(貪狼龍)이다. 제1 낙맥(落脈)할 때 좌우에 보필(輔弼)이 없으면 고룡(孤龍)이고, 보필(輔弼)이 있어도 보호하지 않고 반주(反走)하여 배반하면 공망룡(空亡龍)으로 그 아래에는 결작(結作)이 없다.

탐랑룡(貪狼龍)은 때때로 단단속속(斷斷續續)하며 낙맥(落脈) 행룡(行龍)하며 잠행(潛行)한다. 이 잠행(潛行)이 탐랑성(貪狼星)이 다른 용(龍)과 다른 특징이다.

탐랑성(貪狼星)은 태조산(太祖山) 낙맥(落脈) 후 동분서주하며 분주하게 행룡(行龍)한다. 탐랑성(貪狼星)이 돈기(頓起)하면 기세좋게 행룡(行龍)하고, 갑자기 탈락하면 질단(跌斷) 과협(過峽)으로 잠적하여 은은하게 행룡(行龍)한다. 이때 주위의 봉우리가 수려하여 관협(關峽)을 형성하니 귀룡(貴龍)이 머물러 결혈(結穴)한 것처럼 보이고, 명당이 주밀하고 주위의 봉우리가 수려하기 때문에 명당이라고 잘못 판단하기 쉽다.

그러나 정룡(正龍)은 중앙으로 은은히 행룡(行龍)하여 관협(關峽)이 다한 곳에 이르면, 점점 고기(高起)하여 또다시 탐랑성(貪狼星)을 기

새목고개에서 본 왕방산 : 금성체

새목고개에서 본 국사봉

금동리에서 본 행룡(行龍)

소요산 정상에서 본 내룡(來龍)

봉(起峰)한다. 이것이 일단일속(一斷一續)이다. 일단일속(一斷一續)의 거리는 대룡(大龍)이면 수십리 또는 수리를 건너뛴다.

 관협(關峽)의 관자(關者)는 외산포리내(外山包裏內 : 외산이 싸안는 것)의 평양처를 말하고, 협자(峽者)는 용(龍)의 단속처(斷續處)를 위요(圍繞)한 외산이 협(峽)과 같음을 말한다. 이와 같이 탐랑성(貪狼星)이 행룡(行龍)하여 단단속속(斷斷續續)의 정으로 여러 단계를 거쳐 진룡결혈(眞龍結穴)할 때는 반드시 유두(乳頭) 작혈(作穴)하고, 반드시 산허리 중간에서 뱀이나 요대(腰帶) 같이 굴곡하여 출맥(出脈)한다. 양변의 선익(蟬翼)이 약간 높고, 중간의 정맥(正脈)이 약간 낮으며 계수(界水)가 분명하면 금피장맥(錦被帳脈 : 貴脈)이니 지귀지부격(至貴至富格)이다. 출맥(出脈)할 때 천심출맥(穿心出脈)이 아니라 일변각 출맥(出脈)이면 주부(主富)에 불과하고, 생지호맥(生枝

탐랑행룡(貪狼行龍)

護脈)이면 역시 귀맥(貴脈)이다. 천심출맥(穿心出脈)이 귀한 것이고, 변각 출맥(出脈)은 정룡(正龍)이 아니다.

대개 9성행룡(九星行龍)할 때 분종(分宗) 출맥처(出脈處)는 개장횡비(開帳橫飛) 수십백리 또는 십여리 겹수가 많으면 많을수록 귀룡(貴龍)이고, 장중(葬中)의 천심출맥(穿心出脈)이 정룡(正龍)이다. 이것이 높은 산의 박환(剝換)이며 박환낙맥(剝換落脈)의 상황이다. 이 박환룡(剝換龍)은 또다시 낙평(落平)하여 주사(蛛絲) 마적(馬跡)과 같이 과맥(過脈)하니 더욱 귀하다.

9성행룡(九星行龍)할 때는 대산(大山)이 질락(跌落 : 미끄러져 뚝 떨어지는 것)하여 소산(小山)으로 변하는 것이 귀하고, 소산(小山)이 특기(特起) 대산(大山)이면 아직 행룡(行龍) 중이다. 이같이 고저대소(高低大小) 단속(斷續)하며 행룡(行龍)하는 것이 탐랑성(貪狼星)의

소요산 입구의 탐랑성(貪狼星)

진골기(眞骨氣)이다. 높은 산에서나 평지에서나 같다.

돈기(頓起) 대탐랑성(大貪狼星) 후 분등행룡(奔騰行龍)하여 홀연 일단(一斷) 천전도수(穿田渡水) 도속처(倒續處)에 소탐랑성(小貪狼星)이 나오면 탐랑성(貪狼星)의 진골기(眞骨氣)이다. 그 후 행룡(行龍)하여 점승점고(漸升漸高)하여 마치 복주(覆舟)와 같은 형태인 추복주형(推覆舟形)으로 나타나, 일단(一斷) 후 점점 고기(高起)하면서 나타나는 도지목체(倒地木體)이고, 탐랑성(貪狼星)의 힘찬 세력이다.

위의 단처(斷處)에 나타나는 소탐랑성(小貪狼星)은 대산(大山) 박환(剝換)하여 소산(小山)으로 박환(剝換)한 탐랑성(貪狼星)이니 다른 산과 다르며 기이하다. 이는 새옷으로 갈아 입는 것 같아 박환(剝換)이라 하고, 강노지기(剛老之氣)를 탈진한 것이다. 만일 소탐랑성(小貪狼星)이 수척하여 외각에 광채가 없으면 진룡(眞龍)이 아니다.

이 용(龍)은 행진하거나 낙평(落平)하여 결혈(結穴)하고, 산곡간 평양출양하여 결혈(結穴)하니 탐랑(貪狼) 말락(末落)이다. 이때 탐랑(貪狼) 박환보성(剝換輔星)하여 부구(浮龜 : 거북이가 물에 떠있는 모습)나 포구(抛毬) 등의 보성(輔星)으로 나타나 유두(乳頭) 결혈(結穴)한다.

탐랑성(貪狼星)은 대개 염정성(廉貞星)을 태조산(太祖山)으로 하여 행룡(行龍)한다. 행룡(行龍)에서 용진(龍盡)할 때까지는 단속정(斷續情)을 여러 번 한 후에 용진맥지(龍盡脈止)하여 결혈(結穴)한다. 기타 높은 산의 첨(尖)·원(圓)·평탐랑(平貪狼)으로부터 직(直)·소탐랑(小貪狼)에 이르기까지 여러 번 박환(剝換)한다. 탐랑(貪狼) 말락(末洛) 결혈(結穴)할 때 혈장(穴場)을 보면 9~10개의 맥이 중첩되어 어떤 것이 진맥(眞脈)인지 구별하기가 매우 어렵다. 그러나 9~10개의 난맥 중 특이한 심단자(甚斷者)가 진맥(眞脈)이고, 나머지 여러 개는 심단처(甚斷處)가 없으니 구별할 수 있다.

　비심단자(非甚斷者 : 9～10개의 맥)는 모두 진룡(眞龍)의 호위(護衛 : 纏護)가 되어 원근에서 회전하여 앞에 도달하고, 두면(頭面)은 개면(開面)하여 정답게 회고하며 하나의 맥이라도 반주함을 불허한다. 본신의 여지(餘枝)는 20～30리 더 나아가 모두 회전하여 내향(內向)하며 성곽을 형성한다. 또 양 산은 외수구(外水口) 한문(捍門)을 형성하여 관문(關門)을 이루고, 관문(關門) 외에는 나성(羅星)이 있어 불허 유수(流水)로 수구(水口)를 막는다. 이는 대지 결혈(結穴)의 증거이다.

　화성(火星) 즉 염정성(廉貞星)을 조산(祖山)으로 한 용맥(龍脈)은 반드시 외수구(外水口) 밖에 나성(羅星)을 만든다. 나성(羅星)은 반드시 성곽 밖에서 생성되는 것이 상식이다. 나성(羅星)이란 한 변은 물에 잠기고 한 변은 밭에 있어 본산과 떨어져 따로 서 있는 원(圓)·첨(尖)·방체(方體)의 나홀로 산이다. 수중에 생성될 때도 있다. 청룡(靑龍) 백호(白虎) 내에 생성하여 혈(穴)을 핍근(逼近)하면

비사(飛梭)　　　　　　　　부구(浮龜)

안질·장님·유산 등이 따른다. 이것은 나성(羅星)이 아니다.

그리고 나성수(羅星水)는 순수지세(順水之勢)이면 안되고 역수지세(逆水之勢)로 생성하는 것이 길하다. 다시 말해 강하수(江河水)의 불허류(不許流) 모양이 길체(吉體)이다. 천전(穿田)하여 밭가운데 생성되기도 하는데, 석골(石骨) 일괴완석(一塊頑石)이고 일부초토(一阜焦土)이면 진종(眞種)이다.

탐랑(貪狼)·무곡(武曲)의 나성(羅星)은 첨원(尖圓), 거문(巨門)·보필(輔弼)의 나성(羅星)은 방변면(方匾眠 : 네모난 그릇 모양), 녹존(祿存)·문곡(文曲)·염정(廉貞)의 나성(羅星)은 다파쇄(多破碎), 파군(破軍) 나성(羅星)은 첨파(尖破)이며 해롭다. 용신(龍身) 성봉(星峰)이 파쇄되면 해롭고, 용신 역시 그러하다. 나성(羅星)은 첨원방정(尖圓方正)한 것이 정형이며 길체(吉體)이다.

2. 거문성(巨門星) : 토(土)

거문성(巨門星)은 북두칠성의 제2성으로 토성(土星)에 속하며 3길존성(三吉尊星)이다. 일(一)자 모양으로 평평하며 머리 양쪽에 각(角)이 있는 것이 정상적인 형태이다. 이 일(一)자형의 중심에서 횡으로 출맥(出脈)한 것을 거문성(巨門星)이라 한다. 평첨탐랑(平尖貪狼)과 같으나 횡으로 낙맥(落脈)하고, 평첨탐랑(平尖貪狼)은 일(一)자의 정두(頂頭) 끝에서 낙맥(落脈)한다.

거문존성(巨門尊星)에는 두 가지가 있다. 고대방정(高大方正)한 것은 병(屛)이라 하고, 재고대방정(再高大方正)한 것은 돈홀(頓笏)이라 하는데 무각(無脚)이다. 만일 정두(頂頭)가 의(欹)·사(斜)·측(側)·

파(破)이면 흉체(凶體)이며 흉격이다. 출맥(出脈) 행룡(行龍)할 때 지엽(枝葉)이 많지 않아 멀리가지 못하며 관협(關峽)이 적다. 천심출맥(穿心出脈)하여 행룡(行龍)할 때는 양방에서 호위(護衛)하는 산맥은 본신(本身)에 붙어 따른다. 정절지봉(旌節之峰) 녹존성(祿存星)이 옹호하며, 도검지산맥(刀劍之山脈) 파군성(破軍星)이 호송한다.

이같이 출맥(出脈)할 때는 양방에서 정절지봉(旌節之峰)과 도검지산맥(刀劍之山脈)이 호송하고, 앞에는 의관리(衣冠吏)가 영접하며, 좌우에는 항상 좌보성(左輔星)이 회유(回遊)한다. 이와 같이 거문(巨門) 출신처에는 4길(四吉)·4흉성(四凶星)이 본신(本身)에 붙어서 정제 나열하여 여러 겹을 싸고 타위(打圍)하여 거문성(巨門星)을 보호하며 호위(護衛)한다.

거문(巨門)이 천심출맥(穿心出脈) 행룡(行龍)할 때는 양을 몰고 가

거문성(巨門星)

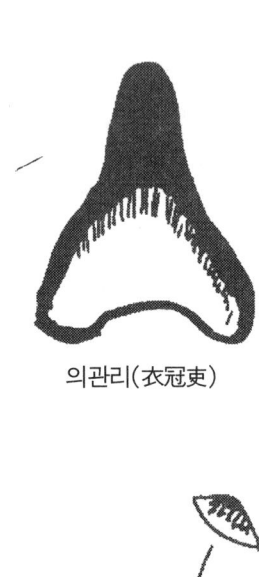

의관리(衣冠吏)

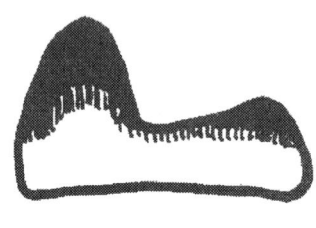

마봉(馬峰)

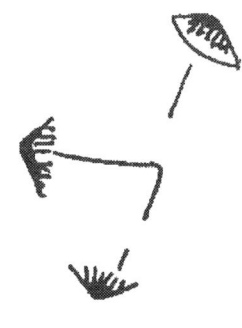

주사(蛛絲)

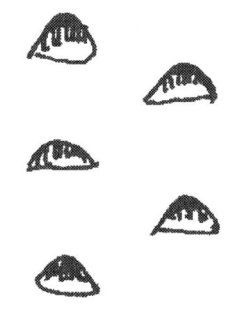

마적(馬跡)

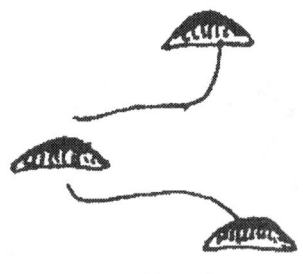

포사(抛梭)

천주(穿珠)

는 것처럼 소소원봉(小小圓峰)이 나타나며 따른다. 높은 산에서 과협(過峽)을 형성할 때는 소위 봉요과협(蜂腰過峽)이나 태자협(太子峽)으로 전후 산이 회환호포(回環互抱)하여 단과협(短過峽)을 형성하며, 마치 벌의 허리와 같이 가늘며 긴밀하다. 이때 양방에는 의관리(衣冠吏) 즉 원봉(圓峰)이 호위(護衛)한다.

또한 평지 야산에서 과협(過峽)을 형성할 때는 종적을 감추어 실맥한 것처럼 보이고, 횡과(橫過)할 때는 동서로 은은하게 나타나 마치 포사(抛梭)와 같고, 곡과(曲過)할 때는 소소(小小) 기복함이 마적(馬跡)과 같고, 활과(闊過)할 때는 천전(穿田)이나 도평(渡坪)하는 것이 마치 주사(蛛絲)와 같아 일선척맥(一線脊脈)이 은은하게 나타난다.

이상과 같이 질단과협(跌斷過峽)할 때나 평중(平中)에서 단맥(斷脈)할 때는 반드시 좌우에 호위산(護衛山)이 보호해야 한다. 나홀로 행룡(行龍)하면 거문정체(巨門正體)가 아니라 공망룡(空亡龍)이다.

또한 천주과협(穿珠過峽)을 할 때는 주(珠)는 개면(開面)해야 하고, 맥은 가늘고 위곡(委曲)해야 하며, 좌우에는 음사(陰砂)가 호위(護衛)해야 한다. 만일 천주(穿珠)가 주판과 같이 직관(直串)하면 흉격이다. 천주(穿珠)는 소형의 원돈(圓墩 : 구슬같이 둥그런 봉우리)을 몇 가닥의 실로 꿴 것 같이 맥이 통과하는 것을 말한다. 이 거문행룡(巨門行龍)은 수리나 수십리를 행룡(行龍)하여 결혈(結穴)한다.

염정행룡(廉貞行龍)은 백여리를 행룡(行龍)해야만 비로소 박출(剝出) 3길성(三吉星)이나 5길성(五吉星)을 이룬다. 이렇게 결혈(結穴)하는 것이 가장 양호하다. 만일 수십리에서 낙혈(落穴)하면 미탈(未脫) 염정(廉貞) 살기(殺氣)이므로 불길하다.

거문행룡(巨門行龍)은 30리 내에 3~4개의 방봉(方峰)을 형성하고,

중간 행룡(行龍)할 때는 소소원봉(小小圓峰)을 형성하며, 천주(穿珠) 행룡(行龍)하는 것이 본성이다. 그리고 낙혈(落穴) 직전에 방봉(方峰)을 형성하여 혈(穴) 뒷면을 옥병(玉屛)을 두른 것과 같이 한다.

거문존성(巨門尊星)은 불의불사(不欹不斜) 방정단정해야 한다. 만일 깨지거나 쭈글쭈글한 형태이면 거문존성(巨門尊星)이 아니라 겸대성(鉗帶星)으로 흉체(凶體)이다. 거문성(巨門星)이 행룡(行龍)할 때 많은 호위산(護衛山)이 가까이서 따르고, 정룡(正龍)은 언제나 중심으로 행룡(行龍)한다. 거문성(巨門星)에 접히거나 깨진 흔적이 있으면 파군(破軍) 겸대성(鉗帶星)으로 마치 염정(廉貞)의 보전(寶殿)과 같다. 또한 지각(枝脚)이 많으면 녹존(祿存) 겸대성(鉗帶星)으로 거문성(巨門星)이 아니다.

거문성(巨門星)은 양각(兩脚)이 횡장(橫帳)하여 중심 출맥(出脈)하면 개(个)자 출맥(出脈)으로 오동지(梧桐枝)라고도 한다. 개(个)자 출맥(出脈) 후 소소원봉(小小圓峰)을 형성하여 행룡(行龍)하고, 좌우에는 원봉(圓峰)과 마기(馬旗)·도검지산(刀劍之山)이 호송하고, 과협(過峽)할 때는 봉요(蜂腰) 질단(跌斷) 과협(過峽)을 이루며 평행 천주(穿珠) 행룡(行龍)하고, 결혈(結穴)할 때는 초암(草庵)과도 같이 은은하게 혈(穴)을 형성한다. 거문(巨門) 결혈(結穴)은 채겸혈(釵鉗穴)을 이루는 것이 일반적이다.

산협간(山峽間)에 결혈(結穴)할 때는 기필진(氣必盡)·등필지(等必止)·수필교(水必交)·순필두(脣必兜), 4수단취(四獸團聚)해야 한다. 강호변에 결혈(結穴)할 때는 간간이 와혈(窩穴)을 이루기도 한다. 거문존성(巨門尊星)은 이학(理學)과 명유명현(名儒名賢)이 나오고, 왕후장상지지(王侯將相之地)를 이룬다.

3. 녹존성(祿存星) : 토(土)

녹존성(祿存星)은 북두칠성의 제3성이며 토(土)에 속한다. 녹존성(祿存星)의 형태는 돈고형(頓鼓形 : 산 정상이 평평하며 전체가 둥글둥글한 모양)이다. 몸체는 원형이며 정두(頂頭)는 평평하여 마치 거문성(巨門星)과 비슷하나 방체(方體)는 아니다. 거문(巨門)은 어깨에 각(角)이 났지만 녹존성(祿存星)은 미원체(微圓體)이다. 각(脚)의 형태는 하생다각(下生多脚)으로 과호(瓜瓠)와 같다. 과(瓜)는 원체(圓體)이고, 상부 두신(頭身)은 돈고(頓鼓) 형상이며, 좌우의 양각이 원전(圓轉)한다. 각(脚)의 형태는 상세하비형(上細下肥形)이다.

지각(枝脚)이 출맥(出脈)하여 진(盡)하는 곳에는 소원봉(小圓峰)을 이룬다. 다시 말해 대창(帶倉)・대고(帶庫)・금상(金箱)・옥인(玉印) 등을 말한다. 또한 지각(枝脚)은 정절지봉(旌節之峰)과 번당(幡幢 : 枝脚의 曲折盡處의 圓墩을 말함) 등을 말한다.

돈고형(頓鼓形)은 녹존성(祿存星)의 두신(頭身)을 말하고, 과호(瓜瓠)는 본룡(本龍)과 지각(枝脚)의 형상을 말한다. 본룡(本龍)과 지각(枝脚)은 상세하비형(上細下肥形)으로 과호진처(瓜瓠盡處)에는 소봉(小峰)이 있는 것이 일반적이다.

녹존성(祿存星)이 개면(開面)하여 여러 갈래의 지각(枝脚)을 좌우로 분출하고, 중심 본룡(本龍) 출맥(出脈)할 때 자세하게 살피지 않으면 인식할 수 없는 소봉(小峰 : 꼭 따라다니며 出脈할 때 90도로 꺾이는 것)이 생긴다. 이것은 가장 중요한 것으로 대록대살처(帶祿帶殺處)이다. 그리고 이 소봉(小峰)으로 길흉을 판단한다.

소봉(小峰)은 본신(祿存 本身에는 穴이 없다)의 정상이 아닌 용(龍)

의 출맥처(出脈處), 즉 산허리에 나타난다. 소봉(小峰)이 원정(圓正)
하며 지각(枝脚)이 없으면 대록녹존(帶祿祿存)이라 하여 길체(吉體)
이고, 소봉(小峰)이 박환성(剝換星)이 아니라 첨리한 각이 분다하여
마치 방게나 거미같으면 대살녹존(帶殺祿存)으로 흉체(凶體)이다. 소
봉(小峰)이 원정(圓淨)하며 지각(枝脚)이 분다하지 않고, 횡배(橫排)
하여 검처럼 첨리하면 살화위권격(殺化爲權格) 또는 선출무귀격(先
出武貴格)이니 대록녹존(帶祿祿存)으로 길체(吉體)이다.

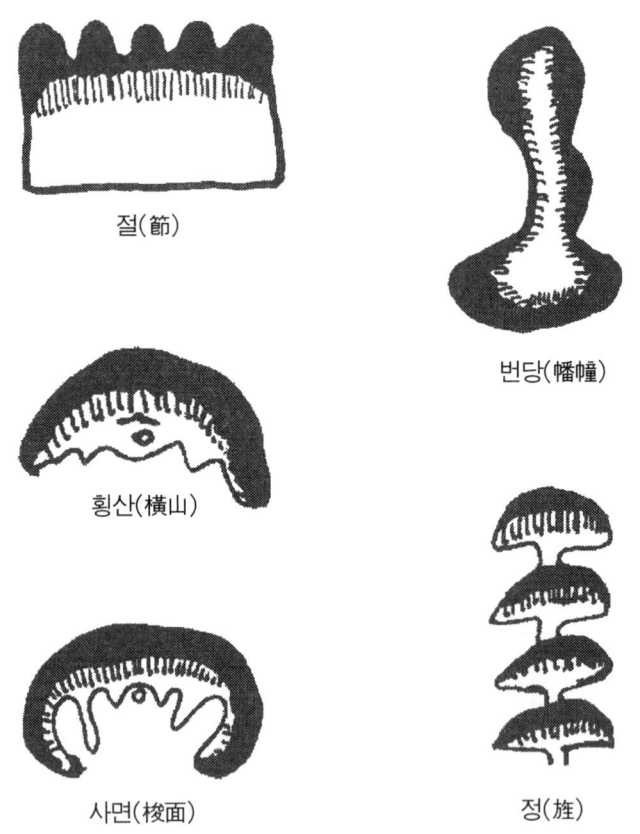

절(節)

번당(幡幢)

횡산(橫山)

사면(梭面)

정(旌)

녹존성(祿存星)은 단정하지 못하여 발복이 거문성(巨門星)에 미치지 못한다. 그러나 정체(正體) 녹존성(祿存星)은 결혈(結穴)하여 형세가 웅후하여 당국이 단정하고, 조봉(朝峰)이 수발(秀拔)하면 역량이 거문성(巨門星)에 못지 않다. 녹존성(祿存星)이 결혈(結穴)할 때 소원봉(小圓峰)이 본신(本身)을 위요(圍繞)하여 대록녹존(帶祿祿存) 정결하면 부귀가 비상하며, 필히 장상공후지지(將相公侯之地)를 이룬다. 이 녹존결혈(祿存結穴)에는 간간이 석간괴혈(石間怪穴)이 생긴다.

또한 지각(枝脚)으로도 길흉을 판단할 수 있다. 녹존성(祿存星)이 결혈(結穴)할 때 전후좌우의 지각(枝脚)은 혈전(穴前) 좌우에 반드시 소봉(小峰)이 환요(還繞)한다. 이는 녹존성(祿存星)의 지각진처(枝脚盡處)에 소원봉(小圓峰)이 나타나기 때문이다. 소원봉(小圓峰) 역시 대록(帶祿)인지 대살(帶殺)인지를 구별해야 한다. 소원봉(小圓峰)이 대록(帶祿) 길체(吉體)이면 무각(無脚)이고, 지각(枝脚) 분다하면 대살녹존(帶殺祿存)이다. 녹존성(祿存星)의 발응(發應)은 무직(武職)으로 현귀(顯貴)하거나 문직(文職)으로 병권을 장악하게 된다.

거문성(巨門星) 두방(頭方 : 네모난 모양)과 녹존성(祿存星)의 두미방(頭微方 : 네모나지만 약간 둥근 모양)은 혼동하기 쉽다. 녹존성(祿存星) 돈고형(頓鼓形)은 두방정평(頭方頂平) 신원체(身圓體)이다. 두방체(頭方體)이나 미방(黴方)이고, 자세히 보면 양방이 각이 아니라 원전이고, 하부 주위가 다족(多足)이면 녹존성(祿存星)이다. 거문성(巨門星)은 두방(頭方)이며 파쇄되지 않았고, 하부에 지각(枝脚)이 없으니 거문존성(巨門尊星)이다. 거문성(巨門星)과 녹존성(祿存星)은 두신(頭身)은 비슷하나 하부 주위가 다족(多足)인가 무족(無足)인가로 구분한다.

녹존성(祿存星)이 미박환(未剝換)일 때는 돈고(頓鼓) 과호형(瓜瓠形)으로 성봉(星峰)하나, 평지낙맥(平地落脈)하여 행룡(行龍)할 때는 요처(凹處)가 면(面)이 되고 철처(凸處)가 배(背)가 된다. 이것이 횡산사면(橫山梭面)이다. 배후 철처(凸處)를 관찰하면 무각(無脚)이며, 마치 보필성(輔弼星)처럼 보인다. 다른 성(星)의 면과 같으니 혼동하면 안 된다.

면은 요처(凹處) 다각이며 보필성(輔弼星)이 아니다. 요(凹) 다각처가 녹존성(祿存星)의 면이니 대이전처(大移轉處)이다. 결혈(結穴)할 때도 이와 같은 형태이다. 결혈(結穴)할 때 면 다각처(多脚處) 중간 양처(陽處)인, 즉 혈맥(穴脈)임을 알 수 있다. 이곳이 횡산사면(橫山梭面)의 결혈처(結穴處)이다.

또한 행룡(行龍)할 때 돈고(頓鼓)·과호(瓜瓠) 낙맥(落脈) 후 낙평

녹존성(祿存星)

(落平)하면 종적을 알 수 없고, 사적(砂磧)이나 난석이 점재할 뿐 맥의 행처를 알 수 없다. 이렇게 행룡(行龍)하기를 수리나 수십리에 이르러 홀연 횡산사면(橫山梭面) 등으로 재기하여 결혈(結穴)하는 것이 녹존성(祿存星)의 진종(眞種)이다.

횡산(橫山)인 즉 각단자(脚短者)이며 사면(梭面)인 즉 각장자(脚長者)이다. 사면(梭面)이 곡절직행(曲折直行)하면 문곡성(文曲星)이고, 횡행유족(橫行有足)이면 녹존성(祿存星)이다. 필성(弼星)은 무지(無枝)이고, 보성(輔星)은 양족(兩足)이 횡배(橫排)한다. 횡산사면(橫山梭面)은 소치형(梳齒形)이며, 배는 보필성(輔弼星)과 같다.

그러나 면이 다각이니 보필(輔弼)이 아니라 녹존성(祿存星)이다. 횡산사면(橫山梭面)은 혈산(穴山)이며, 혈형(穴形)은 와(窩)·겸(鉗)·유(乳)의 3길 겸기(兼氣)한다. 녹존성(祿存星)은 문무겸비지성(文武

녹존(祿存)의 지각(枝脚)

兼備之星)이다. 주문(主文)인 즉 복록이 오래가고, 주무(主武)인 즉 병권(兵權)을 장악하니 녹존대성(祿存大星)의 행도가 장원(長遠)하며 큰 국(局)을 이룬다.

9성행룡(九星行龍)할 때 간간이 녹존성(祿存星)이 필요하다. 파록성(破祿星)으로 인하여 장세(張勢)가 있고, 문곡성(文曲星)으로 인하여 도맥행룡(渡脈行龍)한다. 만일 누전(樓殿) 아래 돈기(頓起) 대녹존성(大祿存星)이 나타날 때 양변에 3길성봉(三吉星峰)이 내보(來輔)하면 녹존행룡(祿存行龍)의 최귀룡(最貴龍)이다. 행룡(行龍)할 때 9성(九星) 겸대(兼帶)이면 역시 녹존대룡(祿存大龍)이고, 대룡심혈(大龍尋穴)할 때 반드시 원결(遠結)이니 대강하변에서 찾을 수 있다.

천하의 산은 대개가 파록성(破祿星)이다. 고산의 녹존(祿存)은 정상으로 구분한다. 정두(頂頭)는 반드시 단정하며 그 아래는 다각이다. 평원 녹존(祿存)은 정왜(頂矮)하고, 반드시 단정하며 각 횡배(橫排)한다. 이상과 같지 않으면 녹존(祿存)이 아니다. 녹존대성(祿存大星)은 파군성(破軍星)과 같이 능히 9성(九星)을 겸대(兼帶)한다.

1. 돈고녹존(頓鼓祿存)

돈고녹존(頓鼓祿存)은 정체(正體) 녹존(祿存)을 말하고, 산꼭대기가 평평하며 전체가 둥굴둥굴하다. 정평(頂平)·신원(身圓)·미방(微方)·단정(端正)하고, 아래에 지각(枝脚)이 횡평(橫平)하게 배열한다. 양변에 정절형(旌節形)의 지각(枝脚)이나 번당형(幡幢形)의 지각(枝脚)이 대분(對分)하여 배열한다. 오동지(梧桐枝)는 개(个)자형으로 횡배(橫排)하는 것을 말하며, 귀룡(貴龍)이다.

이 용(龍)은 탐랑(貪狼)·거문(巨門)·무곡(武曲) 등 3길성(三吉星)

상협행룡(相夾行龍)이나 겸대행룡(兼帶行龍)하여 평원 낙맥(落脈)이면 정왜(頂矮 : 왜소한 작은 봉우리) 역시 머리가 단정하고, 양변 수각(手脚)이 횡배(橫排)하면 횡배각(橫排脚)은 검(劍)과 같고, 좌우에는 보필(輔弼)이 작위(作衛)한다.

이는 고산과 평원의 행룡(行龍) 모양이다. 소탐(小貪)·거문(巨門)·무곡(武曲) 후 질락평양(跌落平洋)하면 행방이 묘연하거나, 사적난석(砂蹟亂石)·일망평원(一望平源) 수리나 수십리 후 대강대하에 임하면 재기 횡산사면(橫山梭面)이거나 좌보(左輔)나 우필(右弼)하여 소치형(梳齒形)으로 녹존대결(祿存大結)하여 원국(垣局)을 만든다.

이때 격강(隔江 : 청룡 백호 너머에 있는 물)의 산하(山河)는 개면(開面)하여 고아(顧我) 원산(遠山) 호위(護衛)하고, 본신(本身)의 전산(纏山)은 긴밀하여 주위가 무공결(無空缺)하여 반드시 대국(大局)을 이룬다. 고산에서 심혈(尋穴)하는 것은 불가하다. 원심(遠尋)해야 혈(穴)을 얻을 수 있다.

2. 복부녹존(覆釜祿存)

복부형(覆釜形)은 무곡성(武曲星)으로 무각(無脚)이다. 그러나 하부 주위에 첨각(尖脚)이 배열했으면 녹존신상(祿存身上) 무곡룡(武曲龍)이다. 무곡성(武曲星) 저평처(低平處)이면 복부형(覆釜形)으로 부룡(富龍)이다. 정두(頂頭)는 복부형(覆釜形)이고, 하부는 소첨각(小尖脚)이면 녹존성(祿存星)이다. 자수성가하여 거부가 된다.

3. 학조녹존(鶴爪祿存)

돈고(頓鼓) 미방체(方體)이고, 아래는 다각이며 양변에 단족(短足)이 있고, 중간이 길게 출맥(出脈)한 것으로 녹존신상(祿存身上) 거문룡(巨門龍)이다. 이 용(龍)은 가운데로 출맥(出脈)한 형태이고, 필시 질락(跌落)·저소(低小)·재기(再起)·길성(吉星) 후 재락은은행거(再落隱隱行去)하여 왜봉(矮峰)을 세우고 결혈(結穴)한다. 이때 사람이 단좌한 것과 같고, 용호(龍虎)가 포위하여 겸혈(鉗穴)을 형성한다. 겸혈(鉗穴)을 형성하는 것은 겸대지기(兼帶之氣) 때문이고, 3길행룡(三吉行龍)이면 소치혈(梳齒穴)이 아니다. 이 용(龍)은 거문룡(巨門龍)으로 멀지 않은 곳에 결혈(結穴)한다.

4. 늑선녹존(肋扇祿存)

이 용(龍) 역시 정상은 돈고형(頓鼓形)이나 면상(面上)이 늑골이 노출한 것과 같거나 접는 부채의 부서진 형태이고, 그 아래 각은 분다하여 다파쇄(多破碎)의 형태이므로 녹존신상(祿存身上) 파군룡(破軍龍)이다. 파록(破祿) 겸대(兼帶)이기 때문에 결혈(結穴)하지 못한다. 결혈(結穴)하려면 두면(頭面)이 박환(剝換) 3길(三吉) 후나 박환(剝換) 재기(再起) 3길성봉(三吉星峰) 후에 가능하다.

5. 현순녹존(縣鶉祿存)

녹존신상(祿存身上) 염정룡(廉貞龍)이다. 흉체(凶體) 중 흉체(凶體)로 머리가 첨체(尖體)이고, 첨두(尖頭)는 다파쇄(多破碎)하여 섭흔(摺痕)이 무수히 많은 것을 말한다. 첨두하(尖頭下) 녹존정체(祿存正體)이며 꼭대기는 평평하고, 양변에는 대지(大枝)를 출생하여 본신

(本身)을 호송한다. 현순녹존(縣鶉祿存)이 누전(樓殿) 아래에 있으면 형고대(形高大)하고, 행룡(行龍)의 대종성(大宗星)이며 원결(遠結) 낙평지(落平地)하여 결혈(結穴)한다. 현순녹존(縣鶉祿存)은 반드시 3길성(三吉星)으로 박환(剝換)하여 평원에 떨어져 결혈(結穴)하면, 용기처(龍起處)의 대지(大枝)는 순래(順來)하여 관국(關局)을 이룬다. 본신(本身)의 지각(枝脚)이 순포(順抱)하여 순결(順結)이 되고, 대지역래(大枝逆來)하여 낙산(樂山)이나 탁산(托山)이 되며, 본신(本身)의 지각(枝脚)이 회포하여 역결(逆結)한다.

6. 거랑녹존(巨浪祿存)

거랑녹존(巨浪祿存)은 평지녹존(平地祿存)을 말하며, 녹존신상(祿存身上) 좌보룡(左輔龍)이다. 따르는 용(龍)이 전환하면 본신(本身) 역시 전환한다. 이때 양협수(兩夾水)를 따라 전신(轉身)한 것에서 찾아야 한다. 양방의 협수(峽水)가 장대(長大)하면 간룡(幹龍)이고, 단소(短小)하면 지룡(枝龍)이다. 이 용(龍)이 낙혈(落穴)하면 소치혈(梳齒穴)을 맺는다.

7. 장사녹존(長蛇祿存)

장사녹존(長蛇祿存)은 녹존신상(祿存身上) 문곡룡(文曲龍)이다. 녹존신상(祿存身上)이 횡으로 곡절하여 장사(長蛇)와 같고, 아래에 지각(枝脚)이 많으며, 좌우가 무호무차(無護無遮 : 護衛山이 없는 것)이면 귀룡(貴龍)이 아니며 결실하지 못한다. 이 용(龍)은 반드시 수구산(水口山)을 이룬다.

8. 두무녹존(兜鍪祿存)

두무녹존(兜鍪祿存)은 녹존신상(祿存身上) 탐랑룡(貪狼龍)이다. 꼭대기에 소첨봉(小尖峰)이 솟아 있고, 아래는 녹존(祿存) 정형이며, 양어깨는 미원미방(微圓微方)으로 거문(巨門) 무곡성(武曲星)과 같다. 중심 출맥(出脈)하여 점저점소(漸低漸小) 탈진(脫盡) 살기(殺氣)하여 단정하게 특립(特立) 도두(到頭) 결혈(結穴)한다. 이 혈(穴)은 소치(梳齒) 중의 와겸혈(窩鉗穴)이니 겸대(兼帶) 3길(三吉)의 혈(穴)로 최창성지(最昌盛地)이다. 두무녹존(兜鍪祿存)은 소조산(小祖山)으로 혈(穴)이 멀리 있지 않고, 국(局)이 긴소(緊小)하다.

9. 낙화녹존(落花祿存)

낙화녹존(落花祿存)은 녹존(祿存)·겸대(兼帶)·필성(弼星)으로 무록녹존(無祿祿存)이며 수구산(水口山)이다. 천하의 모든 산은 녹존성(祿存星)을 가지고 있으니 길흉을 잘 관찰해야 한다. 녹존성(祿存星)은 나쁜 것만 있는 것이 아니라 큰 것은 장상공후지지(將相公侯之地)와 문무겸비지성(文武兼備之星)을 이룬다. 눈을 들어 천하의 산을 보면 파록(破祿) 2성으로 만천하(滿天下) 했으니 파록(破祿) 중의 3길성(三吉星) 즉 겸대(兼帶) 3길성(三吉星)을 알아 배우는 것이 지리학의 관건이다. 이 파록성(破祿星)을 완전히 깨우치면 지리학은 일취월장(日就月將) 매우 빠른 속도로 발전할 수 있다.

4. 문곡성(文曲星) : 수(水)

문곡성(文曲星)은 수성(水星)에 속하며, 형태는 사행(蛇行)으로 뱀이 굴곡하여 가는 것과 같이 곡절한다. 문곡성(文曲星)은 9성(九星) 중에서 가장 유순하다. 다른 성(星)은 용립(聳立)하나 문곡성(文曲星)은 용립(聳立)하지 않는다. 대산(大山)을 형성할 때도 용립(聳立)하지 않고, 산정상에 미미한 기봉(起峰)이 연접하여 나타나 물이 흐르는 것과 같다. 맥기(脈氣)가 왕성할 때는 측면 성봉(星峰)하여 아미(蛾眉) 형태로 3~4봉이 곡절행맥(行脈) 중 나타나니, 기봉(起峰)하지 못하고 미미기반정(微微起半頂)한다. 이와 같이 측면 성봉(星峰)하면 길체(吉體)이다. 그러나 측면 성봉(星峰)이 아니거나 산만하며 관활하게 행룡(行龍)하면 살망(撒網)이라 하는데 흉격이다. 성봉(星峰)과 불성봉(星峰)에 따라 길흉이 갈라진다.

문곡성(文曲星)은 누전(樓殿) 아래에서 출맥(出脈)할 때나, 분종(分宗) 출맥(出脈)할 때 쉽게 간파할 수 있다. 분종(分宗) 출맥(出脈)한 후에 성봉(星峰)을 이루지 못하고 평행곡절하여 수리를 행룡(行龍)한다. 다른 8성(八星)은 각자 특기 성봉(星峰)하여 용맥(龍脈)의 골기인 정신을 표현하지만, 문곡성(文曲星)은 측면 성봉(星峰) 행맥(行脈)할 때 좌우 측면에 소봉(小峰)이 아미(蛾眉) 형태로 연접하여 3~4봉이 나타난다.

문곡성(文曲星)은 곡절 행룡(行龍)함으로써 연접하여 생출하는 아미(蛾眉) 형태의 소봉(小峰)은 좌우로 엇갈리어 생출하나 직행한다. 이는 분종(分宗) 낙맥(落脈) 행룡(行龍) 초에 발견할 수 있다. 이후 문곡성(文曲星) 행룡(行龍)은 기봉(起峰)하지 않고 평행으로 수리나 수십리를 행룡(行龍)하다, 3길존성(三吉尊星)이나 5길존성(五吉尊星) 중 1봉이 돈기(頓起)하면 기세는 크게 변하여 점차 잡출 성봉(星峰)이나 탐(貪)·거(巨)·무(武)·보필(輔弼) 5길성(五吉星)이 나타난다.

이때 길성이 많이 나오면 길하고, 흉성이 많이 나오면 흉하다. 이후 아미성(蛾眉星)은 보필성(輔弼星)으로 접생(接生)하여 결혈(結穴)한다. 이때는 대봉만(大峰巒)은 적고, 잡출 성봉(星峰)인 저왜성(低矮星)이 많다.

문곡성(文曲星)이 저평지로 행룡(行龍)할 때 불기봉(不起峰)이며 굴곡이 심할수록 길룡이고, 직경(直硬) 관활(關闊)하여 살망(撒網)과 같으면 흉룡이다. 문곡성(文曲星)은 변성(變星)이니 8성(八星)이 행룡(行龍)할 때 모두 문곡성(文曲星)으로 인하여 행룡(行龍)이 되고, 타성으로 변모할 때도 역시 문곡성(文曲星)으로 인하여 도맥(渡脈) 변성(變星)한다.

탐랑성(貪狼星) 낙맥(落脈)시는 상령사(上嶺蛇)·하령사(下嶺蛇) 거문(巨門) 낙맥(落脈)할 때, 출대(出帶)·비양(飛揚)·포사(抛梭) 천주

문곡성(文曲星)

(穿珠), 녹존성(祿存星)의 사행척사(蛇行擲梭), 염정성(廉貞星) 낙맥(落脈)할 때, 대무(帶舞)·저수(低垂) 출장(出帳), 무곡성(武曲星) 낙맥(落脈)할 때, 삼(三) 량(兩) 견련행(牽連行), 파군성(破軍星) 낙맥(落脈)할 때, 인대하암(引帶下巖)·사사은현(梭絲隱顯), 보성(輔星)의 횡대곤랑(橫帶滾浪), 필성(弼星)의 주사(蛛絲)·사사(梭絲) 등은 문곡성(文曲星)의 변역이다. 이처럼 8성(八星)은 모두 문곡성(文曲星)이 없으면 행룡(行龍)하지 못한다. 행맥(行脈)할 때 곡절행맥(曲折行脈)하면 문곡성(文曲星)이다.

문곡(文曲) 행룡(行龍)은 질서가 없으며 잡출 성봉(星峰)한다. 8성(八星) 행룡(行龍)할 때 중간에 문곡성(文曲星)이 없으면 곡절 행주(行走)하여 탈태환골 존성(尊星)이 될 수 없다. 평지에서는 사행(蛇行)모양을 하고, 측면으로 미미하게 기봉(起峰) 생봉(生峰)하여 점차

아미(蛾眉)

보필(輔弼)로 변하여 결혈(結穴)한다. 평지에서 곡절 사행(蛇行)이면 위력이 있는 것이고, 반정아미(半頂蛾眉) 연접출생(連接出生)하여 보필(輔弼) 겸대(兼帶)하면 얻기 힘든 용(龍)이다. 이때 결혈(結穴)하면 반드시 비사형(飛梭形)으로 나타나고, 고처(高處)이면 앙장형(仰掌形), 저처(低處)이면 평리 작혈(作穴)한다. 문곡성(文曲星)의 작혈(作穴) 발응(發應)은 남자 단모(端貌) 아내로 인하여 관직에 나가고, 득재 득미색하고, 여작궁빈후비(女作宮嬪后妃)에 이른다.

또한 조산(祖山)이 염정작조(廉貞作祖)를 이루면 외유내강과 지모를 겸비한 인물이 나온다. 만일 측면에 성봉(星峰)이 없고, 산만하여 살망과 같이 관활하면 음탕·과부추문·관송(官訟)·괴병·다생녀(多生女)가 나오고, 다생녀(多生女)가 오래가면 후손이 끊어진다. 이것은 문곡(文曲) 사룡(死龍)이기 때문이다. 문곡룡(文曲龍)의 길흉은 기봉(起峰)과 불기봉(不起峰)에 있으니 자세하게 연구해야 한다.

5. 염정성(廉貞星) : 화(火)

태조산(太祖山)의 70%가 염정성(廉貞星)이며 화성(火星)에 속한다. 형태는 고산(高山)을 이루고, 산정상은 암석이 톱날처럼 날카롭다. 산은 갈라지며 절벽을 이루어 마치 불꽃같은 형상이고, 적흑색의 석봉으로 되어 있다. 불꽃같은 첨봉(尖峰)은 천정에 높이 솟아 강렬한 양정(陽精)을 발산한다. 두표의 3성(三星) 중의 하나이다. 태조산(太祖山) 즉 용루보전(龍樓寶殿)을 형성하여 5길성(五吉星)인 탐(貪)·거(巨)·무(武)·보필(弼星) 등을 생출한다. 염정(廉貞)은 첨탐랑(尖貪狼)보다 한층 더 높은 봉우리를 형성하며, 적흑색의 석신(石身)은 톱날처럼 날카롭고 험준하다.

1. 용루보전(龍樓寶殿) : 취강산(聚講山)

　첨봉(尖峰) 중에서 가장 높은 봉우리를 용루(龍樓)라 하고, 여러 봉우리가 평평하게 횡열한 것을 보전(寶殿)이라 한다. 누전(樓殿)에는 난석이 상호 단취(團聚)하며 입(立)·와(臥)하여 개면(開面)이 유정하다. 마치 귀인이 회동하여 강론하는 것과 같아 취강산(聚講山)이라고도 한다. 이곳이 태조(太祖) 발맥의 장소이며 중맥의 기초산이다. 고립되지 않고 여러 봉이 나열해 서로 마주보며 환공하고 있다. 그중에서 최고봉이 최귀자이고, 이곳에서 출맥(出脈)한 것이 최귀룡(最貴龍)이다.

도봉산

2. 조자손(祖子孫) : 조종산(祖宗山) · 태조산(太祖山)

용루보전(龍樓寶殿)과 같이 중봉(衆峰)이 흘립(屹立)하여 천정에 솟아 있어, 멀리서 보면 수려하고 가까이서 보면 험준하여 감히 접근하기 어렵다. 9~10개의 산맥이 여기서 분맥(分脈)하여 몇 개의 도 나 몇 개의 시군에 웅진하여 있는 태산을 말한다. 이 산맥은 동서남북 여러 갈래로 흘러 마치 파도와 같이 횡개광활하며 파랑중첩함이 4~5중이면 최대의 역량을 이룬다.

장막(帳幕)이 많으면 귀 역시 많고, 장막(帳幕)이 1중이면 부호에 그친다. 또한 중봉(衆峰)이 흘립(屹立)한 중에서도 가장 높고 수려한 봉이 어느 방향으로 개면(開面)했는가를 살펴 출맥(出脈)의 귀천을 판단한다. 개면(開面) 방향의 중정에서 반드시 출맥(出脈)했을 것이니, 좌우로는 2~3중으로 횡개대장(橫開大帳) 후 중심으로 출맥(出脈)함이 최귀최대의 용맥(龍脈)이다. 나머지는 차맥이며 각기 행룡(行龍)하여 성가(成家)한다.

태조산(太祖山)에서 출장(出帳) 낙맥(落脈)할 때 행룡(行龍) 정신을 간파해야만 심혈(尋穴) 답맥하거나, 심혈(尋穴) 점혈할 때 정룡(正龍)의 주혈(主穴)을 찾을 수 있다. 용(龍)의 행로가 십리 백리의 원거리를 행룡(行龍)할 때 무수히 분지(分枝)하여 사면팔방으로 행룡(行龍)하니, 어느 것이 정룡(正龍)이고 어느 것이 지룡(枝龍)인지를 판단하기 어렵다.

이때 용(龍)의 정신을 간파하지 못하면 정룡(正龍)인 간룡(幹龍)을 찾을 수 없고, 주혈(主穴)인 최대혈(最大穴)을 찾을 도리가 없다. 그러므로 태조산(太祖山) 낙맥(落脈)에서 용(龍)의 정신을 정확히 간파해야 한다. 용(龍)의 정신이 9성(九星) 중 어디에 속하는지, 탐랑행룡

(貪狼行龍)인지, 거문행룡(巨門行龍)인지 등을 태조낙맥(太祖落脈)할 때 시발처에서 찾아야 한다.

예를 들어 누전(樓殿) 아래의 거문성(巨門星)이면 용맥(龍脈)의 정신은 거문룡(巨門龍)이다.. 거문성(巨門星)이 십리나 백리를 행룡(行龍)할 때 9성(九星)을 대동하여 동분서주 행룡(行龍)하나, 간간히 본정신이 발로되어 돈기(頓起) 거문존성(巨門尊星)을 형성하고, 결혈(結穴)할 때는 반드시 거문혈(巨門穴) 즉 겸혈(鉗穴)을 이룬다. 부전자수격(父傳子受格)으로 이 용맥(龍脈)의 주혈(主穴)이며 대존귀혈이다. 이상과 같이 누전(樓殿) 아래 제1절의 성진(星辰)에 용맥(龍脈)의 본정신이 나타나 있다.

3. 조자손(祖子孫) : 중조산(中祖山)·소조산(小祖山)

누전(樓殿) 아래에서 출맥(出脈)하여 수십리 백리 행룡(行龍)하여 입국결혈(入局結穴)할 때 산룡(山龍)이면 대단과협(大斷過峽)을, 평지룡(平地龍)이면 천전도수협(穿田渡水峽)을 하거나, 일단대단(一斷大斷) 후 환출 대존성체(大尊星體)를 돈립(頓立)한다. 이를 응성(應星) 또는 소조산(小祖山)이라 한다. 응성(應星)은 뒤로는 태조산(太祖山)과 상응(相應)하고, 앞으로는 혈장(穴場)과 상련된다. 응성(應星)은 용맥(龍脈)의 정신을 표현한 것이고, 용맥(龍脈)이 거문행룡(巨門行龍)하면 반드시 대거문존성(大巨門尊星)으로 용립(聳立)한다.

태조산(太祖山) 낙맥(落脈)할 때 탐랑성(貪狼星) 정신으로 행룡(行龍)했으면 이 응성(應星)은 반드시 탐랑성(貪狼星)으로 나타나고, 혈장(穴場)은 반드시 유두결혈(乳頭結穴)을 한다. 탐랑행룡(貪狼行龍)을 했을 때는 반드시 대응성처(大應星處)에만 본정신이 발로되는 것이 아니다. 간간이 산봉의 두면(頭面)이나 지각(枝脚)에 본정신이 나타난다.

대종처(大宗處) 즉 태조산(太祖山)에서 각기 분종(分宗)하여 9성(九星)이 각각 행룡(行龍)하여 성가(成家)한다. 하나의 용맥(龍脈)이 행룡(行龍)하여 응성처(應星處)에 와서는 분형제한다는 것을 알아야 하고, 어느 맥이 적자이고 어느 맥이 서자인가를 구별할 줄 알아야 한다.

하나의 용맥(龍脈)이 태조산(太祖山)에서 낙맥(落脈)하여 혈장(穴場)까지 행룡(行龍)하는 중간에 수차에 걸쳐 박환(剝換)하여 여러 살(殺)을 탈피하고 수려해지는 것을 박환(剝換)이라 한다. 산룡(山龍) 박환(剝換)이란 대산(大山)에서 박출낙맥(剝出落脈)하여 반드시 도속처(倒續處)에 환출하여 소소봉(小小峰)을 이룬다. 이 소봉(小峰)이 용맥(龍脈)의 골기인 정신이다.

4. 조자손(祖子孫) : 손(孫)

9성행룡(九星行龍)은 대개 입국결혈(入局結穴) 전에 반드시 대단(大斷)하고, 대단(大斷) 후에는 반드시 5길(五吉)이나 겸대(兼帶) 5길존성(五吉尊星)이 탁립(卓立) 수려하게 나타나는 것이 일반적이다. 이 존성(尊星)이 소조산(小祖山)이다.

입장(入帳)과 출장(出帳)은 다음과 같다. 대단(大斷) 후 하나의 맥이 당중직상(當中直上)하며 좌우로 여러 개의 장각(帳脚)이 역으로 나타나 직상하는 주맥(主脈)을 좌우에서 호위(護衛)하며 영립(迎立)하는 것을 입장(入帳)이라고 한다. 용맥(龍脈)은 성봉(星峰) 후 좌우로 개장(開帳)하고, 중심으로 하나의 맥이 위곡(委曲)하며 출맥(出脈)한다. 이때 양변 장각(帳脚)이 송전(送前)하는 것을 출장(出帳)이라고 한다. 출장(出帳)할 때 양측의 장각(帳脚)이 2~3중이면 대귀룡(大貴龍)이고, 1중이면 부호에 그친다. 만약 중심 출맥(出脈)이 아니라 변각 출맥(出脈)이면 귀룡(貴龍)이 아니다.

염정(廉貞) 자행룡(自行龍)이란 용루보전(龍樓寶殿) 아래에서 나온 응성(應星)이 염정성(廉貞星)이면 정응성(正應星) 역시 염정성(廉貞星)이다. 염정성(廉貞星)은 오행(五行) 중 진양화기(眞陽火氣)의 소결(所結)이기 때문에 봉두악석(峰頭惡石) 첨염차아(尖炎嵯峨)하고, 대살(帶殺)이므로 누구나 두려워 한다. 배(背)는 음이요 면(面)은 양이니, 대개는 남방으로 낙맥(落脈)하는 것이 본성이다. 9성(九星) 응성(應星)은 대개 대석(帶石)하는 것이 일반적이고, 순토(純土)는 복력이 약하다. 그러나 유독 염정성(廉貞星)은 화기충천하여 봉두(峰頭) 석골차아(石骨嵯峨)하며 반드시 평처에 낙맥(落脈)한다.

염정(廉貞) 정응성(應星)이면 석골차아(石骨嵯峨)하고, 반드시 앞면에 화개성(華蓋星)이 나타난다. 화개성(華蓋星)은 3봉이 품(品)자 모양으로 병립하는 것을 말한다. 3봉 품자모양으로 흘립(屹立)한 중 중봉(中峰)이 정맥(正脈)이고, 좌우의 양봉은 좌보우필격(左輔右弼格)인 호룡(護龍)이며, 행룡(行龍)할 때 시종 중간 정룡(正龍)을 호위(護衛)한다. 중맥과 좌우맥이 동조 분형제하며 자웅으로 분작(分作)한다.

자웅이란 고저비척(高低肥瘠)을 말한다. 중간 정룡(正龍)이 고척(高瘠)이면 양변 호룡(護龍)은 저복(低伏)하여 비룡(肥龍)이 되고, 중간 정룡(正龍)이 저복비룡(肥龍)이면 양변 호위룡(護衛龍)은 고척룡(高瘠龍)이 된다. 즉 고저비척(高低肥瘠) 음양(陰陽) 배합을 말한다. 그러므로 음양필배(陰陽匹配) 강유교제(剛柔交濟)로 형성된다.

염정(廉貞) 응성(應星)은 화개3봉(華蓋三峰)을 형성하니, 용맥(龍脈) 중에서 최대최귀의 용맥(龍脈)이다. 화개성(華蓋星)은 만리에 부득일(不得一)이라 했으니 진실로 만나기 어려운 존귀룡(尊貴龍)이다. 이 용(龍)의 혈(穴)을 찾는 것은 매우 어렵다. 만일 염정성(廉貞星) 앞에 화개3봉(華蓋三峰)이 나타나지 않으면 1봉이 고탁하나 앞에 평처와 출맥(出脈)이 없을 때는 다른 귀룡(貴龍)의 응룡(應龍)에 불과하며 결혈(結穴)의 용(龍)은 아니다.

염정(廉貞) 자행룡(自行龍)할 때는 따르는 용(龍)이나 산수는 거듭 조읍한다. 용(龍)은 장원(長遠)하며 수구(水口) 역시 장원(長遠)하다. 염정룡(廉貞龍) 행룡(行龍)하여 입국(入局)할 때 홀연 종적을 찾을 수 없으면 회룡고조국(回龍顧祖局)을 형성한다. 멀리 있는 조산(祖山)은 조봉(朝峰)이 되고, 좌우의 호룡(護龍)은 격수(隔水)로 전산(纏山)이 되고, 혈후(穴後)의 지각(枝脚)은 회전 포혈(抱穴)하여 탁산(托山)이 되고, 좌우의 양수는 직립하여 특락(特樂)이 되거나 횡장(橫障)하여 횡락(橫樂)이 되거나 중첩하여 첩락(疊樂)이 되기도 한다.

이와 같이 혈후(穴後)의 산이 거듭 회환(回還) 포혈(抱穴)하여 혈전(穴前)의 산이 하나라도 반주하는 것을 허락하지 않는다. 용(龍)의 장원(長遠)함으로 격수(隔水)의 산이 멀리 내환(來還)하여 외수구(外水口)를 만든다. 호탁전산(護托纏山)이 거듭하면 귀(貴) 역시 많고, 혈부진(穴不眞)이면 오히려 두려워해야 한다.

염정(廉貞) 자행룡(自行龍)은 이벽혈(梨鐴穴)을 형성한다. 염정성(廉貞星) 심혈(尋穴)은 백리 밖에서 찾아야 한다. 멀리서 찾으면 위권이 되나, 가까이서 찾으면 도형살(徒刑殺)·온화(瘟火)·괴병 등이 따른다. 대개 염정성(廉貞星)은 근결(近結)하면 흉하고, 원결(遠結)하면 길하다. 돈복퇴사(頓伏退卸)이면 살화위권(殺化爲權)이 된다.

염정성(廉貞星)은 대개 용(龍)의 조종(祖宗)을 형성한다. 행도결혈(行度結穴)은 모두 박환(剝換)하여 5길존성(五吉尊星)으로 변하면 귀하다. 만약 염정(廉貞)·파군(破軍)·겸대(兼帶)이면 고대하고, 앞에 길성이 나타나지 않으면 관문(關門)의 한문성(捍門星)이나 격수(隔水) 귀룡(貴龍)의 응룡(應龍)이 된다.

6. 무곡성(武曲星) : 금(金)

무곡성(武曲星)은 3길(三吉) 금성(金星)이며 북두칠성의 제6성이다. 복종(覆鍾)과 복부(覆釜) 두 가지가 있으며, 금성(金星) 원체(圓體)를 말한다.

복종형(覆鍾形)은 두원(頭圓)이며 몸통이 높고, 면은 평평하며 무각(無脚)이다. 복부형(覆釜形)은 머리는 둥글면서 약간 평평하고, 복부(覆釜)와 같은 형상이다. 복종형(覆鍾形)은 태양금(太陽金)이고, 복부형(覆釜形)은 태음금(太陰金)이다. 복종형(覆鍾形)과 원탐랑(圓貪狼)은 같이 본다. 그러나 복종(覆鍾)은 두원(頭圓)이 신용립(身聳立) 원체(圓體)이며 면은 평평하고, 원탐랑(圓貪狼)은 두원(頭圓)이 신용립(聳立)하여 몸통은 4면이 동일하다.

복부형(覆釜形)과 좌보성(左輔星)도 같이 본다. 그러나 복부형(覆釜形)은 무각(無脚)이고, 좌보성(左輔星)은 양각이 횡배(橫排)한다. 복부형(覆釜形)에 다족(多足)이면 녹존성(祿存星)이다. 대종처(大宗處)에 낙맥(落脈)할 때 이상과 같이 나타나면 무곡(武曲) 대성진(大星辰)의 행룡(行龍)이다. 이 3길존성(三吉尊星)은 행룡(行龍) 결혈(結

穴)할 때 와혈(窩穴)이며 부귀겸전지지(富貴兼全之地)를 이룬다.

무곡성(武曲星) 출맥(出脈)은 반드시 양방에 보필성(輔弼星)이 따르고, 중간 낙맥(落脈)하여 원와혈(窩穴)을 맺으며, 부귀면원지지(富貴綿遠之地)를 이룬다. 행룡(行龍)할 때는 역시 단속정(斷續情)이 있다.

무곡(武曲) 귀룡(貴龍)은 수리를 행룡(行龍)하여 낙맥(落脈)할 때는 박환(剝換) 대단(大斷)하고, 도속처(倒續處)에 반드시 사(梭)·인(印)·월(月)의 형상으로 박환보성(剝換輔星)이 환출하며, 한 곳에 사(梭)·인(印)·월(月)이 나타난다.

다시 말해 두 가지 형태의 보성(輔星)이 3~3이나 2~2 짝을 지어 행맥(行脈)하고, 전관후협(前關後峽)하여 단속(斷續)하면 행룡(行龍)은 점차 용약분등(勇躍奔騰)하여 돈기(頓起) 대종부성(大宗釜星)을 흘립(屹立)한 후 소무곡성(小武曲星)을 이룬다. 이는 탐랑성(貪狼星)의 종소돈대(從小頓大)와 같다. 소무곡성(小武曲星)은 탐랑(貪狼) 돈대(頓大) 후 소봉(小峰)처럼 여러 번 박환(剝換)한다. 박환(剝換)할 때 정신(正身)의 좌우에는 대전호(大纏護)가 있는데, 탐랑(貪狼)의 잡다한 9~10개의 난맥과는 다르다.

이같이 행룡(行龍) 낙혈(落穴)하여 대와혈(大窩穴)을 이룬다. 무곡성(武曲星) 낙혈(落穴)은 반드시 박환보성(剝換輔星)하므로 사(梭)·

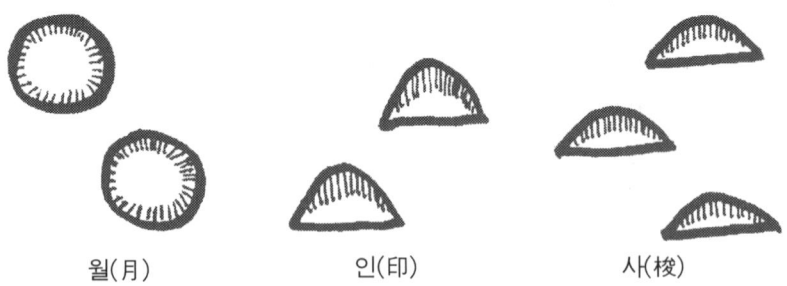

월(月)   인(印)   사(梭)

인(印)·월(月)이다. 무곡성(武曲星) 뿐만 아니라 9성행룡(九星行龍)
이 낙혈(落穴)할 때도 반드시 보성(輔星)으로 박환(剝換)한다.

■ 탐랑성(貪狼星)은 낙혈(落穴)할 때 부구(浮龜)나 포구(抛毬) 형태
  로 환출하고, 유두혈(乳頭穴)을 맺는다.
■ 거문성(巨門星)은 낙혈(落穴)할 때 복두(幞頭) 형태로 환출하고,
  거문(巨門) 양각(兩脚)과 같이 채겸혈(釵鉗穴)을 맺는다.
■ 녹존성(祿存星)은 오공절(蜈蚣節)과 같은 형태로 환출하고, 녹존
  (祿存) 지각(枝脚) 분다함과 같이 소치혈(梳齒穴)을 맺는다.
■ 문곡성(文曲星)은 비사대사(飛梭帶絲)의 형태로 환출하고, 평지에
  장심혈(掌心穴)을 맺는다.
■ 염정성(廉貞星)은 소치(梳齒) 형태로 박출보성(剝出輔星)하고, 이

복종응성(覆鍾應星)

벽혈(犁鐴穴)을 맺는다.

■ 무곡성(武曲星)은 사(梭)·인(印)·월(月)로 박출보성(剝出輔星)하고, 원와혈(圓窩穴)을 맺는다.

■ 파군성(破軍星)은 천과주전(天戈走電)의 형태로 박환보성(剝換輔星)하고, 과모혈(戈矛穴)을 맺는다.

■ 좌보성(左輔星)은 복두(幞頭) 형태로 박출보성(剝出輔星)하고, 연소혈(燕巢穴)·괘등혈(掛燈穴) 등 반원와혈(半圓窩穴)을 맺는다.

이상과 같이 9성(九星)이 행룡(行龍)하여 결혈(結穴)할 때는 혈산(穴山)은 반드시 그 산의 근본정신인 태조산(太祖山) 낙맥(落脈)할 때 9성(九星) 중 어디에 속하느냐에 따라 박출보성(剝出輔星)으로 나타나고, 결혈(結穴)할 때는 반드시 보성(輔星)에 따라 나타난다. 타성

복부(覆釜)

(他星)이 겸대(兼帶)하거나 무겸대(無兼帶)일 때도 마찬가지이다. 양택(陽宅)과 음택(陰宅)은 산취수회(山聚水會)한 대강하변이나 산환수요(山環水遶)한 소계소간(小溪小澗)에 결혈(結穴)할 때는 용(龍)의 조종(祖宗) 정신에 따라 나타난다. 9성(九星)의 경중과 발복의 장단과 혈(穴)의 형태는 용(龍)의 성진(星辰)의 정신에 따라 결정된다. 다시 말해 혈산(穴山)의 주봉(主峰)인 소조산(小祖山))에 따라 혈(穴)의 형태가 결정되는 것이다.

■ 탐랑성(貪狼星)은 두첨신용(頭尖身聳)이다.
■ 거문성(巨門星)은 두방신정(頭方身正)이다.
■ 무곡성(武曲星)은 두원면평(頭圓面平)이며 아래는 무각(無脚)이다.

복부(覆釜)

- 탐랑행룡(貪狼行龍)은 관협중정신(關峽中正身) 잠행(潛行)하며 단단속속(斷斷續續)이다.

- 거문행룡(巨門行龍)은 의관리(衣冠吏) 원봉(圓峰)을 생출하며 유각(有脚) 위룡(衛龍)한다.

- 무곡행룡(武曲行龍)은 전관후협(前關後峽) 인종중중(引從重重)하다.

- 탐랑성(貪狼星) 중간 출맥(出脈)이면 진(眞)이다.

- 거문성(巨門星) 개(个)자 출맥(出脈)이면 평행 수리(30리 내외)를 간다.

- 무곡성(武曲星)이면 박환(剝換) 3~4회이다.

- 탐랑성(貪狼星) 환골 : 종대생세(從大生細) 대산(大山)에서 소산(小山), 소산(小山)에서 대산(大山) 소탐랑성(小貪狼星)이다.

- 거문성(巨門星) 환골 : 단봉(端峰) 3~4개가 방정(方正)하다.

- 무곡성(武曲星) 환골 : 사(梭)·인(印)·월(月) 3~3이나 2~2 견련행(牽連行)이다.

- 탐랑성(貪狼星)은 여러 차례 박환(剝換) 후 요리낙혈(腰裏落穴)한다.

- 거문성(巨門星) : 4위고호(四圍高護)하며 혈(穴)은 초암(草菴)과 같다.

- 무곡성(武曲星) : 행지(行至) 수리 후에 낙혈(落穴)한다.

7. 파군성(破軍星) : 금(金)

파군성(破軍星)은 달리는 깃발의 형상이며 태조산(太祖山)의 30%가 여기에 해당한다. 측면에서 보면 전두(前頭)는 높고 후미는 낮은 비양(飛揚)의 세(勢)로 마치 달리는 깃발같다고 하여 주기지상(走旗之狀)이라고도 한다. 정면에서 보면 후미가 보이지 않고, 첨봉(尖峰)이 탁립(卓立)하여 험한 산세를 이루며 기운 모양이며, 지각(枝脚)은 첨리한 흉성으로 북두칠성 중 두표 제3성이다. 좌우의 계수(界水)는 직협(直夾)한다. 이것이 파군성(破軍星)의 성정으로 행룡(行龍) 결혈(結穴)할 때 계수(界水)가 직협(直夾)하는 것은 과모(戈矛)와 같다.

삼태(三台)는 쌍봉이 매우 원거리에 탁립(卓立)하여 3개 처에 흘립(屹立)하여 있어 파군(破軍) 조산(祖山)이 되며 합(合)이 6성(六星)이 된다. 이를 상태(上台), 중태(中台), 하태(下台)라 한다.

정상이 쌍첨봉(雙尖峰)으로 되어 있으면 반드시 탐랑(貪狼) 파군룡(破軍龍)이고, 쌍원봉(雙圓峰)으로 되어 있으면 무곡(武曲) 파군룡(破軍龍)이고, 쌍방봉(雙方峰)으로 되어 있으면 거문(巨門) 파군룡

파군성(破軍星)

(破軍龍)이다. 이상과 같이 파군(破軍)의 조산(祖山)과 행룡(行龍)은 다른 성(星)과는 다르다.

대파군성(大破軍星) 아래에서 출맥(出脈)하여 제1절인 응성(應星)이 좌보성(左輔星)이면 천문룡(天門龍)이라 하고, 자미원국(紫微垣局)을 맺는다. 천문룡(天門龍)은 질서있게 탐(貪)·거(巨)·녹(祿)·문(文)·염(廉)·무(武)·파(破)·보필(輔弼)의 순서로 행룡(行龍)한다. 이와 같이 7성(七星)을 차례로 박환(剝換)하여 배열하면 반드시 자미원국(紫微垣局)을 이루니 혈(穴) 중의 제1왕좌이다.

탐랑(貪狼) 파군(破軍) 행룡(行龍) 아래 거문(巨門) 파군(破軍) 후 낙맥(落脈) 행룡(行龍) 박출(剝出) 탐랑성(貪狼星)이면 낙평지(落平地)하여 원국(垣局)을 이룬다. 서울의 북악산과 같이 탐랑(貪狼) 파군(破軍) 아래 거문(巨門) 파군(破軍)이 없어도 대부대귀지지(大富大貴之地)를 이룬다.

탐랑(貪狼) 파군(破軍) 아래 박출(剝出) 거문성(巨門星)이면 왕후장상지지(王侯將相之地)를 이루고, 음혈(陰穴)이 된다. 3길(三吉) 파군성(破軍星) 결혈(結穴)할 때는 크기가 같지 않다. 천하의 산은 대부분 파록(破祿)으로 순수한 5길(五吉)은 매우 드물다.

파군(破軍)이나 녹존성(祿存星) 중의 겸대(兼帶) 5길성(五吉星)은 곳곳에서 볼 수 있다. 겸대(兼帶) 5길성(五吉星)을 잘 분별해야 능히 용(龍)을 알고 정혈(定穴)을 알 수 있으니 주의해서 살펴야 한다. 파군성(破軍星)의 지각(枝脚)은 직협(直夾)하고, 혈형(穴形)은 과모(戈矛)와 같은 형상이다.

1. 탐랑(貪狼) 파군성(破軍星)

탐랑(貪狼) 파군성(破軍星)은 돈기형(頓旗形)으로 용립(聳立)한다. 측면에서 보면 사다리와 같이 첨봉(尖峰)이 용립(聳立)하여 한 줄로 배열해 있고, 전두(前頭)는 한층 더 높이 용립(聳立)하여 마치 닭이 우는 모습과 비슷하다. 벽립측열(壁立側裂)의 상태로 흥강지세(凶强之勢)를 형성한다. 정면에서 보면 하나의 봉으로 보이고, 정두(頂頭)에서 유대낙맥(有帶落脈)한다.

이와 같이 낙맥(落脈)하거나 대단(大斷)하거나 천전도수(穿田渡水) 과협(過峽)하여 살기(殺氣)를 없애고 점차 길기(吉氣)로 변하여 결혈(結穴)한다. 파군성(破軍星) 뿐만 아니라 9성(九星)이 모두 대단(大斷) 후 결혈(結穴)한다. 탐랑(貪狼) 파군(破軍) 아래 낮게 행룡(行龍)한 후 다시 일어나고, 거문(巨門) 파군(破軍) 아래 9성(九星)을 배열하면 파군(破軍) 대격을 형성하여 원국(垣局)을 맺는다.

2. 거문(巨門) 파군성(破軍星)

거문(巨門) 파군성(破軍星)은 거문성(巨門星)과 같이 머리는 방체(方體)를 유지하나, 대석파열(帶石破裂)하여 마치 염정(廉貞)의 보전(寶殿)과 같다. 그러나 파열한 봉두(峰頭)는 첨체(尖體)가 아니고, 각도 날카롭지 않다. 출맥(出脈)할 때는 횡으로 낙맥(落脈)하여 천전도수(穿田渡水)나 대단(大斷) 후 유두혈(乳頭穴)을 맺고, 왕후재상지지(王侯宰相之地)를 이룬다.

3. 녹존(祿存) 파군성(破軍星)

정평(頂平)하며 양협(兩脇)은 파열하여 늑골이 노출된 것 같은 형상이며, 지각(枝脚)이 무수하다. 이는 흉체(凶體) 겸 흉체(凶體)이니 5 길(五吉)이 아니다. 재기고봉(再起高峰)하여 5길(五吉) 겸대(兼帶)하여 결혈(結穴)한다.

4. 염정(廉貞) 파군성(破軍星)

형태는 첨염고대(尖炎高大) 파열하여 만산에 악석이 있고, 정립하지 않는다. 염정(廉貞) 사형(斜形)이다. 흉성에 흉성을 겸대(兼帶)했으니 불결지산(不結之山)이다. 대개는 수구산(水口山)을 형성한다.

5. 무곡(武曲) 파군성(破軍星)

형태는 석골차아고탁(石骨嵯峨高卓)하며 머리는 약간 둥글고, 봉두(峰頭)는 정립하지 못하고, 의(欹)·측(側)의 형상이다. 몸은 횡직(橫直)으로 파열된 흔적이 있고, 정두(頂頭) 출맥(出脈)할 때는 양변에는 조갑(爪甲) 참암(巉巖 : 크고 위태로운 바위)하고 닭발같이 첨리한 지각(枝脚)이 직협(直夾)하여 정룡(正龍)을 호위(護衛)한다. 정두(頂頭)는 미원(微圓)으로 무곡성(武曲星)이고, 지각(枝脚)이 조갑첨리(爪甲尖利)이니 파군지기(破軍之氣)이다. 과평과수(過坪過水) 대단(大斷) 후 탈진(脫盡) 살기(殺氣) 후 부귀지지(富貴之地)를 이룬다.

6. 보성(輔星) 파군성(破軍星)

형태는 보성(輔星) 정형으로 두고두저(頭高頭低)의 복두(幞頭) 형상이고, 양각은 횡으로 평행한다. 그러나 보성(輔星) 파군(破軍)은 두면(頭面)은 같으나 양각인 곡권(曲拳 : 팔을 구부린 것과 같은 것) 포구(抛毬 : 공을 던지는 것 같은 것)가 다소 날카롭다. 파군성(破軍星)

이 낙맥박환(落脈剝換)하여 보성(輔星)으로 변모할 때는 복두(幞頭) 아래의 양각은 직협(直夾)하여 창과 같다. 결혈(結穴)할 때는 호전산 (護纏山)이 많으면 부귀룡(富貴龍)이다.

7. 필성(弼星) 파군성(破軍星)

형태는 필성(弼星) 정형으로 양쪽에 횡포각(橫布脚)이 있다. 평야를 행진할 때는 2~2나 3~3 짝을 지어 직행하며, 양쪽에 각(脚)이 달린다. 전산(纏山)이나 호산(護山)이 많으면 부귀룡(富貴龍)이다. 또한 문곡성(文曲星)은 문곡사행(文曲蛇行)하기 때문에 낙맥(落脈)이나 도맥(渡脈)할 때 굴곡하여 행룡(行龍)하니 겸체는 있을 수 없다. 창천수성(漲天水星)과 같이 높은 산은 지각(枝脚)과 부서진 부분을 관찰하면 알 수 있다.

파군대성(破軍大星) 출신 후 9성(九星)을 배열하거나, 9성(九星)의 변성(變星) 파군(破軍)을 배열하면 대원국(大垣局)을 이룬다. 산룡(山龍)의 행룡(行龍)은 파군(破軍) 녹존성(祿存星)으로 인하여 지각(枝脚)을 생출하여 장세(張勢)를 이루고, 문곡성(文曲星)으로 도맥행룡(渡脈行龍)한다. 파군(破軍)·녹존(祿存)·문곡(文曲) 염정(廉貞)은 4흉성(四凶星)이나, 출룡(出龍)하여 여러 번 대단(大斷)한 후에 낙평(落平)하여 천전도수(穿田渡水) 즉 평행지맥(平行之脈)인 주사(蛛絲)·마적(馬跡)·비사(飛梭) 등으로 행맥(行脈)하면 흉이 변하여 길기(吉氣)가 나타나니, 비로소 겸대(兼帶) 5길성(五吉星)으로 변모하여 결혈(結穴)한다는 것을 깊이 명심해야 한다.

평행룡(平行龍)에서 9성(九星)은 모두 천전도수(穿田渡水)·주사(蛛

絲)·마적(馬跡)·비사(飛梭)의 형태로 행맥(行脈)하여 존귀하게 된다. 평행맥(平行脈)의 천주(穿珠 : 구슬같이 둥그런 봉우리가 생겨나오는 것)는 곡절하여 행하고, 정신(正身)이 무각(無脚)인 거문룡(巨門龍)이고, 기복이 오공절(蜈蚣節 : 지네)같으며 원체(圓體)이고, 다각자(多脚者)는 녹존(祿存)이다. 천주(穿珠)가 직관(直串)하는 것은 녹존흉격(祿存凶格)이다.

또한 유각첨타자(有脚尖拖者)는 파군룡(破軍龍)이다. 유각(有脚)과 무각(無脚)은 주상(珠上)이 아니라 본신(本身)을 말한다. 또한 천주(穿珠)일 때 좌우에 보호사(保護砂)가 없으면 한냉하여 사맥(死脈)이다. 천주(穿珠)는 평지의 맥을 말한다. 4흉성(四凶星)인 파군(破軍)·녹존(祿存)·문곡(文曲)·염정(廉貞) 행룡(行龍)은 반드시 박환(剝換)하여 3길성(三吉星)으로 변모하여 존귀해져 결혈(結穴)한다.

삼태(三台)는 파군(破軍)의 원조가 되고, 쌍첨(雙尖)·쌍원(雙圓)·쌍방봉(雙方峰)이 정상에 쌍쌍이 안배되어 용루보전(龍樓寶殿)보다 오히려 웅려하고, 삼태(三台) 아래에는 문창대(文昌臺 : 6부성)가 나타나 6개의 사소한 소봉(小峰)이 반월형(半月形)으로 안배한다. 이 6부성에서 주기타미(走旗拖尾) 대파군성(大破軍星)이 생출하며, 소조산(小祖山)이 된다. 여기서 출맥(出脈)하여 9성(九星)이 차례로 탈태환골하여 생봉하고, 부모산이 탐랑성(貪狼星)으로 생출하면 평지낙맥(落脈)하여 대원국(大垣局)을 이룬다. 부모산이 거문성(巨門星)이면 왕후장상지지(王侯將相之地)를 이루고, 무곡성(武曲星)이나 보필성(輔弼星)이면 부귀지지(富貴之地)를 이룬다.

8. 좌보성(左輔星) : 토(土)

좌보성(左輔星)은 복두형(幞頭形)이며 양각으로 횡평하게 출맥(出脈)한다. 두고두저(頭高頭低)의 대소 원봉(圓峰)이 전고후저(前高後低) 전소후대(前小後大)하거나 요장(腰長)하여 마치 타봉(駝峰)이나 장고(杖鼓)와 같다. 좌보(左輔) 정형은 반드시 아래쪽에 양각이 횡배(橫排)하여 평행하고, 양각은 각자 귀룡(貴龍)이 된다. 좌보성(左輔星)은 토성(土星)에 속하며, 북두칠성 두표의 좌측에 있다. 좌보성(左輔星)은 우리나라에서는 희소하다. 이와 같이 진보성(眞輔星)은 고산인 즉 두고두저(頭高頭低)의 복두(幞頭)형으로 양각이 횡배(橫排)한다. 그러나 저처(低處)에서는 곤구(輥毬)와 같고, 평지에서는 복립형(覆笠形)으로 양각의 횡배(橫排)는 같다.

좌보성(左輔星)

좌보룡(左輔龍)이 고기(高起)한 즉 복두저처(幞頭低處) 복립형(覆笠形) 이것이 입원좌보룡(入垣左輔龍)이며 좌보(左輔) 자행룡(自行龍)이다. 분종처(分宗處)인 즉 복두(幞頭) 좌보성(左輔星)이고, 그 아래 양각이 횡배(橫排)하여 분종(分宗)한다. 점점 저처(低處) 행룡(行龍)인 즉 고기(高起)하여 복두(幞頭)와 같은 본래의 면목은 없고 곤구(輥毬)같은 형상이며, 평지에 낙맥(落脈)하여 복립형(覆笠形)으로 나타난다. 이때 문곡성(文曲星)이나 우필성(右弼星)과 다른 것은 무곡(武曲)과 우필(右弼)은 아미형(蛾眉形)이고, 직관(直串)하여 행맥(行脈)하며 각이 없다.

좌보(左輔) 복립형(覆笠形)은 원형이고, 양각이 횡배(橫排)한다. 고산의 좌보성(左輔星)은 복두(幞頭)형이고, 그 아래 나란이율(螺卵梨栗 : 소라의 알과 배와 밤처럼 생긴 즉 울퉁불퉁한 모양) 등의 형체로 출현하고, 저처(低處)인 즉 곤구(輥毬)와 같다. 평지낙맥(平地落脈)할 때는 복립형(覆笠形)으로 나타난다. 같은 것은 모두 양각이 횡으로 평행하는 것이다. 9성(九星)이 행룡(行龍) 결혈(結穴)할 때는 반드시 박환보성(剝換輔星)으로 변하여 나타나니, 보성(輔星)은 반드시 필요하다.

■ 탐랑성(貪狼星) 박환(剝換)은 포구(抛毬) 형태로 그 아래 유각(有脚) 횡배(橫排)하여 마치 부구형(浮龜形 : 거북이가 떠있는 형태)으로 나타난다. 이를 하령(落脈剝換 할 때)이라 하며, 대단(大斷) 후 점점 고기(高起)하면 추복주(推覆舟 ; 배를 엎어 놓은 것 같은 것)가 출현하여 유두혈(乳頭穴)을 맺는다.
■ 거문성(巨門星) 박환보성(剝換輔星)은 개환(改換)하지 않는다. 복

두(幞頭)형이며 평중행룡(行龍)할 때 단복단(斷復斷)하고, 고산에서는 과협(過峽)할 때 심단심단(甚短甚斷)하여 겸채혈(鉗釵穴)을 맺는다.

■ 녹존성(祿存星) 박환보성(剝換輔星)은 오공절(蜈蚣節)을 형성하고, 미미한 단각(短脚)이 신변(身邊)에 나타난다. 혈형(穴形)은 소치형(梳齒形)을 맺는다.

■ 문곡성(文曲星) 박환(剝換)은 사형(梭形)으로 대사곡곡(帶絲曲曲) 행맥(行脈)하고, 비사(飛梭)와 같다. 혈형(穴形)은 평리장심혈(掌心穴)을 맺는다.

■ 염정성(廉貞星) 박환(剝換)은 소치형(梳齒形)으로 생출변모하고, 소치(梳齒)의 중앙으로 출맥(出脈)한다. 혈형(穴形)은 이벽혈(犁鐴穴)을 맺는다.

■ 무곡성(武曲星) 박환(剝換)은 사(梭)·인(印)·월(月)의 형태로 동시에 나타나고, 혈형(穴形)은 와형(窩形)을 맺는다.

■ 파군성(破軍星) 박환(剝換)은 두신(頭身)은 좌보형(左輔形)과 같고, 양각은 양창직협(兩槍直夾)이나 주전(走電) 등의 형태로 나타난다. 혈형(穴形)은 과모형(戈矛形)을 맺는다.

■ 보성(輔星) 파군(破軍)은 두면(頭面)은 복두(幞頭) 불개환(不改換)이다. 양각은 곡권(曲拳)과 같으며 첨리하고, 포구(抛毬) 형태로 나타난다. 혈형(穴形)은 반와형(半窩形)이다.

■ 우필(右弼) 파군(破軍)은 아미형(蛾眉形)으로 양각이 횡배(橫排)한다.

9. 우필성(右弼星) : 금(金)

우필성(右弼星)은 본래 정형이 없다. 필성(弼星)은 북두칠성 두표의 오른쪽에 위치하여 좌보성(左輔星)과 같이 시위지성(侍衛之星)이며, 금(金)에 속한다. 필성(弼星)의 출맥처(出脈處)는 8성(八星) 행룡(行龍)할 때 낙맥(落脈)이나 혹은 과협(過峽)할 때 평탄한 곳이 바로 필성(弼星)이다. 맥척(脈脊) 없이 평탄하게 낙맥(落脈)하기 때문에 맥로(脈路)를 구분할 수 없다. 과협(過峽)할 때도 평탄하게 하고, 단맥(斷脈)할 때도 맥로(脈路)를 알 수 없어 묘연하다. 평탄하여 맥로(脈路)를 알 수 없는 것이 필성(弼星)의 정체(正體)이다. 따라서 은요행(隱曜行) 또는 은장형(隱藏形)이라 한다.

산맥 천전과협(穿田過峽)할 때 갑자기 행적이 묘연하면 필성(弼星)이다. 험준한 산룡(山龍)이 단맥과도(斷脈過渡)할 때 변하여 평탄해진다. 다시 말해 박환(剝換)하여 필성(弼星)으로 입맥(入脈)하니 험준한 산의 살기(殺氣)가 길기(吉氣)로 변한다.

필성(弼星)으로 인하여 흉기(凶氣)가 길기(吉氣)로 변하기 때문에 필성(弼星)이 많이 나타나면 길기(吉氣)도 많아진다. 낙맥박환(落脈剝換)하면 흉기(凶氣)가 변하여 길기(吉氣)가 되고, 산룡(山龍)이 대단(大斷)하여 필성(弼星)을 과도(過渡)하면 흉기(凶氣)가 길기(吉氣)로 된다. 4흉룡(四凶龍)은 대단(大斷)하여 천전도수(穿田渡水)하면 흉기(凶氣)는 소멸되고 길기(吉氣)로 환출하므로 4흉(四凶)은 변하여 겸대(兼帶) 5길성(五吉星)이 되어 비로소 결혈(結穴)한다.

필성(弼星)은 본래 정형이 없다. 8성(八星)에 따라 박환(剝換)하는 장소에 은은암암 잠적하여 은장형(隱藏形)으로 나타난다. 8성(八星)

낙맥처(落脈處), 과협단맥처(過峽斷脈處), 천전도수처(穿田渡水處), 8성(八星) 입수(入首) 낙맥처(落脈處)에서 맥로(脈路)가 지중으로 암래(暗來)하여 나타나 보일 듯 안 보일 듯 하는 것이 우필성(右弼星)이다.

풍수지리를 공부하려면 반드시 오행(五行)을 알아야 한다. 정오행(正五行)·삼합(三合)·향상(向上)·쌍산(雙山)·현공오행(玄空五行) 등을 일일이 구분하여 기억해야 하고, 4국(四局) 중 생왕묘(生旺墓)와 4대 수구(水口)를 구분할 수 있어야 하고, 목국(木局)의 생왕(生旺)과 수국(水局)의 생왕(生旺)을 한번 보면 알 수 있어야 하고, 나경패철(羅經佩鐵)의 층층을 암기하여 필요할 때마다 응용할 줄 알아야 한다. 그리고 용(龍)과 이기(理氣)의 생왕사절(生旺死絶), 혈(穴)의 음양(陰陽) 진기(眞氣), 사(砂)의 귀천이 득위(得位)인지 실위(失位)인지를 능히 알 수 있어야 한다.

물도 진신(進神)과 퇴신(退神)을 일일이 구분할 줄 알아야 한다. 혈장(穴場)에 이를 때는 항상 용(龍)의 생왕사절(生旺死絶)을 보고, 수구(水口)가 어느 글자로 흘러갔는가를 보아야 한다. 천간(天干)인지 지지(地支)인지를 구분하고, 몇 분 걸렸는가를 정확히 판단할 줄 알아야 한다. 높은 봉을 보고 귀인·왕산왕수(旺山旺水)·생산생수(生山生水) 등을 살펴야 한다. 그리고 임관방(臨官方)에 봉우리가 있는지 나경(羅經) 24자 선상을 일일이 살피고, 진신수법(進神水法)에 적용해서 일향(一向)을 하여 생왕묘(生旺墓)·자생향(自生向)·자왕향(自旺向)·양향(養向)의 무덤을 만들어 정확히 정혈(定穴)하면 만 무덤이 모두 발복할 것이다.

7. 용세론(龍勢論)

용(龍)은 다음과 같아야 한다.

■ 조종산(祖宗山)이 신비스럽고 장엄해야 한다.

■ 내룡(來龍)의 행도와 기세가 변화와 생동감이 있어야 한다.

■ 박환(剝換)과 과협(過峽)이 확연해야 한다.

■ 요도(橈棹)와 지각(枝脚)이 분명해야 한다.

■ 각종 보호사(保護砂)가 원근의 좌우에서 호종(護從)해야 한다.

■ 결인속기(結咽束氣)와 좌우선(左右旋)이 확실해야 한다.

■ 간지(幹枝)와 장단(長短)을 구별해야 한다.

■ 귀천(貴賤)과 진가룡(眞假龍)을 구별해야 한다.

■ 배면(背面)과 노눈(老嫩)을 구별해야 한다.

■ 정룡(正龍)과 방룡(傍龍)의 분맥(分脈)과 분벽(分劈)을 구분해야
  한다.

용(龍)의 분맥(分脈)은 기세왕성한 용(龍)의 변화 작용에 의해 나누어지는 생동하는 용맥(龍脈)이고, 용(龍)의 분벽(分劈)은 나약한 용(龍)이 과다하게 나누어진 기약(氣弱)한 용맥(龍脈)이다. 용루보전(龍樓寶殿) 아래에서 낙맥(落脈) 행룡(行龍)할 때 점유지역이 광활하면 광활할수록 대룡(大龍)으로 대혈(大穴)을 맺고, 협소하면 협소할수록 소룡(小龍)으로 소혈(小穴)을 맺는다.

행룡(行龍)은 자웅으로 구분한다. 자룡(雌龍)은 저평하여 비만하고, 웅룡(雄龍)은 고기(高起)하여 척룡(脊龍)이 된다. 하나의 산맥이 정

룡(正龍)이 높게 행룡(行龍)하면 지룡(枝龍)은 낮게 행룡(行龍)하여 정룡(正龍)을 호위(護衛)한다. 또한 정룡(正龍)이 낮게 행룡(行龍)하면 지룡(枝龍)은 고기(高起)하여 정룡(正龍)을 원근에서 호위(護衛)하며 행룡(行龍)한다. 이처럼 자웅상배(雌雄相配)하여 행룡(行龍)하니 정룡(正龍)이 자룡(雌龍)인지 웅룡(雄龍)인지를 구분하면 정룡(正龍)과 지룡(枝龍)은 자연히 판단할 수 있다.

자웅의 행룡(行龍)을 식별하여 정룡(正龍)을 알 수 있으나, 산의 봉만을 감별하여 정룡(正龍)을 식별할 수도 있다. 정룡(正龍)은 9성(九星) 중 어디에 속하든 단정한 성봉(星峰)을 이룬다. 그러나 지룡(枝龍)은 기정(起頂)은 하나 성봉(星峰)을 이루지 못하거나, 성봉(星峰)을 이루어도 비봉(飛峰)을 형성하며 단봉(端峰)을 형성하지 못한다. 이와 같이 산의 성봉(星峰)을 관찰하여 정룡(正龍)과 지룡(枝龍)을 식별할 수도 있다.

정간룡(正幹龍)의 행룡(行龍)은 양방 호탁(護托)의 지룡(枝龍)이 절절히 성봉(星峰)하여, 중첩한 기창(旗槍)과 같이 좌우에서 정룡(正龍)을 호위(護衛)하며, 정룡(正龍)을 따라 행룡(行龍)한다. 이때 좌우의 고기(高起)한 성봉(星峰)을 따라 심혈(尋穴)하면 허사가 된다. 정간룡(正幹龍)은 양변 성봉(星峰)의 중간에 성봉(星峰)을 형성하지 않고, 관협(關峽)의 중간으로 행룡(行龍)하니 세밀하게 관찰해야 한다.

정간룡(正幹龍)은 행도가 장원무궁하다. 행도 중간에 간간이 여장을 풀고 쉬어가는 것과 같이, 간룡(幹龍)이 행룡(行龍)할 때도 중간에 간간이 혈(穴)을 맺는다. 행룡(行龍) 도중에 5길(五吉) 성봉(星峰)하여 분지벽맥(分枝壁脈)하며 결혈(結穴)한다. 이때 면전(面前)의 산수는 정다우나, 배후의 호룡(護龍)이 회포하지 않으면 불결지(不結地)

이다. 정룡(正龍)이 행룡(行龍)하여 양대수(兩大水) 합수처(合水處) 또는 수성환포(水城還抱)하고, 양방의 배후 호룡(護龍)이 회전하여 좌우를 전호(纏護)하며, 앞쪽에 포전(抱轉)하여 공읍(拱揖) 4면의 산수는 단취(團聚)한 즉 간룡(幹龍)의 진처(盡處)이니 필시 대결하여 정간룡(正幹龍)의 융결처(融結處)가 된다.

융결(融結)은 행룡(行龍)이 진처(盡處)에 도달하여 배후 호탁(護托)이 회전하여 혈(穴)의 전산(纏山)이나 탁산(托山)이 되고, 앞면의 봉만(峰巒)이 찬취(攢聚)하고 수성(水城)이 환포(還抱)하여 정본혈(正本穴)을 결실했음을 볼 수 있다.

귀인이 많은 부하를 거느리고 먼 곳을 갈 때 숙소에서 잠시 쉬어 가는 것과 같이, 정간룡(正幹龍) 행룡(行龍) 도중 지룡(枝龍)이 조락(早落)하여 결혈(結穴)하나 정혈(正穴)에 비할 바가 아니다.

정룡(正龍)이 행룡(行龍)하다 홀연 3길성(三吉星)이면 지룡(枝龍)이 조락(早落)하여 결혈(結穴)하니, 배후 산룡(山龍)이 포전(抱轉) 2~3중 회포하여 전안(前案)이 다정하면 결혈(結穴)하니, 가히 찾아 볼 것이나 반은 허화(虛花)이며 반은 결실처가 된다.

또한 대룡(大龍) 간룡(幹龍) 진처(盡處)에는 반드시 양대수(兩大水)가 상교(相交)하고, 정간룡(正幹龍) 본혈(本穴)의 결실처가 된다. 그러나 아무리 사면을 돌아봐도 혈정(穴情)을 찾을 수 없고, 앞면에 조안산(朝案山)도 없고, 양대수(兩大水)는 상교(相交)했으나 수겁(水劫)하고, 혈맥(穴脈)이 보이지 않고 풍취(風吹)하면 결혈지(結穴地)가 아니다.

이때는 간룡(幹龍)이 전신(轉身)하여 고조(顧祖) 방면에 있으니 발길을 돌려 찾아보면 멀리 있는 조산(祖山)은 조산(朝山)으로 작응하고, 앞면의 여러 산은 배읍 여러 갈래의 물이 조입(朝入)하고, 산수취회(聚會) 혈후(穴後)의 탁산(托山) 전산(纏山)은 여러 겹 9~10중 난기융융(暖氣融融)하여 바야흐로 진룡진결(眞龍眞結)의 대지를 찾을 수 있다. 이때 양대수(兩大水)는 혈후(穴後)를 멀리서 상교(相交)하고, 혈전(穴前)에는 산곡수가 감아돈다. 이것을 회룡고조혈(回龍顧祖穴)이라고 한다.

용루보전(龍樓寶殿)에서 하나의 간룡(幹龍)이 사루하전(辭樓下殿) 천리나 4~5백리를 행룡(行龍)하여 결혈(結穴)하기까지 원거리를 답사한다는 것이 쉬운 문제는 아니다. 원칙적으로 수십백리를 답사해야 하나 혈장(穴場)에 있어서도 능히 혈(穴)의 대소와 행룡(行龍) 정신을 알 수 있다. 하나의 간룡(幹龍)이 사루하전(辭樓下殿)하여 수십백리를 행룡(行龍)할 때 이상의 심혈법(尋穴法)에서 정간룡(正幹龍)은 불기성봉(不起星峰)이며, 성봉(星峰)하는 것은 모두 지각(枝脚)으로 호위지룡(護衛之龍)이라 했다.

행룡(行龍)이 탁립성봉(卓立星峰)하여 출장행맥(出帳行脈)을 할 때 좌우의 호위지룡(護衛之龍)이 절절이 성봉(星峰)하여 정룡(正龍)을 호위(護衛)하여 행룡(行龍)하고, 정룡(正龍)은 행룡(行龍)할 때 성봉(星峰)을 하지 않는 것은 아니다. 출장행룡(出帳行龍)할 때 대부분은 불기성봉(不起星峰)이나 일단단맥(一斷斷脈)할 때는 평지에 떨어져 천전도수(穿田渡水)하고, 기봉(起峰)할 때는 하늘을 찌를 듯이 높이 솟아 수봉(秀峰)을 형성한다. 정간룡(正幹龍) 행룡(行龍)은 시시단복단(時時斷復斷)의 특성이 있으니 주의 깊게 살펴야 한다.

지룡(枝龍)은 절절이 고기성봉(高起星峰)하나 단복단(斷復斷)의 특성이 없고, 정간룡(正幹龍)은 분지벽맥(分枝壁脈)하여 무수히 원거리에 지룡(枝龍)이 뻗어나가고, 호위지룡(護衛之龍)은 절절이 성봉(星峰)하여 공웅지세(空雄之勢)이나 지각(枝脚)은 짧아 원포(遠布)하지 못한다. 결혈(結穴)할 때도 정간룡(正幹龍)이 진(盡)하여 대결(大結)하고, 지룡(枝龍) 역시 결혈(結穴)하나 본혈(本穴)에 비할 바가 못된다. 호위지룡(護衛之龍)도 박환낙맥(剝換落脈)하여 3길성(三吉星) 후 결혈(結穴)한다.

간룡(幹龍)이 사루하전(辭樓下殿) 후 출장과협(出帳過峽) 수십백리하여 양대수(兩大水) 상교지처(相交之處)나 대수(大水) 전회지처(纏回之處)에 도달하면 정간룡(正幹龍)의 대진처(大盡處)이니, 홀연 대기응성(大起應星) 즉 소조산(小祖山)을 형성하니, 3길존성(三吉尊星) 5길존성(五吉尊星)으로 수려 단정하며 양변으로 대개장(大開帳)하여 혈(穴)의 좌우를 포전(抱轉)하여 혈전(穴前)을 십리 이십리를 회전하여 개면(開面) 단정하게 안산(案山)을 이루고, 외명당(外明堂)을 형성하고, 양산은 교쇄(交鎖)하여 관문(關門)을 이루어 외수구(外水口)를 만든다. 소조산(小祖山)에서 양변으로 대개장(大開帳)할 때 양방의 호위지룡(護衛之龍)은 절절이 성봉(星峰)하여 공웅지세(空雄之勢)이니, 정간룡(正幹龍)을 불가침의 형세로 타룡(他龍)의 불가침, 타수(他水)의 불가침, 풍(風)의 불가침 등의 절대적인 형세로 정간룡(正幹龍)을 호위(護衛)한다.

이와 같이 좌우의 지룡(枝龍)이 1~2중 중첩이 많으면 많을수록 역량이 크다. 외수구(外水口)도 중중관쇄(重重關鎖) 8~9중이면 왕후장상지국(王侯將相之局)이다. 이때 정간룡(正幹龍)은 중간 출맥(出脈)하여 불기성봉(不起星峰)하고, 저평은연(低平隱然) 행룡(行龍) 단속지정(斷續之情) 반드시 대국(大局)을 이룬다.

호위지룡(護衛之龍)은 절절이 성봉(星峰)하면 단정하지 못하고 비봉(飛峰)이 된다. 배면(背面)은 사(斜)를 이루고 면(面)은 직락(直落)하여 일변으로 탁립(卓立)한 형태이다. 수십백리를 행룡(行龍)할 때도 정간룡(正幹龍)의 성봉(星峰)은 항상 9성(九星) 중 어느 성봉(星峰)이든 단봉(端峰)을 형성하나, 지각성봉(枝脚星峰)은 정형을 이루지 못하고 사봉(斜峰)을 형성한다. 그러나 이 지룡(枝龍)의 사봉(斜峰)도 다시 박환낙맥(剝換落脈)하여 3길성(三吉星)이나 5길성(五吉星)으로 박환(剝換)한 후에 결혈(結穴)한다.

양변의 지룡(枝龍)은 정룡(正龍)의 협룡(峽龍)으로 혈전(穴前)에 수구산(水口山)을 형성하니 파록(破祿)으로 관국(關局)을 이룬다. 관국(關局)이 크면 혈대(穴大)이고 관국(關局)이 작으면 혈소(穴小)이다. 관국(關局)의 대소는 수구산(水口山)의 대소를 말한다.

간룡(幹龍)의 큰 것은 천리나 4~5백리를 행룡(行龍)하고, 간룡(幹龍) 중에 지룡(枝龍)이 있고 지룡(枝龍) 중에 간룡(幹龍)이 있다. 지룡(枝龍)의 큰 것은 백리나 수십리를 행룡(行龍)하고, 백리 중에 소간룡(小幹龍)이 있다. 지룡(枝龍)은 절절이 성봉(星峰)하고, 간룡(幹龍)은 단복단(斷復斷)한다. 간룡(幹龍)은 1~2 시도를 이루고, 지룡(枝龍)은 1~2 시군을 점거한다. 간룡(幹龍)은 대결(大結)하고, 지룡(枝龍)은 소결(小結)한다.

또한 수세(水勢)를 관찰하여 간지룡(幹枝龍)을 구별할 수도 있다. 산수동로(山水同路)이니 하나의 용(龍)이 조산(祖山)에서 낙맥(落脈)할 때는 반드시 하나의 물과 같이 분락(分落)하여 긴밀히 서로 따라다니며 한 발자국도 떠나지 않는다. 이 물은 결혈처(結穴處)에 도달하여 용(龍)과 자웅교배하여 용(龍)을 요포거수(繞抱去水)한다. 따라서 수원(水源)이 장원(長遠)하면 대룡대결(大龍大結)하고, 짧으면 소룡소룡(小龍小結)한다.

이것은 혈전(穴前)의 물이 아니라 외명당(外明堂)을 우회하는 하천이다. 수대(水大)이면 용대결(龍大結)하고 수소(水小)이면 용소결(龍小結)한다. 그러므로 대수배(大水配) 대룡(大龍)이고 소수배(小水配) 소룡(小龍)이다. 이는 조산(祖山)에서 낙맥(落脈)할 때 동행한 산수이다.

또한 혈(穴)의 결(結)과 불결(不結)은 수구(水口)를 관찰하여 알 수도 있다. 수구교아(水口交牙) 거듭거듭 관쇄(關鎖)하여 협소하여 불통주(不通舟)의 형세이고, 내국(內局)은 관평(寬平)하며 주위의 나성(羅城)이 주밀하여 무공결(無空缺)이면 반드시 결혈(結穴)이 있다.

또한 안산(案山)과 조산(朝山)을 관찰하여 결혈(結穴)을 알 수 있다. 공조동종(共祖同宗)으로 내룡(來龍)하고, 정간룡(正幹龍)을 호위(護衛)하는 지룡(枝龍)은 혈전(穴前)에 도달하여 공읍(拱揖) 또는 공읍개면(拱揖開面)하여 혈(穴)과 상응(相應)한다. 그러므로 안산(案山)을 보아 혈(穴)을 알 수 있고, 조산(朝山)으로 혈(穴)을 알 수도 있다. 즉 객산(客山)은 천리에서 내도(來到)하여 강을 사이에 두고 원거리에 높이 솟아 조산(朝山)이 되어 영접하니 혈(穴)의 진실됨을 증명한다.

또한 명당을 관찰하여 결실의 여부를 판단할 수 있다. 뒷면 전산(纏山)의 여산(餘山)과 앞면 안산(案山)의 여기(餘氣)는 상주(相湊)하여 수구(水口)를 형성하여 수구교아(水口交牙) 직결(織結)이고, 이 수구(水口)의 안쪽이 평탄하고 관평(寬平)하면 명당이라고 하여 결혈(結穴)했음을 알 수 있다.

명당에는 횡당(橫堂)과 직당(直堂)이 있다. 횡당(橫堂)이 제1격이고, 수세(水勢)는 궁대수격(弓帶水格)이며 혈처(穴處)를 포위하며 수구(水口)는 거수(去水)할 때 굴곡하여 소수(消水)하는 것이 상격이다.

명당 주위는 수려하여 무공결(無空缺)해야 한다. 이같이 수구직결(水口織結)하여 불통주(不通舟)의 형세를 이루고, 내면이 관평(寬平)하여 명당을 이루면 진기취처(眞氣聚處)이니 반드시 결혈(結穴)한다. 따라서 입산심수구(入山尋水口) 등혈간명당(登穴看明堂)이다.

또한 간룡(幹龍)이 행룡(行龍)하여 해변가에서 진(盡)하거나 양대수(兩大水) 합류처에서 진(盡)할 때, 간룡(幹龍)은 높고 수려하므로 멀리서 보아도 알 수 있다. 이같이 중산중봉(衆山衆峰)의 취회처(聚會處)에서 명당을 발견할 수 있다. 수구(水口)의 좌우산이 교아직결(交牙織結)하여 거듭 관쇄(關鎖)한 내부에 진기(眞氣)가 응취하여 대결(大結)하니 의심할 여지가 없다. 대산(大山)이면 중봉(衆峰)이 밀집해 있는 곳이고, 평양룡(平洋龍)일 때는 중산(衆山)의 취회처(聚會處)를 찾을 것이다.

지금까지는 직결(直結)을 설명했다. 회결(回結)의 심혈(尋穴)은 더 어렵다. 지룡(枝龍) 중에 간룡(幹龍)이 있고, 간룡(幹龍) 중에 지룡(枝龍)이 있는데, 한 번에 정확하게 판단할 수 있어야 한다. 대간룡(大幹龍)이 행룡(行龍)하여 해변에서 진(盡)하거나 양대수(兩大水) 상합처(相合處)에 진(盡)했을 때 좌우변에서 진맥(眞脈)을 찾을 수 없고, 풍산수겁(風散水劫)하여 혈정(穴情)을 찾을 수 없으면 대룡(大龍)이 회결(回結)한 것이다.

이때 주의할 것은 용진처(龍盡處)에 혈형(穴形)을 엿볼수 있는데, 이것은 주혈(主穴)이 아니라 소소혈(小小穴)이다. 이런 경우에는 멀리 관찰하여 전산전수(纏山纏水)가 어디로 회전했는가를 살펴 회포처(回抱處)를 찾는다. 그러나 역시 혈형(穴形)은 발견할 수 없으니 회결(回結)이다. 이때 전산(纏山)의 배(背)와 면(面)을 살펴야 하고, 전산(纏山)의 면(面)은 항상 혈처(穴處)를 향한다는 것을 깊이 명심해야 한다. 이 점이 심혈(尋穴)에 있어서 매우 중요하다.

산의 면(面)은 평탄하며 배(背)는 석벽이나 급경사이다. 이같이 전산(纏山)의 면(面)이 향하는 방향을 찾아 역심(逆尋)해야 한다. 회전처를 돌아보면 지엽이 많은 중에서 진맥(眞脈)을 발견할 수 있다. 멀리 있는 조종산(祖宗山)은 고수(高秀)하여 조산(朝山)이 되고, 면전의 산 전부가 개면다정(開面多情)하고, 혈후(穴後)의 전탁산(托山)이 거듭 회포하고, 혈전(穴前)의 만수(萬水)는 내조(來朝)하고, 혈후(穴後)의 전산(纏山)은 멀리서 수구(水口)를 만들고, 수중 혹은 물가에는 나성(羅星)이 새수구(塞水口)했으니 이는 대국(大局)에 일가혈(一佳穴)이다. 결단코 대지임을 의심할 바 없고, 이 천장비혈(天藏秘穴)을 복인(福人)이 얻으면 왕후장상(王侯將相)이 어렵지 않다.

회결룡(回結龍)을 역심(逆尋)할 때 주산(主山)의 배(背)와 면(面)을 자세히 살펴보면, 회결(回結) 방향 주산(主山)의 면개고(面開顧) 그곳에서 출맥(出脈)했으니 최귀지(最貴地)이고, 멀지 않은 곳에 역결(逆結)의 대국(大局)을 이룬다. 반대로 주산(主山)의 배(背)는 절벽과 같은 형태로 낭떨어지가 되어 있고, 출맥(出脈)하여 주산(主山)의 배후를 회포했으니 귀산(鬼山)이나 낙산(樂山)이다. 이 귀산(鬼山) 역시 혈형(穴形)이 있어 양변의 산수가 내호(來護)하여 조영(朝迎)하여 역시 가명당(佳明堂) 조산조수(朝山朝水)가 가혈(佳穴)같으나 이것은 가혈(假穴) 즉 화혈(花穴)이니 주의해야 한다.

그리고 회결혈(回結穴)에서 기억할 것은, 순결혈(順結穴)에 있어서 하사(下砂)는 대개 역수(逆水)하기 때문에 역량이 최대이지만 역결(逆結)할 때는 하사(下砂)가 순수(順水)로 나가는 것이 역량이 크다. 또한 홀연 여러 산이 내룡(來龍)하여 강변이나 양수 상합처(相合處)에서 용진(龍盡)할 때 좌우편의 용상(龍上)에서 심혈(尋穴)하여 양쪽 모두가 혈형진(穴形眞)하면 이때는 2개 혈(穴) 모두 진혈(眞穴)이나 주혈(主穴)과 부혈(副穴)이 있으니 세밀하게 관찰해야 한다. 또한 수세(水勢)를 관찰하여 주혈(主穴)과 차혈(次穴)을 구분할 수도 있다. 수세(水勢)의 포전(抱轉)이 유정함이 많으면 주혈(主穴)이고, 유정함이 적으면 차혈(次穴)이다.

또한 지룡(枝龍)의 진혈(眞穴)이나 안산(案山) 역시 다정하나 무수지국(無水之局)이 있으니, 혈처(穴處)에서 비록 수세(水勢)는 보이지 않으나 안산(案山)의 외면으로 조수(朝水)가 암암리에 순환하면 작은 혈(穴)이 아니라 상격지(上格地)이다. 이때 안산(案山) 역수(逆水)이면 복력(福力)이 극대하여 발복 역시 빠르다. 순수안(順水案)이면 복력이 약소하다.

또한 진룡진혈(眞龍眞穴)이나 안산(案山)이 없는 국세(局勢)가 있으니, 유수무안산지국(有水無案山之局)이나 면전의 명당 밖에서 수취사면의 산이 회포 수구(水口)가 긴새(緊塞)하면 상길지(上吉地)이다. 안산(案山)·조산(朝山)·조수(朝水)·수구(水口) 명당 등은 단지 혈(穴)의 증거이지 반드시 혈(穴)이 성립하는 것은 아니다. 안산(案山)·수구(水口)·명당 등은 선행하는 것이 아니라 결혈(結穴) 후에 있는 것이다. 결혈(結穴)하면 이들은 천연자재하여 성립한다.

결코 혈(穴)의 결혈(結穴)과 불결혈(不結穴)은 수세(水勢)·안산(案

山)・수구(水口)・득수(得水)・득파(得破)・입향(立向) 등에 있는 것이 아니다. 본룡(本龍)의 결실과 불결실에 있는 것이라는 것을 잊어서는 안된다. 진룡(眞龍)이 행룡(行龍)하여 결혈(結穴)하면 안산(案山) 조산(朝山)・명당・수구(水口) 등은 천연자재하여 자기 위치에 배치되어 있는 것이니, 주객을 잘못 판단하면 지리학의 연구는 영원히 미궁 속에 있을 것이다. 결실이 있고 나서야 안산(案山) 조산(朝山)을 논하고, 그 다음 수법(水法) 입향(立向)을 논해야 한다는 것을 명심해야 한다.

이제 용세론(龍勢論)을 종합해 보면 간룡(幹龍) 정룡(正龍)은 시시단복단(時時斷復斷) 호룡(護龍)은 절절 성봉(星峰)에 공웅지세(空雄之勢) 간룡(幹龍) 정룡(正龍)은 지각(枝脚)이 원포(遠布), 지룡(枝龍)은 지각(枝脚)이 단축, 간룡(幹龍)은 당당히 독행무정(獨行無情)하고 지룡(枝龍)은 타산(他山)의 조산(朝山) 전산(纏山), 간룡(幹龍)은 항상 중앙행(中央行)하며 거듭거듭 출장(出帳) 입장(入帳)하고 지룡(枝龍)은 항상 정룡(正龍)을 회포 변각행(邊角行) 등으로 구분한다.

하나의 간룡(幹龍)이 용루보전(龍樓寶殿) 출맥(出脈) 후 제1성인 즉 간룡(幹龍)의 정신이고, 이후 수백리 천리 행룡(千里行龍) 또는 해변 양대수(兩大水) 상합처(相合處)에 도달하여 진(盡)하여 대혈(大穴)을 결실하니, 이 대혈(大穴)은 사루하전(辭樓下殿) 제1성의 정신에 의거하여 결혈(結穴)한다.

이 수백천리 행룡(行龍) 중에 단속정(斷續情) 지각(枝脚)이 활포하며 행룡(行龍)하나, 돈복처(頓伏處)가 있으니 천리여정에 숙박 휴식처이다. 간룡(幹龍) 행룡(行龍)할 때 단단속속(斷斷續續)의 정(情) 1회 단복(斷伏)이면 1회 전환, 1회 번신(翻身)이면 1회 단(斷)하며 동서남북으로 행룡(行龍)한다. 1회 단처(斷處) 즉 천전(穿田)이나 과협(過峽)하면 필시 기봉(起峰) 3길성(三吉星)이나 5길성(五吉星)이니 분지벽맥(分枝壁脈)하여 결혈(結穴)한다.

이같이 천백리 행룡(行龍)함에 간간이 돈숙처(頓宿處)에 소관국(小關局)을 형성하여 소소혈(小小穴)을 결실한다. 즉 행룡(行龍) 미진(未盡)할 때 일시 돈숙처(頓宿處)이다. 이때 정룡(正龍)은 회전 행룡(行龍)한다. 만일 행룡(行龍)하여 양대수(兩大水)의 상합처(相合處)나 해변에서 진(盡)하여 가령 3~4개나 8~10개의 산맥이 도래하여 진(盡)한다면 반드시 8~10개의 수로 역시 동일하게 유출(流出)하여 같은 수구(水口)로 사라진다.

이같이 10산 10수 취회(聚會)하면 산마다 결혈(結穴)한 것 같으나 이것의 구별에도 법칙이 있다. 먼저 귀천을 관찰하고, 다음은 장단을 관찰하고, 다음은 돈복(頓伏)을 관찰한다.

첫째, 귀룡(貴龍)은 당당히 자행(自行)하여 지각(枝脚)을 멀리 벌리고, 천룡(賤龍)은 지각(枝脚)이 짧고 반화겁살(反花劫殺) 불성성체(不成星體)이며, 귀룡(貴龍)은 다른 산의 조산(朝山) 호탁산(護托山)이 아니며 다른 산에서 보면 무정하다. 호룡(護龍)은 정룡(正龍)의 배후에서 돌아나와 조산(朝山)이 되고, 역시 유혈(有穴)이나 천지(賤地)이다.

둘째, 간룡(幹龍)의 행거(行去)는 장원(長遠)하며 귀룡격(貴龍格)이어야만 정룡(正龍)이다. 결혈지(結穴地)에서 장단을 말하면 정룡(正龍)은 반드시 중장(中藏)하여 짧고, 호룡(護龍)은 길어 정룡(正龍)의 외곽을 감싸안는다.

셋째, 정룡(正龍)은 단속지정(斷續之情)이고, 전산(纏山)은 무단속지정(無斷續之情)이다. 성봉(星峰)의 배면(背面)을 자세히 관찰해 보면 정룡(正龍)은 면토평처(面土平處)로 낙맥(落脈)하고, 전산(纏山)의 면은 항상 정룡(正龍)을 향한다.

餘滴 · 4

등혈(登穴) 간명당(看明堂)이면
사증명당(砂證明堂) 수증혈(水證穴)이다.
명당여장심(明堂如掌心)이면
가부두량금(家富斗量金)이라.
명당용만마(明堂容萬馬)요
수구불통주(水口不通舟)라.

혈장(穴場)에 올라 명당을 볼 때 사(砂)가 명당을 증명하고, 수(水)는 혈(穴)을 증명한다. 명당이 손바닥같이 아늑하면 집안에 금덩이가 쌓이리라. 명당은 일만 마리 말을 수용할 수 있어야 하고, 수구(水口)는 배가 다닐 수 없을 정도로 좁아야 한다.

8. 결혈론(結穴論)

순진무구한 산야에는 진혈(眞穴) 대지가 산재해 있어 적공유덕(積功有德)하고 효심이 지극한 주인을 기다리고 있다. 맑은 마음과 밝은

눈 그리고 지극한 정성으로 찾으면 반드시 참된 대지대혈(大地大穴)을 얻을 것이다. 공덕이 없는 사람이 허황되게 얻을 생각은 하지 말아야 한다. 대지대혈(大地大穴)을 얻으려면 우선 덕을 쌓고 공을 닦아야 한다. 그 다음에 지극정성을 다하여 찾으면 하늘은 적공(積功)한 사람을 절대로 버리지 않는다. 이것이 천도섭리(天道攝理)이다.

인간은 자기도 모르는 사이에 양택(陽宅)이나 음택(陰宅)이라는 혈을 우연히 얻어 행복과 자손대대로 영화를 누린다. 하늘이 비장한 혈(穴)은 반드시 선행을 한 사람만이 얻을 수 있다. 인류문명의 발달로 지리학도 발달하여 이 학설에 달관한 학자가 있었다 해도 쉽게 발설하지 않았고, 선행한 사람에게 인도했다. 이제는 옛날과 달라 발전의 속도가 빠르기 때문에 감춰두었다가 파괴되기 보다는 공개하여 보호할 수 있는 혈(穴)은 보호해야 한다.

혈(穴)이란 하늘이 설계하여 땅이 지은 것이고, 창조주께서 깊이 비장한 보물 중 가장 지보한 것으로 유덕군자를 기다린다. 산천의 정기는 용맥(龍脈)을 통하여 유통하니 마치 인체의 혈맥(穴脈)이 흐르는 것과 같다. 용(龍)이 진(盡)하고 맥의 끝이면 정령이 응취하여 혈(穴)이 된다.

혈(穴)이란 창조주의 헤아릴 수 없는 현묘한 공적으로 인간의 부귀영화와 생사화복을 관장하는 근간이다. 그러므로 혈(穴) 중에 인골을 매장하면 안개와 같은 옥로(玉露)가 응결한다. 이는 용맥(龍脈)의 정기가 응취했기 때문이다. 대지대혈(大地大穴)에 양택(陽宅)을 건립하면 옥내에 영기가 있음을 알 수 있으니 이는 천고의 비전이다. 첨단 과학자들에게는 지금까지 관심 밖이었으나 생명과학계통의 학자들이 관심을 가진다면 의외의 성과를 기대할 수도 있다.

혈(穴) 중의 토질은 비토비석(非土非石)이며 오색토로 긴밀하고 기름을 뿌린 것과 같이 광윤하고, 난기(暖氣)가 응결되어 있으니 혈(穴)이 아니면 그렇지 않다. 혈(穴)에 백골을 매장하면 운명의 개조함이 여반장(如反掌)이다.

하나의 산맥이 행룡(行龍)하거나 간룡(幹龍)이 행룡(行龍)할 때 돈복처(頓伏處) 즉 휴식처 또는 지룡(枝龍) 낙맥처(落脈處) 등 수없이 많은 대소혈(大小穴)이 결실되어 있으나 주혈(主穴)은 단 한 개이다. 이 주혈(主穴)만이 이 용(龍) 중의 최대혈(最大穴)이다. 하나의 용맥(龍脈)이 용루보전(龍樓寶殿)을 떠나 행룡(行龍) 초 제1성이 9성(九星) 중 어디에 속하느냐에 따라 주혈(主穴)이 결정된다. 조산(祖山)에서 박환낙맥(剝換落脈)의 제1성이 탐랑(貪狼)일 때는 수십백리를 행룡(行龍)하여 양대수(兩大水) 상합처(相合處)나 해안에 이르러 용진(龍盡)하면 탐랑행룡(貪狼行龍)의 결혈(結穴)은 반드시 유두혈(乳頭穴)을 이루고, 이 유두혈(乳頭穴)은 이 간룡(幹龍) 중의 주혈(主穴)이다.

또한 간룡(幹龍)이 행룡(行龍)할 때 분지벽맥(分枝壁脈)하여 지룡(枝龍)이 분출되니, 지룡(枝龍)도 조산낙맥(祖山落脈)할 때 역시 지룡(枝龍) 중 주혈(主穴)이 결정되니, 조산(祖山) 낙맥박환(落脈剝換)할 때는 환골성(換骨星)을 자세하게 관찰해야 한다.

박환성(剝換星) 즉 환골성(換骨星)을 관찰하여 용맥(龍脈)의 정신을 분별하면 용맥(龍脈)의 주혈(主穴)을 예지할 수 있다. 대개 행룡(行龍) 결혈(結穴)할 때는 소조산(小祖山)이나 주산(主山)에서 낙맥(落脈)할 때 심혈(尋穴)이 막연하다. 왜냐하면 소조산(小祖山)이나 주산(主山)에서 낙맥(落脈)할 때 여러 개의 맥이 흐른다. 어떤 맥이 정맥

(正脈)이며 어떤 맥이 호맥(護脈)인가. 호룡(護龍)은 절절이 성봉(星峰)하여 웅강하고, 정룡(正龍)은 저복하여 단속지정(斷續之情)이 있으므로 식별이 가능하다.

심혈(尋穴)에 진룡(眞龍)이 있고 가룡(假龍)이 있는 것 같이 혈(穴)에도 가혈(假穴)이 있다. 대개 용(龍)이 진혈(眞穴)을 결실하면 반드시 가혈(假穴)이 따른다. 가혈(假穴)은 수미하고 진혈(眞穴)은 추졸하니 분별하기 어렵다. 가혈(假穴)은 청룡(靑龍) 백호(白虎)가 다정한 것 같고 혈형(穴形)이 단아하여 속사(俗士)들은 가혈(假穴)을 진혈(眞穴)로 오인하기 쉽다. 진혈(眞穴)은 기기괴괴하거나 하사(下砂)가 없거나 고기(高起)하는 등 심혈(尋穴)하기가 어렵다. 그러므로 진혈(眞穴)을 얻으면 부귀영화를 얻으나, 가혈(假穴)을 진혈(眞穴)로 오인하면 해인패절(害人敗絶)한다.

혈(穴)의 형상은 와(窩)·겸(鉗)·유(乳)·돌(突)의 4상격(四象格)과 기형괴혈(奇形怪穴)이 있다. 그러나 와(窩)·겸(鉗)·유(乳)·돌(突)의 4상(四象)을 벗어나지 못하지만 형상은 천태만상으로 한이 없다. 가혈허화(假穴虛花)는 유정하고 단교(端巧)한 것 같아 속사들은 허화를 찾고, 괴형이혈(怪形異穴)은 언뜻보기에 천지(賤地)같기도 하며 추졸하여 사람마다 버린다. 호룡대혈(好龍大穴)은 괴혈(怪穴)을 많이 결실하니 이것이 창조주의 뜻이며 비장이다.

용상(龍上)의 생봉(生峰)은 뿌리가 되고, 진처(盡處)의 결혈(結穴)은 개화한 것이다. 그러므로 용상(龍上)의 성봉(星峰)은 9성(九星) 중 종류에 따라 개화한다. 혈(穴)이란 용맥(龍脈)에서 생출되므로 만일 혈(穴)이 용맥(龍脈)을 따르지 않으면 허화이다. 그러므로 탐랑성(貪狼星)의 용상성봉(龍上星峰)이 뿌리가 되면 그 혈(穴)은 유두혈(乳頭

穴)이고, 거문성(巨門星)이면 겸혈(鉗穴)이고, 무곡성(武曲星)이면 와혈(窩穴)이다. 이와 같이 일정한 법칙이 있다.

또한 겸대지기(兼帶之氣)는 변형이 생기니 소위 거문(巨門) 파군(破軍)의 유두혈(乳頭穴)과 녹존성(祿存星)의 탐랑(貪狼) 녹존(祿存)의 와겸혈(窩鉗穴)이 그것이다. 또한 혈(穴)에는 천지인(天地人)의 3겁(三劫)이 있다.

천겁(天劫)은 본룡(本龍)이 행룡(行龍) 결혈(結穴)함에 본혈(本穴)의 음기가 누설하는 것을 말하고, 지겁(地劫)은 혈하(穴下)의 누태(漏胎)를 말하고, 인겁(人劫)은 혈전(穴前) 명당이 광탕(廣蕩)하여 혈(穴) 중의 양기가 누설하는 것을 말한다. 이상 3겁혈(三劫穴)은 불리불미(不利不美)한 혈(穴)이다. 이것은 모두 본혈(本穴)의 진기(眞氣)가 암암리에 설기(泄氣)되기 때문이다. 천겁(天劫)일 때는 각이 회래(回來)하여 앞면에 안산(案山)이 되어 유정하거나, 지겁(地劫)일 때는 누태(漏胎) 비록 장거(長去)이나 앞면에 수횡(水橫)이면 인겁(人劫)일 때는 앞면의 안산(案山)이 유정하면 흥기(凶氣)가 변하여 길해진다.

9. 점혈론(點穴論)

혈(穴)은 태극운(太極暈)으로 외형과 내면을 형성한다. 외형은 은은한 원운(圓暈)으로 환회(環回)하고, 내면에서는 생기가 모여 혈(穴)이 융결(融結)한다. 이 태극운(太極暈)은 형체의 유무형과 고저가 분명하지 않아 초심자가 보기에는 매우 애매모호하다. 고일촌(高一寸)

이 산이요 저일촌(低一寸)이 수(水)이니, 혈수(穴水)의 상분하합(上分下合)으로 은은하게 혈형(穴形)이 나타난다. 이것이 태극운(太極暈)이며 혈(穴)의 융결이다.

이 태극운(太極暈)은 2중~3중의 내외륜(內外輪)으로 형성되어 있다. 외륜(外輪)은 음양(陰陽) 자웅(雌雄)이 교도상배(交度相配)하고, 원심(圓心)은 생기응결(生氣凝結)의 혈핵(穴核)이 된다. 원정(圓頂)에 반월아미(半月蛾眉)와 같은 반운(半暈)이 2중~3중이 형성되어 있으면 대귀지를 이룬다.

계합(界合)은 이른바 상분하합(上分下合)이다. 혈장(穴場)은 상하내외수의 분합(分合)으로 혈(穴)의 결혈(結穴)이 확실하게 나타난다. 그 분합(分合)은 외견상 모호하여 분간이 쉽지 않다. 심안으로 정관(靜觀)하면 사수(砂水)의 계합(界合)이 은은하게 보인다. 혈(穴)의 계합(界合)은 3중 분합(分合)이 원칙이다.

첫째, 분합(分合)은 하수수(蝦鬚水) 또는 해안수(蟹眼水)가 핵지혈토(核地穴土)를 분합(分合)한다. 이는 원심혈토(圓心穴土)를 분합(分合) 회환(回環)하여 혈심내기(穴心內氣)를 보호하는 제1의 분합(分合)이다.

둘째, 분합(分合)은 상수(相水 : 계속된 원운수(圓暈水)가 小明堂에서 合水)가 승금(乘金 : 太極圓暈의 突起處)에서 계수(界水)하고, 순전(脣氈 : 穴의 餘氣, 合水의 保氣~보호가 소임이다.)에서 합수(合水)하여 혈판요지(穴坂要地)를 분합(分合) 보호하는 제2의 분합(分合)이다.

셋째, 분합(分合)은 혈장(穴場) 두정(頭頂)에서 계수(界水)하고, 소명당에서 합수(合水)하여 혈장(穴場) 전체를 보호하는 제3의 분합(分

合)이다.

 혈법(穴法)이 많으나 크게 중요한 것은 음래(陰來)하면 양수(陽受)하고 양래(陽來)하면 음수(陰受)하는 것을 벗어날 수 없다. 복장(覆掌)·검척(劍脊)·협급(峽急)·강경(剛硬) 등으로 흘러오면 모두 음맥(陰脈)이고, 음맥(陰脈)으로 낙혈(落穴)하면 와(窩)를 열고 오목한 양(陽)으로 받아들여야 한다.

 와(窩)가 깊거나 오목함이 얕으면 노양(老陽)이나 소양(少陽)이다. 양(陽)으로 오면 앙장(仰掌)하며 평완(平緩)하고 유연하다. 양맥(陽脈)으로 낙혈(落穴)하면 반드시 토출유돌(吐出乳突)한 음(陰)으로 받아들여야 한다. 돌(突)이 크거나 유(乳)가 작으면 노음소음(老陰少陰)이다. 또 와(窩) 중에 돌(突)도 있고, 돌(突)한 꼭대기에 오목한 곳도 있다. 이것이 음극양생(陰極陽生)과 양극음생(陽極陰生)의 원리이다.

 태극운(太極暈)의 사(砂)에는 두 가지가 있는데 선익(蟬翼)과 우각(牛角)이다. 태극운(太極暈)의 수(水)도 두 가지가 있는데 하수(蝦鬚)와 해안(蟹眼)이다. 선익(蟬翼)이란 유돌(乳突)의 곁에서 생기는 것으로 용호(龍虎) 안에서 얇게 혈장(穴場)에 숨어 붙어서 미망(微茫)으로 환포(還抱)하여 있다. 매미의 날개에는 큰 날개와 속 날개가 있는데 이것이 경익연익(硬翼軟翼)이 되고, 합쳐서 선익사(蟬翼砂)라고 한다. 우각(牛角)이란 와겸(窩鉗)의 아래에서 생겨 용호(龍虎)의 안에 숨어 있다. 만환원정(彎環圓淨)하고 교포유정(交抱有情)해야 한다. 우각(牛角)의 모양과 같아 우각사(牛角砂)라 한다.

 하수(蝦鬚)는 유혈(乳穴)의 양쪽 곁으로 미미하게 돌기하며 저함하게 이어지는 것이 하수(蝦鬚)와 같다 하여, 여기서 흐르는 물을 하수수(蝦鬚水)라고 한다.

해안(蟹眼)은 와겸(窩鉗)의 동그란 능선 위의 양곁으로 미미하게 저함한 한 점이 해안(蟹眼)과 같아 여기서 흐르는 물을 해안수(蟹眼水)라 한다.

금어수(金魚水)는 물고기는 입으로 물을 들이마시고 양쪽 뺨으로 내는데, 금어(金魚)는 뺨으로 물을 마시고 입으로 낸다. 볼로 마시는 것을 나누어짐으로 보고, 입으로 나가는 것을 합함으로 볼 수 있다. 금어수(金魚水)라 이름붙인 것은 뒤에서 나뉘고 앞에서 합하기 때문이다. 하수수(蝦鬚水)의 또다른 이름이다.

백리 천리를 행룡(行龍)하여 결혈(結穴)함에 있어서 불과 1~2평 밖에 안되는 협소한 장소라 점혈이 지극히 곤란함으로(穴板의 크기가 작기 때문에) 곳곳에 오점이 허다하니 안타까운 일이다. 불과 3~4척

정낭(精囊)의 좌우로 선익사(蟬翼砂)가 뚜렷하다.

사이나 7~8척 사이에 두고 오점한 사례가 허다하다.

3길(三吉) 혹은 5길성(五吉星) 특기(特起) 후에 박환낙맥(剝換落脈)하여 결혈(結穴)할 때는 본룡(本龍)의 개(个)자 중심맥으로 양변에는 2사(砂)가 분출(分出)하여 청룡(靑龍) 백호(白虎)가 되고, 가운데의 맥(脈)은 결혈(結穴)한다. 결혈(結穴)할 때 혈성(穴星)을 보는데 이것을 구첨(毬簷)이라고 한다. 구첨(毬簷)에 하나의 평탄한 와(窩)가 있는 것을 장구(葬口)라 하며 혈(穴)이다. 장구(葬口) 아래를 자세히 살피면 소명당 즉 박구(薄口)가 있다.

다시 말하면 혈성(穴星) 즉 구첨(毬簷) 양방에서 수세(水勢)가 양분(兩分)한다. 수세(水勢)는 양수(兩水)가 있을 때 은은하게 흘러 장구(葬口) 즉 혈(穴)을 싸고돌아 은은하게 박구(薄口) 아래인 소명당 아래에서 합금(合襟)한다. 이것을 금어계수(金魚界水)라 한다. 구첨(毬簷)·장구(葬口)·박구(薄口)·합금(合襟)을 4과(科)라 하며, 혈(穴)을 증명한다.

용(龍)을 말할 때는 음양(陰陽)이나 자웅으로 말한다. 음룡(陰龍)이면 세척자(細脊者)이며 웅룡(雄龍)이다. 양룡(陽龍)이면 평탄(平坦)자이며 자룡(雌龍)이다. 웅룡(雄龍)이면 복장형(覆掌形)이고, 자룡(雌龍)이면 앙장형(仰掌形)이다. 도두입수처(到頭入首處)의 혈성(穴星)이 복장(覆掌)과 같고 내세웅급자(來勢雄急者)이면 음락(陰落)이며 웅룡(雄龍)이다. 도두입수처(到頭入首處)가 앙장(仰掌)과 같고 생와구(生窩口)이면 내세탄완(來勢坦緩)이며 양락자룡(陽落雌龍)이다.

혈(穴)을 말할 때 도두입수(到頭入首)가 웅룡(雄龍)이고, 혈처(穴處)가 복부형(覆釜形) 즉 와구(窩口)이면 음극양생(陰極陽生)이며, 소양

혈(少陽穴)이다. 웅룡래자혈자(雄龍來雌穴者)는 음래양수자(陰來陽受者)이다. 만약 와혈(窩穴)이 아니고 혈(穴) 역시 복장지취(覆掌肢嘴)이면 태음혈(太陰穴)이다. 이는 용혈(龍穴)이 모두 음(陰)이며 웅(雄)이다. 음래음수(陰來陰受)이다.

도두입수처(到頭入首處)가 자룡(雌龍)이고 혈처(穴處)가 소돌(小突)이면 양극음생(陽極陰生)이고, 소음혈(少陰穴)이면 자룡래웅혈자(雌龍來雄穴者)이며 양래음수(陽來陰受)이다. 만약 돌혈(突穴)이 아니고 앙장(仰掌)으로 와혈(窩穴)이면 태양혈(太陽穴)이다. 용혈(龍穴)이 모두 양(陽)이며 자룡(雌龍)이고 양래양수(陽來陽受)이다. 태음혈(太陰穴)이면 혈처(穴處)에 반드시 미와처(微窩處)가 있고, 태양혈(太陽穴)이면 와중미돌처(窩中微突處)가 있다.

그리고 와혈(窩穴)에는 반드시 혈운(穴暈)이 있는데 미미한 원형을 이루어 지문과도 같다. 여기에 장사(葬事)할 때 혈순(穴脣)을 파하면 안된다. 또한 소음혈(少陰穴)은 미돌처(微突處)가 상하면 안된다. 이 두 가지는 모두 지중(地中)의 정수(精髓)이다.

재혈(裁穴)할 때는 혈성(穴星) 즉 구첨(毬簷)에서 합금(合襟)점으로 용(龍)의 정기가 상통하기 때문에 선(線)을 그어 입혈(立穴)의 기준으로 삼아야 한다. 재혈(裁穴)할 때는 구첨(毬簷)을 1척 이내의 거리를 위로 하는 것이 적당하다.

그리고 중요한 것은 심천(深淺)이다. 혈(穴)의 심천(深淺)을 헤아리는 것은 토피의 후박(厚薄)을 살피는 것으로, 혈(穴)의 토색도 세밀하게 관찰해야 한다. 마치 계란과 같아 외면에는 토피가 있고, 다음에 약간의 신토(新土)가 있다. 이곳을 지나면 오색토가 있어 비토비석(非土非石) 습기가 있고 광윤하며 미세한 분말로 되어 있다. 이는 마치 계란의 노란자와 같다.

이 층을 지나 태심(太深 : 너무 깊은 것)하면 용기(龍氣)는 상과(上過)하고, 태천(太淺 : 너무 얕은 것)하면 용기(龍氣)가 하과(下過)하기 때문에 무용지물이 된다. 혈(穴)의 심천(深淺)은 노출하여 보토장(補土葬)하는 것이 있고, 깊은 곳은 장여(丈餘 : 6자)이니 세밀하게 연구해야 한다.

■ 양락유와(陽落有窩)

양락혈(陽落穴)은 앙장(仰掌)과 같아 와혈(窩穴)을 말하며 개구(開口)하기도 한다.

■ 음락유척(陰落有脊)

음락혈(陰落穴)은 검척형(劍脊形)이라 비원(肥圓)하나 복장(覆掌)과 같아 돌혈(突穴)에 속한다.

■ 양래음수(陽來陰受)

앙장(仰掌)과 같은 형태로 평탄하게 입수내룡(入首來龍)하여 혈처(穴處)가 돌기한 것을 말하고, 복배(覆杯)의 형태이다.

■ 음래양수(陰來陽受)

복장(覆掌)과 같이 돌기 내룡(來龍)하여 혈처(穴處)에 와혈(窩穴)을 만든다.

귀룡중중천출장(貴龍重重穿出帳)이요,
천룡무장공웅장(賤龍無帳空雄壯)이라.
귀룡(貴龍)은 거듭거듭 장막을 치고,
천룡(賤龍)은 장막이 없고 그저 웅장하기만 하다.

귀룡다자천심출(貴龍多自穿心出)이요,
부룡지종방생상(富龍只從旁生上)이라.
귀룡(貴龍)은 중심으로 맥이 뻗어나오고,
부룡(富龍)은 곁가지가 많다.

장막다시귀역다(帳幕多時貴亦多)이요,
삼중지시부호양(三重只是富豪樣)이라.
장막(帳幕)이 많으면 귀함이 많고,
3중 이상 거듭되면 부호의 모양이다.

창고상궤병잔저(倉庫箱櫃竝盞箸)이요,
배열혈중필발부(排列穴中必發富)라.
창고사(倉庫砂) 상궤사(箱櫃砂)가 있으면 자손이 가지런하고,
좌우를 헤치고 나온 혈은 반드시 부귀한다.

차문빈룡시약하(且問貧龍是若何)요,
무전무호룡허도(無纏無虎龍虛度)라.

또한 묻노니 빈룡(貧龍)은 어떠하뇨?

감싸안음이 없고, 청룡 백호 모두 공허하다.

풍취척로우고단(風吹脊露又孤單)이요,

좌우요풍기맥산(左右凹風氣脈散)이라.

풍취하도록 돌출하면 고단할 것이요.

좌우요풍이 불면 기맥은 흩어지리라.

전당경사무관란(前堂傾斜無關欄)하고,

수직목성혈횡과(水直木城穴橫過)이면

견동토우주빈한(牽動土牛主貧寒)이다.

앞의 명당이 비뚤어지고 싸안음이 없고,

물은 곧게 가로로 놓이면 견동토우(牽動土牛) 주빈한(主貧寒)

10. 융결론(融結論)

산맥이 흘러 흘러 결혈(結穴)하려면 반드시 좌보성(左輔星)이 있어야 한다. 좌보성(左輔星)은 산맥이 박환낙맥(剝換落脈)할 때 좌보성(左輔星)으로 변모하여 나타나고, 좌보성(左輔星)의 형태는 9성(九星)이 모두 다르다.

■ 탐랑성(貪狼星)이 박환낙맥(剝換落脈)하면 변모하여 좌보성(左輔星)으로 나타날 때는 포구(抛毬)의 형태이다. 두첨신원(頭尖身圓)이고, 각이 횡배(橫排)하거나 인(人)자형으로 나타난다.

- 거문성(巨門星)이 박환낙맥(剝換落脈)하면 변모하여 좌보성(左輔星)으로 나타날 때는 포구(抛毬)나 원봉(圓峰 : 衣冠吏) 등의 형태이다. 평지에서는 단복단(斷復斷)한다.

- 녹존성(祿存星)이 박환낙맥(剝換落脈)하면 오공절(蜈蚣節 : 지네 모양)로 나타난다. 양변에 단각(短脚)이 배열한다.

- 문곡성(文曲星)이 박환낙맥(剝換落脈)하면 아미사형(蛾眉梭形)으로 나타나고, 동서로 횡비(橫飛)한다.

- 염정성(廉貞星)이 박환낙맥(剝換落脈)하면 두(頭)는 좌보(左輔)의 형태로, 사치첨리(梭齒尖利)하여 예리한 첨각이 매우 많다.

- 무곡성(武曲星)이 박환낙맥(剝換落脈)하면 사(梭)·인(印)·월(月) 3성(三星)으로 나타나 견련(牽連)한다.

- 파군성(破軍星)이 박환낙맥(剝換落脈)하면 두신(頭身)이 좌보(左輔)의 형태로 나타나고, 양각이 직협(直夾)한다. 단독이면 주전형(走電形)으로 3~4개의 원구(圓毬)나 봉우리로 나타난다.

- 좌보성(左輔星)이 박환낙맥(剝換落脈)하면 변모하지 않는다. 소봉(小峰)으로 두고두저형(頭高頭低形)으로 나타난다.

- 우필성(右弼星)은 본래 형태가 없다.

이상은 박환낙맥(剝換落脈)할 때 나타나는 좌보성(左輔星)이다. 9성(九星)은 각기 행룡(行龍)하여 결혈(結穴)할 때는 반드시 보필입수(輔弼入首)하여 작혈(作穴)하고, 각자의 골기와 용(龍)의 정신에 의거하여 혈형(穴形)이 나타난다.

- 탐랑성(貪狼星)은 유두혈(乳頭穴)이다.

- 거문성(巨門星)은 겸채혈(鉗釵穴)이다.
- 녹존성(祿存星)은 소치혈(梳齒穴)이다.
- 문곡성(文曲星)은 장심혈(掌心穴)이다.
- 염정성(廉貞星)은 이벽혈(犁鐴穴)이다.
- 무곡성(武曲星)은 와혈(窩穴)이다.
- 파군성(破軍星)은 과모혈(戈矛穴)이다.
- 좌보성(左輔星)은 반와혈(半窩穴)이다.
- 우필성(右弼星)은 본형이 없으니 용(龍)에 따라 작혈(作穴)한다.

1. 탐랑성(貪狼星) : 유두혈(乳頭穴)

　탐랑성(貪狼星)이 박환좌보(剝換左輔)할 때는 포구(抛毬) 형태로 나타난다. 두첨신원(頭尖身圓)이며 각이 횡배(橫排)한다. 마치 부구(浮龜)의 형태이다. 따라서 탐랑성(貪狼星) 혈형(穴形)은 유두(乳頭) 형태이다. 탐랑성(貪狼星) 작혈(作穴)은 평평하고 길게 드리워진 형태이다. 양변에 양수(兩手)는 생(生)하지 않고, 상세하거(上細下巨) 즉 상부는 평평하게 길게 늘어지고 하부는 커지면서 비만해진다.
　탐랑성(貪狼星)이 행룡(行龍)하여 결혈(結穴)할 때는 주산(主山)이 대부분 첨봉(尖峰)이다. 양변으로 개수(開手)하여 청룡(靑龍) 백호(白虎)를 형성하고, 중간으로 낙혈(落穴)하는 것이 많으며, 주산(主山)은 반드시 첨체(尖體)가 아니라 없을 때도 흔히 있다. 주산(主山)과 좌우수(左右手)가 없으면 후룡(後龍)의 지각(枝脚)이 청룡(靑龍) 백호(白虎)를 형성한다. 유두혈(乳頭穴)은 풍입(風入)이 불길하므로 탁산(托山)·호위산(護衛山)이 단취(團聚)한 것이 좋다.

탐랑성(貪狼星)의 유두혈(乳頭穴)은 종축지세(鍾蓄之勢)이므로 혈(穴)은 반드시 끝에 가서 육후처(肉厚處)에 결혈(結穴)한다. 이곳이 정혈처(定穴處)라는 것을 명심해야 한다. 흔히 혈후(穴後)의 평평하게 늘어진 곳에 점혈하여 패절(敗絶)하는 것을 수없이 보았다. 만일 입수처(入首處)에 점혈하면 반드시 수년 내에 패한다. 평평하게 내려와 종축지처(鍾蓄之處)에 도달하면 비만육후처가 있으니 혈운(穴暈)을 발견할 것이다.

유두혈(乳頭穴)에는 대유(大乳)·소유(小乳)·장유(長乳)·쌍유(雙乳) 등이 있는데, 와(窩)·겸(鉗)·유(乳)·돌(突) 중에서 가장 문제가 많다. 물론 속사들이 잘못 점혈한 탓이다. 비단 유두혈(乳頭穴) 뿐이겠는가. 혈후(穴後)의 내맥(來脈)에 장(葬)하면 수화상극지처(水火相剋之處)이므로 반드시 패절(敗絶)한다.

2. 거문성(巨門星) : 채겸혈(釵鉗穴)

채겸혈(釵鉗穴)은 혈성(穴星)에서 양수(兩手)가 생출하여 청룡(靑龍) 백호(白虎)가 되고, 양수(兩手) 분기처의 중간 혈성(穴星) 아래를 말한다. 채혈(釵穴)은 양수(兩手)가 평분만곡하여 혈(穴)을 회포하는 것을 말하고, 겸혈(鉗穴)은 양수(兩手)가 직수(直垂)하는 것을 말한다. 양자 모두를 겸혈(鉗穴)이라 한다.

제1혈성(穴星)이 두불원(頭不圓)하고, 많이 파쇄되어 혈(穴) 중으로 물이 침입하면 반드시 화가 따른다. 혈성(穴星)은 파쇄되지 않으며 원체(圓體)이고, 정상에서 물이 양분되며 혈(穴) 중으로 침입하지 말아야 한다. 따라서 혈성(穴星)이 파쇄되면 용맥(龍脈)이 무기력한 것이고, 파쇄되지 않으면 생기가 응취하여 중간의 육후처(肉厚處)에 결혈(結穴)한다.

겸혈(鉗穴)은 다양하며, 선궁(仙弓)·반룡(蟠龍) 등의 겸혈(鉗穴)도 있으니 자세히 관찰해야 한다. 또한 혈성(穴星)이 원체(圓體)가 아니라 후맥(後脈)이 평평하게 내려와 팔(八)자형으로 양분하고, 중간 일로(一路)에 미미지유(微微之有) 은은지기처(隱隱之起處)가 있으면 육후(肉厚)하여 혈운(穴暈)을 발견할 수 있다.

3. 녹존성(祿存星) : 소치혈(梳齒穴) · 염정성(廉貞星) : 이벽혈

녹존성(祿存星)은 지각(枝脚)이 번다하니 혈형(穴形) 역시 각이 많아 소치형(梳齒形)을 이룬다. 작혈처(作穴處)인 즉 거문성(巨門星)의 겸혈(鉗穴)과 유사하나 겸(鉗)은 아니다. 녹존(祿存) 결혈처(結穴處)는 수각(數脚)이 장분미분처(將分未分處 : 아직 갈라지지 않은 곳)의 겸처(鉗處)에 점혈한다. 또한 소치형(梳齒形)으로 지각(枝脚)이 여러 갈래이면 소치(梳齒) 중 양맥자가 진맥(眞脈)이다. 중치혈(衆齒穴)은 겸(鉗)·유(乳)·와(窩)와 같으나 역시 소치(梳齒)이다.

염정성(廉貞星)은 첨염형(尖炎形)이니 변혈(變穴)할 때는 혈형(穴形) 역시 이벽혈(犁鐴穴)이다. 이벽혈(犁鐴穴)은 밭을 가는 보습(쟁기 밑에 다는 쇳조각)의 형상으로 끝이 첨체(尖體)이며 머리에 2개의 귀가 있다. 이같이 염정작혈(廉貞作穴)은 첨리하며 본신(本身)에는 용호(龍虎)가 없으니 외산(外山)이 긴밀해야 한다. 이 혈은 이벽혈(犁鐴穴)에 개와혈(開窩穴)을 형성하며 영(令)자형 형태로 나타난다.

 남좌여우(男左女右)는 천도순환 상생(相生)의 근본질서로 좌동우서(左東右西), 선동후서(先東後西)이다. 좌(左)는 선행주자이고, 우(右)는 좌(左)의 뒤를 쫓는다. 좌동우서(左東右西)는 향(向)을 바라보고 왼쪽이 동(東), 오른쪽은 서(西)이다. 아이를 낳을 때 산모는 안방의 북쪽에 머리를 두고 반듯이 누워 출산하면 태어날 아이 머리는 남쪽을 향한다. 남자아이는 엎드려서 나오니 좌수가 동(東)이고, 여자아이는 하늘을 향해 나오니 우수가 동(東)이다. 남좌여우(男左女右)의 이치이다.

 쌍분은 청룡(靑龍) 쪽이 남자의 자리이고, 백호(白虎) 쪽이 여자의 자리이다. 제사를 지낼 때의 지방도 제관 위주로 좌우를 따지는 것이 아니라 신위를 위주로 따져야 한다. 청룡(靑龍) 백호(白虎)는 제대로 보면서 남좌여우(男左女右)는 잘못보는 경우가 많아 설명했으니 참고하기 바란다.

4. 문곡성(文曲星) : 장심혈(掌心穴)

 문곡성(文曲星)은 측면 성봉(星峰) 평지행 곡절이니 도두결혈(到頭結穴)이면 고처(高處)에는 장심혈(掌心穴), 저처(低處)에는 평리작(坪裏作)을 이룬다. 장심혈(掌心穴)은 사람의 손바닥 모양의 와형(窩形)으로 사면이 원만하며 원형이 길다. 혈(穴)은 장근(掌根)의 정중앙에 있어 융기육후처(隆起肉厚處)이다. 그곳이 미요처(微凹處)의 정중앙이다. 이때 특히 주의할 것은 장심(掌心)의 저처(低處)를 범하지 말아야 한다. 만일 이곳에 천장(遷葬)하면 자손이 음란하며 패절한다.

만일 평리작(坪裏作)이면 산만한 곳을 버리고 맥지취처(脈止聚處)에 점혈해야 한다. 평정자(平整者)는 정중앙에, 섬측자(閃仄者)는 측면에, 모양이 길고 상취자(上聚者)는 고처(高處)에, 세가 급하고 하수자(下垂者)는 저처(低處)에 점혈해야 한다. 이 모두가 맥지취처(脈止聚處)이며 육후처(肉厚處)이다.

5. 무곡성(武曲星) : 와혈(窩穴)

무곡성(武曲星)은 두원(頭圓)이며 몸체가 정립하여 조금도 편피되지 않는다. 혈(穴) 역시 와혈(窩穴)이며 혈처(穴處)는 와(窩)의 중심이니, 와(窩) 중의 육후처(肉厚處)에 점혈해야 한다. 몸체가 원형으로 활대하여 혈(穴)이 묘연하면 와(窩)의 상현기처화음(上鉉起處化陰)인 즉 생기(生氣)이니, 와(窩)의 상현(上鉉)에 점혈한다. 금반형(金盤形)과 같은 혈(穴)이다. 그리고 장와혈(窩穴)은 와심(窩心) 돌기처에 점혈하며, 앙고혈(仰高穴)·요뇌((凹腦) 즉 천재혈(天財穴) 측혈(側穴) 등이 있다

6. 파군성(破軍星) : 과모혈(戈矛穴)

파군성(破軍星) 행룡(行龍)할 때는 항상 첨도검극(尖刀劍戟)의 형상이다. 도두결혈(到頭結穴)일 때도 역시 과모상(戈矛像)으로 나타난다. 주산(主山)의 양각이 직협(直夾)하고, 외산(外山)이 호전하여 풍취(風吹)함을 막는다. 혈형(穴形)은 혈전(穴前)의 여기(餘氣)가 길게 뻗

어 마치 창과 같으니 과모혈(戈矛穴)이다. 그러나 이 음혈(陰穴)은 혈처(穴處)가 평탄하여 기축(氣蓄)된 곳에서 혈운(穴暈)이 발견되며, 이곳에 점혈한다.

7. 좌보성(左輔星) : 반와형(半窩形)

좌보성(左輔星)은 두고두저((頭高頭低) 복두(幞頭) 정형으로 크고 작은 원구(圓毬)이다. 도두결혈(到頭結穴)이면 연소형(燕巢形)이다. 높은 산이면 괘등형(掛燈形)이고, 저처(低處)이면 계소형(雞巢形)이 되는데, 모두 반원체(圓體)이다. 괘등형(掛燈形)은 직결(直結)이며 벽립(壁立) 단봉(端峰) 중간 홀연 반와(半窩)이다. 앙결(仰結)·요결(凹結)·측결(側結) 등이 있고, 모두 반원반와체(半圓半窩體)이며 대개 횡작(橫作)을 이룬다.

8. 필성(弼星)

필성(弼星)은 본래 정형이 없고, 혈법도 없다. 8성(八星) 낙혈처(落穴處)이면 모두 필성(弼星)으로 화한다. 그러므로 8성결혈(八星結穴) 시는 모두 필성(弼星)이다. 이상과 같이 9성(九星)이 낙혈(落穴)할 때 어떤 형태로 변하는가를 알아보았다. 1척도 안되는 사이를 두고 잘못 점혈하는 경우가 많으니 세심하게 연구하여 안력을 배양해서 신통력을 가져야 한다.

가장 중요한 점혈을 한 구절로 표현한 것이 있다. 음래양수(陰來陽受) 양래음수(陽來陰受)이다. 내맥이 음맥(陰脈)으로 왔으면 양맥처

(평탄처)에 점혈하고, 양맥(陽脈)으로 왔으면 음맥처(陰脈處)에 점혈
해야 한다. 혈(穴)의 형태는 사람의 얼굴처럼 천태만상이니 어찌다
논할 수 있겠는가마는 9성작혈(九星作穴)은 이상의 원형을 벗어나지
않는다. 타성과의 겸대기(兼帶氣)가 있으면 간간이 변형이 있으나 크
게 벗어나지는 않는다.

11. 낙산(樂山)·귀산(鬼山)

　행룡(行龍)이 직결(直結)로 결혈(結穴)하면 귀산(鬼山)이 없다. 혈후
(穴後)에 있는 지각(枝脚)은 앞으로 나가 혈전(穴前)을 회포한다. 만
일 혈후(穴後)의 지각(枝脚)이 혈전(穴前)을 회포하지 않고 반배하면
가혈(假穴)이며 공망혈(空亡穴)이다. 이처럼 정룡(正龍)은 직결(直
結)하나 횡결(橫結)하는 것도 많다. 횡결(橫結)의 혈(穴)에는 반드시
귀산(鬼山)이나 낙산(樂山)이 있고, 있어야 한다.
　귀산(鬼山)은 행룡(行龍)하여 결혈(結穴)할 때 횡결(橫結)로 생기는
것이다. 혈(穴)은 앞면에 있고, 혈(穴)의 뒷면에 각을 뻗어 혈(穴)을
호위(護衛)하는 사격(砂格)이다. 귀(鬼)의 종류는 복표(覆杓)·복기
(覆箕)·복장(覆掌)·단귀(單鬼)·쌍귀(雙鬼)·왕자귀(王子鬼)·천
제귀(天梯鬼)·과호(瓜瓠鬼) 등으로 다양하고, 길체(吉體)와 흉체(凶
體)가 있다. 귀(鬼)는 짧고 첩신(貼身 : 몸에 붙어 있는 것)한 것이
길체(吉體)이다. 본신(本身)을 불포(不抱)한 즉 탈기(奪氣)로 흉격이
고, 귀성(鬼星)이 산란(散亂)하여 피발귀(披髮鬼) 같은 것은 대흉격
이다. 귀성(鬼星) 뒤에는 전산(纏山)이 있어야 하고, 귀성(鬼星) 뒤가

비어 있고 산만하면 안된다.

낙산(樂山)은 횡결(橫結)이나 직결(直結)할 때 혈성(穴星)이 돌기하지 않으면 혈후(穴後)가 허하다. 따라서 혈후(穴後)에는 반드시 첨원방체(尖圓方體)의 성진(星辰)이 받쳐주는 성체(星體)가 있는데 이것을 낙산(樂山)이라고 말한다. 낙산(樂山)은 단정한 것이 길체(吉體)이고, 측사규형(側斜窺形)은 흉격이다. 만일 횡결(橫結)할 때 혈후(穴後)에 귀성(鬼星)이나 낙산(樂山)이 없으면 공망혈(空亡穴)이니 삼가해야 한다. 복표(覆杓) · 복기(覆箕) · 복장(覆掌) 등의 귀성(鬼星)은 순음대살(純陰帶殺)이다. 만일 여기에 혈형(穴形)이 있다고 잘못 판단하여 백골을 매장하면 반드시 후손에게 해롭다.

12. 전호(纏護) · 탁산(托山)

후룡(後龍)이 와서 지각(枝脚)이 향(向) 앞을 감싸면 혈(穴)이 가까운 것이고, 양 지각(枝脚)이 향(向) 뒤에 있으면 혈(穴)이 아직 멀다는 뜻이다. 후룡(後龍)의 지각(枝脚)은 회전하여 앞면을 포전(抱轉)하여 안산(案山)이 되어 공읍(拱揖)하면 진기응취(眞氣凝聚)하여 음양(陰陽)의 대회장(大會場)이 되며 혈(穴)을 얻는다. 이상과 같이 진기응취(眞氣凝聚)하면 명당을 이룬다. 수구관쇄(水口關鎖)하여 내면이 일관평양(一寬平陽)을 이루면 내명당(內明堂)이다.

명당은 2~3가지로 나눈다. 내명당(內明堂)이나 외명당(外明堂)으로 결국(結局)하면 반드시 대혈(大穴)을 이룬 것이고, 내명당(內明堂) · 외명당(外明堂) · 중명당(中明堂)으로 결국(結局)하면 천하의 대혈

(大穴)을 이룬 것이다. 내당(內堂)이란 좌우의 청룡(靑龍) 백호(白虎)와 안산(案山) 내의 혈전(穴前) 명당을 말하고, 외당(外堂)은 외백호(白虎) 외청룡(靑龍) 내를 말한다. 내외당(內外堂)이 단취(團聚)하고 상호 유정하며 관평(寬平)하면 상격이다.

또한 내외당(內外堂)은 각각 수구(水口)가 있는데, 내수구(內水口)와 외수구(外水口)로 나눈다. 내외수구(內外水口) 역시 좌우의 산이 교아(交牙)하여 밀폐되며 불통주(不通舟)의 형세로 교직(交織)된 것이 최상격이고, 외수구(外水口)의 관란산(關欄山)인 수구산(水口山)이 높아 사상한문(獅象捍門) 등을 이루면 대혈(大穴)을 예고한다. 또한 외수구산(外水口山) 밖의 수중(水中)에 나성(羅星)이 있어 강하불허류(江河不許流)의 형세로 수구(水口)를 가로막으면 반드시 성(城) 중에 진기응취(眞氣凝結)한 것이다.

만일 수구산(水口山)이 긴쇄(緊鎖)하지 못하면 수겁거(水劫去)하며 혈수풍(穴受風)하여 길지(吉地)가 될 수 없다. 가장 중요한 것은 내수구(內水口)이다. 좌향입혈(坐向立穴)은 내수구(內水口)에 의해야 한다. 만일 잘못하면 패절(敗絶)하니 주의하고 또 주의해야 한다. 내수구(內水口) 입향(立向)의 원진수법(元辰水法)이나 금어수(金魚水) 입향(立向)이 가장 중요하다. 향상생왕(向上生旺) 입향(立向)은 구빈입향(救貧立向)의 제1법으로, 입향(立向)이 잘못되면 화를 면하기 어렵다.

혈후(穴後)의 지각(枝脚)이 평평하게 환요(環繞)하는 것을 탁산(托山 : 穴의 後山, 樂山이라고도 함)이라 하고, 혈(穴)의 좌우를 환포(還抱)한 산을 전산(纏山) 또는 호(護)라고 한다. 호탁산(護托山)의 중수가 많을수록 귀하므로 수구관쇄(水口關鎖) 거듭 거듭 10중쇄라는 말이 있다. 이같이 수구산(水口山)이 겹겹이 관쇄(關鎖)하여 8~9 중이면 수거구곡(水去九曲)인 성(城) 내에는 반드시 왕후재상지지(王侯宰相之地)가 있다.

또한 주산(主山)이 태연흘립(泰然屹立)하여 좌우에 천을(天乙)·태을봉(太乙峰)이 높이 솟고, 격수(隔水:靑龍 白虎 너머에 있는 물) 수십리에 타산(他山)의 귀룡(貴龍)이 흘립(屹立)하여 반공에 청수(淸秀)하게 대응(對應)하고, 수구(水口)가 거듭 거듭 관쇄(關鎖)하여 사상한문(獅象捍門) 전후좌우에 기고(旗鼓)가 삼립(森立)하면 반드시 장상공후지지(將相公侯之地)를 이룬다.

餘滴·7 : 제승축(題僧軸)

지리쌍계승(智異雙溪勝) 금강만폭기(金剛萬瀑奇)
지리산은 쌍계사가 명승이고 금강산은 만폭동이 기이한데,

명산신미도(名山身未到) 매부송승시(每賦送僧詩)
명산에 몸이 이르지 못하고(말만 듣고 가보지는 못하고),
매 번(명산으로 가는) 스님을 보내는 시나 쓰네.

餘滴·8

혈(穴)의 형태는 사람의 얼굴과 같아 천태만상이나 와(窩)·겸

(鉗)·유(乳)·돌(突) 4가지로 나누고, 음양(陰陽)의 2가지가 있다. 양혈(陽穴)로는 둥글면 와(窩)이고, 와(窩)가 길어지면 겸(鉗)이다. 음혈(陰穴)로는 길면 유(乳)이고, 짧으면 돌(突)이다. 개구개수탄토좌우요감법(開口開手呑吐左右饒減法 : 浮深)은 양혈(陽穴)의 장법(葬法)이고, 개(盖)·점(粘)·의(依)·당(撞)은 음혈(陰穴)의 장법(葬法)이다. 이러한 이치를 깨달아 먼저 수구(水口)를 보고, 국(局)을 정하고, 영생취왕(就旺)하는 법을 응용하면 어디를 가도 만무일실(萬無一失)할 것이다.

13. 사격(砂格)

사(砂)는 하나의 혈장(穴場)을 환요(環繞)한 4방위의 산수를 말하고, 혈(穴)의 대소에 따라 길흉화복을 좌우한다. 사(砂)는 각양각색으로 수없이 많아 일일이 열거하기 어렵다. 우선 본신(本身)의 사(砂)로는 청룡(靑龍)·백호(白虎)·안산(案山) 등이 있고, 외공의 사(砂)로는 조산(朝山)과 봉만(峰巒)·5성의 물상(物像)·삼길육수(三吉六秀)·귀인(貴人)·생왕관록(生旺官祿)·마산(馬山)·물(水)의 사(砂) 등 끝이 없다.

본신(本身)의 사(砂) 용호(龍虎)는 혈(穴)을 좌우에서 호위(護衛)하는 사(砂)이니, 하나의 음(陰)이나 하나의 양(陽)으로 단정해야 하고, 순룡(順龍) 결혈(結穴)할 때 역수(逆水)의 사(砂)이면 역량이 크다. 그러나 용호(龍虎)의 사두(砂頭)가 기두상대(起頭相對)하여 대치하면 형제가 상투(相鬪)하여 불길하고, 교검형(交劍形 : 양쪽의 砂가

交抱한 모양)으로 용호(龍虎)가 배아(排牙)하면 대살주상인(帶殺主傷人)이므로 패절(敗絶)한다. 역결(逆結)할 때 용호사(龍虎砂)가 순수이거(順而去)이면 역량이 크며 부귀가 오래간다.

그리고 사(砂)의 길흉은 맥기(脈氣)가 아니라 형태로 본다. 첨원방정(尖圓方正)해야 하고, 굴곡과 활동이 많으면 길하다. 사(斜)·파(破)·쇄(碎)·측(側)·주(走) 등의 형태는 불길하고, 화살과 같이 혈처(穴處)를 향하거나 수(水)의 직사(直射)나 사비(斜飛) 등은 흉체(凶體)이다. 이는 산과 물의 형상을 말한 것이다. 그러므로 사(砂)는 반드시 단정 굴곡하여 전요(纏繞) 회환(回還)해야 길체(吉體)이고, 사(斜)·파(破)·쇄(碎)·측(側)·주(走)·전(箭)·할(割)·천(穿)·사(射) 등의 형태는 모두 흉체(凶體)이다.

천을(天乙)·태을봉(太乙峰)이 높이 솟아 있으면 극귀룡(極貴龍)이

창고사(倉庫砂)

다. 금성(禽星 : 水口 사이에 있는 거북이나 물고기 또는 새모양의 작은 산)과 수성(獸星 : 산흙이나 암석으로 청룡이나 백호의 끝에 있는 사자나 코끼리 모양의 산)이 수구(水口)에 있으면 한림(翰林)에 몸담고, 여러 봉이 삽천(插天 : 하늘을 찌를 듯한 높은 봉우리)이면서 안외(案外)이면 적세공경(積世公卿)하고, 구곡수 내조당(來朝堂)하면 당조재상(當朝宰相)이고, 좌기우고(左旗右鼓)이면 무장(武將)이 장병권(掌兵權)하고, 전장후병(前障後屛)이면 문신재상(文臣宰相)이고, 고축(誥軸)이면 한 번에 등과하고, 은병잔주(銀甁盞注)이면 부(富)가 석숭(石崇)이고, 옥대금어(玉帶金魚)이면 귀여배도(貴如裵度 : 당나라 진국공)이고, 아미산(蛾眉山)이 나타나면 여작궁비(女作宮妃)이고, 돈기다생(頓旗多生)이면 문사(文士)이고, 탁기문필(卓旗文筆)이면 정출대장(定出大將)이고, 천주봉(天主峯) 고기(高起)이면 수고여팽조(壽高如彭祖)이고, 수취천심(水聚天心)이면 자연히 부귀하고, 대창대고(帶倉帶庫)이면 부여도수(富如陶朱)한다 등 일일이 열거할 수 없다. 그러나 용혈(龍穴)이 부진하면 무용지물이며 해롭다.

1. 귀인(貴人) · 녹마(祿馬)

1. 귀인(貴人)

갑무겸우양(甲戊兼牛羊) 을기서후향(乙己鼠猴鄕)
병정저계위(丙丁猪鷄位) 임계토사장(壬癸兎蛇藏)
경신봉마호(庚辛逢馬虎) 차시귀인방(此是貴人方)

귀인방(貴人方)에 고봉이 수려하면 귀인이 임하고 있는 것이다.

天干	甲戊	乙己	丙丁	庚辛	壬癸
貴人	丑未	子申	酉亥	寅午	巳卯

坐向	甲	乙	丙	丁	庚	辛	壬	癸	乾	坤	艮	巽
貴人	丑未	子申	酉亥	酉亥	寅午	寅午	巳卯	巳卯	丑未	子申	酉亥	寅午
坐向	子	丑	寅	卯	辰	巳	午	未	申	酉	戌	亥
貴人	巳卯	寅午	丑未	子申	子申	寅午	酉亥	子申	巳卯	寅午	酉亥	丑未

- 건갑인해(乾甲寅亥) 좌향(坐向) : 축미귀인(丑未貴人)
- 곤을진묘미(坤乙辰卯未) 좌향(坐向) : 자신귀인(子申貴人)
- 간병정오술(艮丙丁午戌) 좌향(坐向) : 유해귀인(酉亥貴人)
- 임자계신(壬子癸申) 좌향(坐向) : 사묘귀인(巳卯貴人)
- 손신경사유축(巽辛庚巳酉丑) 좌향(坐向) : 인오귀인(寅午貴人)

귀인(貴人)에는 진술(辰戌)이 없다.

2. 녹(祿)

갑록재인(甲祿在寅) 을록재묘(乙祿在卯) 병록재사(丙祿在巳)
정록재오(丁祿在午) 경록재신(庚祿在申) 신록재유(辛祿在酉)
임록재해(壬祿在亥) 계록재자(癸祿在子)

위의 녹방(祿方)에 산이 풍만하거나 첨원방정(尖圓方正)하게 솟아
있으면 대길지(大吉地)이고, 녹수(祿水)가 상당(上堂)해도 대길지(大
吉地)이다. 건곤간손(乾坤艮巽)은 무록(無祿)이나 4장생방(四長生方)

이 고기(高起)하면 천하의 귀사(貴砂)이다.

3. 마(馬)

인오술마거신(寅午戌馬居申) 사유축마거해(巳酉丑馬居亥)
해묘미마거사(亥卯未馬居巳) 신자진마거인(申子辰馬居寅)

 이상은 4국(四局) 마산(馬山)이며 최관국(最官局)을 이룬다. 자오묘유(子午卯酉) 건곤간손(乾坤艮巽)은 천마(天馬) 방위이다.
 동방은 진궁(卯)으로 청총마(靑驄馬)라 하고, 남방은 이궁(午)으로 연지마(臙脂馬) 또는 천마(天馬)라 하고, 서방은 태궁(兌)으로 금마(金馬) 또는 백마(白馬)라 하고, 북방은 감궁(子)으로 오려마(烏驪馬) 또는 오추마(烏騅馬)라 한다.
 건궁(乾宮)은 어사마(御使馬)라 하며 천마(天馬)이고, 간궁(艮宮)은 장원마(壯元馬)라 하고, 곤궁(坤宮)은 재상마(宰相馬)라 하고, 손궁(巽宮)은 무안마(撫按馬)라 한다. 이상은 8괘(八卦) 방위로 최관국(最官局)이다.
 자생향(自生向)이나 자왕향(自旺向) 또는 정국(正局)의 마(馬)를 차마(借馬)하면 부귀가 신속히 일어난다. 역마(驛馬)와 녹(祿)은 빌리는 법이 같으므로 녹마(祿馬)라고 하는 것이다. 12포태(胞胎)에서

- 병(丙)의 녹(祿)은 사(巳)에 있으니 손사(巽巳)가 녹마(祿馬)이다.
- 임(壬)의 녹(祿)은 해(亥)에 있으니 건해(乾亥)가 녹마(祿馬)이다.
- 갑(甲)의 녹(祿)은 인(寅)에 있으니 간인(艮寅)이 녹마(祿馬)이다.
- 경(庚)의 녹(祿)은 신(申)에 있으니 곤신(坤申)이 녹마(祿馬)이다.

자생향(自生向)이나 자왕향(自旺向)에서 본국(本局)의 녹마(祿馬) 자리에 봉우리가 솟아 있으면서 아름다우면 녹마(祿馬)를 얻은 것이니 부귀가 속히 온다.

4. 3길6수방(三吉六秀方)

■ 해묘경(亥卯庚) : 3길방(三吉方)으로 풍만하고 수려하면 자손이 부귀와 복록을 누리며 장수한다.

■ 간병손신태정(艮丙巽辛兌丁) : 6수방(六秀方)으로 손(巽)과 신(辛), 간(艮)과 병(丙), 태(兌)와 정(丁)은 서로 마주보거나 수려하면 귀인이고, 빼어나면 공복귀인(拱福貴人)이라 하여 관직에서 권리를 얻으며 갑부가 된다. 마산(馬山)이 함께 솟으면 최관귀인(最官貴人)으로 귀(貴)가 신속하게 발전한다. 좌(坐)나 향(向)에 관계없이 이 방위의 봉우리가 수려하면 6수봉(六秀峰)이라 하여 매우 길하다. 여기에 녹(祿)과 귀인(貴人)·역마(驛馬)를 겸하면 더욱 귀하며 신속하다.

■ 산중(山中) 최관귀인(最官貴人) 녹마산(祿馬山)이 기봉(起峰)하면 복여뢰(福如雷)이다. 예를 들어 을목룡묘입수(乙木龍卯入首)할 때 을좌신향(乙坐辛向)이면 본국(本局 : 火局) 인오술(寅午戌) 마재신(馬在申)이니 신봉(申峰)이 마산(馬山)이고, 신향(辛向)이니 신록재유(辛祿在酉)이니 유봉(酉峰)이 녹봉(祿峰)이다. 신향(辛向)이면 경신봉마호(庚辛逢馬虎)이니 오인(午寅)이 귀인(貴人)이다. 그러므로 신봉(申峰)·유봉(酉峰)·오인봉(午寅峰)이 기봉(起峰) 수려하면 귀인(貴人)·녹마산(祿馬山)의 출현으로 최관국(最官局)이며 복여뢰지국(福如雷之局)을 이룬다.

해룡입수(亥龍入首)는 해룡(亥龍)의 귀인(貴人)은 축미(丑未)요 마산(馬山)은 사(巳)이니, 축미사산(丑未巳山)이 기봉(起峰)하면 반드시 과갑(科甲)에 이른다. 또한 천록귀인봉(天祿貴人峰)으로 향상생왕(向上生旺) 관록(官祿), 마산(馬山) 기문봉교응(起文峰交應), 정경신봉(丁庚辛峰)에 응하면 반드시 자손이 신속하게 발전한다.

또한 간병2산(艮丙二山)은 천록산(天祿山)으로 간(艮)은 병향(丙向)의 향상장생방(向上長生方) 간병2산(艮丙二山)이 문봉(文峰)이면 반드시 대족수귀(大族秀貴)이고, 간병(艮丙) 생왕(生旺) 양봉기(兩峰起)하면 식록만종지귀(食祿萬鍾之貴)이고, 간병신(艮丙辛) 생왕묘(生旺墓) 3봉이 기봉(起峰)이면 소위 삼합연주격(三合聯珠格)으로 귀무가(貴無價) 자손세대 영화지귀격을 이룬다.

손신(巽辛) 천을(天乙)·태을(太乙峰) 기문봉(起文峰)이면 필현문장(必顯文章)의 귀격(貴格)이고, 묘경2산(卯庚二山) 교응(交應)이면 부여석숭(富如石崇)이고, 손룡(巽龍) 결혈(結穴)할 때 신봉(辛峰)이 특출하면 소년등과하고, 신산(辛山)이 결(缺)하면 불귀(不貴)이다. 신룡(辛龍) 입수결혈(入首結穴)할 때 손봉(巽峰)이 수려하면 발귀극현(發貴極顯)이고, 손봉(巽峰)이 결(缺)하면 불귀격(不貴格)이다.

예를 들어 을병(乙丙) 인오술(寅午戌) 화국(火局)이 을목룡(乙木龍) 해묘미룡(亥卯未龍)에 갑묘입수(甲卯入首)에 자좌(子坐)나 임좌(壬坐)를 하면 해묘미(亥卯未) 마재사(馬在巳) 병오향(丙午向)이니 병록(丙祿)은 재사(在巳)이며, 인오술(寅午戌) 마재신(馬在申)이며 병향(丙向)의 귀인(貴人)은 병정(丙丁) 저계위(猪雞位)했으니 유해방(酉亥方)이 귀인방(貴人方)이다. 그러므로 해(亥)·유(酉)·사(巳)·신방(申方) 기봉(起峰)이면 귀인(貴人)·녹마산(祿馬山)이 현출했으니 최관국(最官局)으로 부귀속발하나, 건해입수(乾亥入首)를 범하면 용 상팔살(龍上八殺)이 되어 한 번에 패망하며 멸문지화를 면하기 어렵 다. 가장 무서운 대살(大殺)을 범하는 것이니 세심한 주의가 필요하 다. 4국(四局)이 모두 마찬가지이니 입향법(立向法)을 잘 알아서 활 용해야 한다.

2. 안산사(案山砂)

안(案)이란 책상과 같고, 높으면 눈썹이요 낮으면 심장의 위치이다. 좌로 끌리거나 우로 치우치지 않아야 참다운 안(案)이라 할 수 있다. 좌로 끌리면 청룡(靑龍)의 선궁(先弓)이요. 우로 끌리면 백호(白虎) 의 선궁이니 안(案)이 아니다. 안(案)은 반드시 가운데 있어서 관(官) 의 책상같아서 대소 관원이 함께 편안히 앉아 사무에 임하는 것이고, 손을 뻗어 안(案)을 잡을 듯이 보이면 재물을 천만관이나 쌓는다고 했고, 외방에 수려한 봉이 일천 봉이 있어도 면전의 면궁만 못하다고 한다. 부귀하며 벼슬길을 가장 빠르게 하는 것은 바로 안(案)에 있다. 다시 말해 안사(案砂)가 좋으면 문인과 관인이 많이 나온다.

안산(案山)에는 본신(本身)에서 출발한 용호(龍虎)가 길어 혈전(穴 前)까지 회포정대(廻抱正對)한 안산(案山)과, 외산으로 이루어진 안 산(案山)이 있다. 이밖에도 안산(案山) 없이 호수와 같은 물이 안산 (案山)을 대하는 경우도 있고, 높지 않은 평지의 혈(穴)에서는 혈장 (穴場)보다 약간 높은 밭이나 언덕을 안산(案山)으로 대신하기도 한 다. 이 모두가 원진수(元辰水)나 바람을 거두어 내당(內堂)을 주밀하 게 하며, 혈지(穴地)에 생기를 모으는데 목적이 있다.

따라서 안산(案山)은 바르게 상대하고, 멀지도 높지도 않고, 반배하지 않으며 유정하고, 거칠지 않으며 살기(殺氣)가 없어야 한다. 특히 역수(逆水)를 수관(收關 : 여기서는 案山으로 逆水를 거둔다는 뜻)해야 좋은 안산(案山)이다. 그리고 혈지(穴地)와 안산(案山)이 너무 가까우면 내당(內堂)이 협착하여 기를 모으기 어려우므로 불길하고, 안산(案山)이 너무 멀면 원진수(元辰水)나 바람을 거두기 어려우므로 혈장(穴場) 내에 살풍이 염려된다.

한편 안조산(案朝山)은 옥궤(玉几)·횡금(橫琴)·면궁(眠弓)·아미(蛾眉)·옥대(玉帶)·관모(官帽)·삼태(三台)·천마(天馬)·구사(龜蛇)·금상(金箱)·옥인(玉印)·필가(筆架) 등의 형상이 길격(吉格)이다. 또한 이런 형상과 관계없이 귀인문성(貴人文星) 안(案)이 단정 수려하며 다정하게 혈장(穴場)을 향해 조배(朝拜)하면 조배사(朝拜砂)라 하여 길격(吉格) 안산(案山)으로 본다.

한편 안산(案山)이 순수하거나, 너무 비탈지며 배주(背走)하거나, 뾰족한 능선이나 곡살(谷殺)이 혈(穴)을 향해 직사(直射)하면 크게 흉하다. 그 외에도 안산(案山)의 파쇄(특히 도로 개설 개발 등을 위한 案山의 원형 파쇄) 또는 참암(嶄巖 : 산이 높고 깍아지른 듯 가파르며 험한 것) 추악 주찬(走竄 : 도망 치는 것) 무정 반배하거나 부스럼이나 종기가 심한 피부처럼 조잡하며 거칠면 흉격 안산(案山)으로 재화를 면하기 어렵다.

안산(案山)은 혈(穴) 중에서 가장 중요한 사(砂)이다. 안산(案山)이 기봉개면(起峰開面)하여 영혈(迎穴)이면 만산의 조공보다 귀하다. 면궁일안(眠弓一案)이나 일자문성안(一字文星案)은 가장 아름다운 안산(案山)으로 최귀격을 이룬다. 또한 안(案) 밖의 조공귀인(朝拱貴

人)이 천리운소(千里雲宵)하여 출현하면 반드시 장원하고, 안(案) 밖의 근조문성(近朝文星) 즉 관성(官星) 출현이면 재상필안두출(宰相筆案頭出)이라 한다. 고축안(誥軸案) 외에 삽일필문봉(插一筆文峰)이면 한 번에 등과하고, 고축내(誥軸內)에 소포가 많으면 고축(誥軸) 개화안(開花案)이니 남혼공주(男婚公主) 여작궁비(女作宮妃)한다.

3. 조산(朝山)

조산(朝山)은 안산(案山) 뒤에 열립한 여러 산을 말하고, 혈산(穴山)을 향해 다정하게 조응해야 길하다. 조산(朝山)은 혈산(穴山)과 정대하고 위용이 혈산(穴山)과 대등해야 한다. 안산(案山)만 있고 조산(朝山)이 없는 경우가 있고, 안산(案山)도 있고 조산(朝山)도 있는 경우가 있고, 안산(案山)과 조산(朝山)이 모두 없는 경우도 있다. 그러나 사(砂)는 혈(穴)과 가까울수록 영향을 크게 미치므로 안산(案山)이 더욱 긴밀해야 하고, 조산(朝山)은 그 다음이다.

주산(主山)과 안조산(案朝山)은 주인과 빈객의 관계와 같아, 귀객이 많이 모여들면 주인 역시 고귀함을 짐작할 수 있으니, 조안(朝案)이 혈(穴)에게 유정하며 단정 수려해야만 길격(吉格)이다. 그렇지 않고 조안(朝案)이 한쪽으로 비뚤어졌거나 거칠거나 추악하면 불길하다.

그리고 안산(案山)은 낮고 조산(朝山)은 높아야 한다. 안산(案山)이 높으면 혈(穴)을 압박하여 살(殺)이 되고, 조산(朝山)이 낮으면 안산(案山)에 가려 혈(穴)과 조응하지 못한다. 따라서 안산(案山)이 높으면 혈(穴)도 높게 재혈(裁穴)해야 하나, 조산(朝山)은 높아도 상관이 없다. 그리고 조산(朝山)이 없으면 멀리 대강수(大江水)가 있어야 좋고, 안산(案山)이 없으면 혈(穴) 가까이 내당수(內堂水)나 외당수(外堂水)가 둘러싸야 아름답다.

4. 흉사(凶砂)

산봉이 단정하며 굴곡하여 환요(環繞) 포회하는 것이 길격(吉格)이다. 수사(水砂)도 굴곡 환포(還抱)해야 길수(吉水)이고, 내수(來水)도 굴곡하고, 거수(去水) 역시 곡절하여 소수(消水)하는 것이 길하다. 사(斜)·측(側)·파(破)·쇄(碎)·주(走) 등은 흉체(凶體)이고, 첨사(尖砂)로 전(箭)과 같이 충혈하면 대흉하다. 첨수(尖水) 역시 혈(穴)을 직사(直射)하면 대흉하고, 혈후(穴後)의 산두(山頭)가 마치 도적이 기웃거리는 것 같이 규봉(窺峰)이 출현하면 대흉하고, 용호(龍虎) 양변 밖에 사(斜)·측(側)의 산두(山頭)가 기봉(起峰)하면 탐두산(探頭山) 출현이라 하여 주출도적(主出盜賊)하니 대흉하다. 안사(案砂)의 개각(開脚)이 흔군(掀裙) 모양이면 흉격으로 간음 등이 따르고, 세곡풍취혈(細谷風吹穴)이어도 역시 대흉격이다.

14. 성봉(星峰) 판별법

9성(九星)이 행룡(行龍)할 때 성체(星體)를 구분하지 못하면 용(龍)의 근본정신을 알 수 없다. 이는 심혈(尋穴)의 근본문제이기도 하다. 성봉(星峰)의 종류와 형태는 다양하며 많기 때문에 판단하기가 쉽지 않다. 하나의 성봉(星峰)도 방향에 따라 형태가 다르므로 정확하게 구분하기 어렵다.

예를 들면 첨체(尖體) 탐랑성(貪狼星)은 어떤 방향에서 보면 정상이 평평한 평강(平岡)으로 보이기도 한다. 이처럼 방향이 바뀌면 전혀 다른 형태로 보이니 관찰하는 방법을 정확하게 알아야 한다. 그러면 우선 성두(星頭)를 관찰하여 9성(九星) 중 어디에 속하는가를 판단하고, 몸체(身)와 지각(枝脚)을 관찰하여 파록(破祿) 중 어디에 속하는가를 구분하여 겸대성(兼帶星)인가를 판별해야 한다.

9성행룡(九星行龍) 박환처(剝換處)에서 돈기성봉(頓起星峰)하면 형상이 각각 다르다. 탐랑(貪狼)은 첨순봉(尖筍峰), 무곡(武曲)은 복종(覆鍾), 거문(巨門)은 돈홀(頓笏), 녹존(祿存)은 돈고(頓鼓), 염정(廉貞)은 첨염(尖炎) 등이다. 이상 5가지의 성봉(星峰)은 방향을 달리하면 달라보이니 출맥처(出脈處) 정면에서 관찰해야 한다. 다음 문곡(文曲)은 측면 성봉(星峰), 파군(破軍)은 타미주기(拖尾走旗), 좌보(左輔)는 두고두저((頭高頭低)이니 측면에서 관찰해야 한다. 그러나 우필성(右弼星)만은 형태가 없고, 높낮이에 따라 변형한다. 이는 지중암행(地中暗行)이 필성(弼星)이다. 이상과 같이 9성(九星)의 판별법은 측면과 정면 두 가지가 있으니 자세하게 관찰해야 한다.

제3장. 수론(水論)

1. 향상(向上) 9궁수법(九宮水法)

향상(向上) 9궁수법(九宮水法)은 향상(向上) 9성수법(九星水法) 이라고도 하고, 향상오행(向上五行)으로만 논한다. 용(龍)·혈(穴)·수(水)는 항상 밀접한 관계를 가지고 있으므로 삼위일체가 될 때 완전한 발복을 예약할 수 있다.

혈(穴)은 정(靜)이요 향(向)과 수(水)는 동(動)이니 변화무쌍하고, 혈(穴)은 음(陰)이요 향(向)과 수(水)는 양(陽)에 속한다. 향(向)과 수(水)는 향상(向上)을 기준으로 물의 내거(來去)를 관찰하여 입향(立向)한다. 이에 의해 향상(向上) 수(水)의 내거(來去) 방위를 따라 입향(立向)하고, 이를 9개로 분류하여 구궁수(九宮水 : 九星水)라 한다. 이를 포태법(胞胎法)과 9성(九星)으로 구분하면 다음과 같다.

- 포태(胞胎) : 녹존(祿存 : 土)
- 양생(養生) : 탐랑(貪狼 : 木)
- 욕(浴) : 문곡(文曲 : 水)
- 대(帶) : 문창(文昌 : 水)
- 관(官) : 무곡(武曲 : 金)
- 왕(旺) : 무곡(武曲 : 金)
- 쇠(衰) : 거문(巨門 : 土)
- 병사(病死) : 염정(廉貞 : 火)
- 묘(墓 : 葬) : 파군(破軍 : 金)

1. 탐랑수(貪狼水 : 養生水)

제1 양생수(養生水)는 향상오행(向上五行)에 의해 물이 양생방(養生方)에서 오는 것을 말하고, 탐랑수(貪狼水)라 한다. 양생방(養生方)에서 물이 흘러와 향(向) 앞에 이르면 장남장손이 부귀하고, 충성현량한 인물이 나온다. 큰 물이 구불구불 굽어서 향(向) 앞으로 흘러오면 관직이 높아지고, 작은 물이 싸고돌면 장수하며 복되게 산다. 그러나 만일 양생방(養生方)으로 물이 흘러나가면 자손이 끊어지며, 젊은 과부가 나온다. 양생수(養生水)는 본래 길한 물이나 지지(地支)로 들어오면 작은 집은 무난하나 장남의 후손이 끊어진다.

2. 목욕수(沐浴水 : 文曲水)

목욕방(沐浴方)에서 물이 흘러오면 여자들이 음란하다. 자살·유혹·중병·관재 등으로 집안이 망한다. 자(子)나 오방(午方)에서 흘러오면 사업이 실패하고, 묘(卯)나 유방(酉方)에서 흘러오면 도박과 사치를 좋아하는 탕아가 된다. 만일 목욕방(沐浴方)에서 물이 들어와 생방(生方)으로 나가면 살림이 망하고, 색정으로 파탄과 수감생활을 면하지 못하리라. 목욕방(沐浴方)의 물은 가만히 있는 것이 좋으나 흘러나가는 것은 무방하다. 그러나 지지(地支)로 나가면 수치를 모를 정도로 음란하다. 천간(天干) 갑경병임방(甲庚丙壬方)으로 내거수(來去水)하면 대길하다.

3. 관대수(冠帶水 : 文昌水)

관대방(冠帶方)의 물이 향(向) 앞으로 흘러오면 자손이 총명하고, 풍류와 도박·사치도 좋아한다. 7세 어린아이가 시를 지을 정도로 똑똑하여 만인에게 문장을 자랑한다. 그러나 물이 흘러나가면 어린아이와 여자를 지키기 어렵다. 이 방위는 물이 머무르는 것이 길하다. 관대수(冠帶水)는 본래 길하나 병사방(病死方)에서 흘러와 충(沖)하면 주색을 좋아하며 음탕하여 늙은 부모의 애간장을 끓인다. 그러나 용진혈적(龍眞穴的)하면 무방하여 발복하고, 수축(水畜)이면 가상(佳祥)하다.

4. 임관수(臨官水 : 武曲水)

임관방(臨官方)에 물이 모여들면 녹마(祿馬)가 되어 길하다. 젊은 나이에 청운의 길을 가고, 임금을 보필하는 등 어진 재상이 되리라.

그러나 이 방위로 산과 물이 함께 나가면 장성한 자손이 저승길로 행하니 집안에 과부의 곡소리가 끊이지 않고, 재물은 텅비며 자손은 찾아보기 어렵다. 병사수(病死水)가 임관방(臨官方)을 충(沖)하면 피를 토하고, 고상한 재주라도 실패한다. 둘째가 먼저 화를 입는다.

5. 제왕수(帝旺水 : 武曲水)

제왕방(帝旺方)의 물이 향(向) 앞으로 흘러오면 명당의 왕성한 기운으로 재물을 모은다. 벼슬과 이름이 높아지고, 곡식과 돈이 풍성하게 쌓이리라. 그러나 물이 생방(生方)에서 오지 않고 사절방(死絶方)에서 들어와서 왕방(旺方)으로 나가면 석숭(石崇)같은 부자라도 몇 해를 가지 못한다. 살림이 뿌리째 뽑혀 먹을 식량조차 없으니 하늘을 우러러 가난을 원망하리라. 만일 갑경병임(甲庚丙壬) 방향에서 물이 들어오면 자손이 모두 잘 되나, 지지(地支)에서 들어오면 작은 아들이 작게 발달한다.

6. 쇠수(衰水 : 巨門水)

쇠방(衰方)을 거문방(巨門方)이라고 하며 학당(學堂)이다. 여기서 물이 흘러오면 총명한 자손이 나와 소년급제하고, 문장가가 나온다. 장수하며 금전도 가득하고, 전용 말을 타고 조정을 오가며 연회장의 노래와 춤에 즐거움을 더하리라. 차고소수(借庫消水) 자왕향(自旺向)이면 왕방(旺方)에서 물이 들어오면 나가도 좋고, 욕처봉왕(浴處逢旺) 자왕향(自旺向)이면 들어와도 좋다. 만일 구불구불 굽어서 들어

오거나 고여 있으면 매우 정답다. 그러나 쇠방(衰方)으로 물이 비스
듬히 흘러가면 사치와 음란이 그치지 않는다. 벼슬을 해도 내시환관
이요, 도심(盜心)이 발동하리라. 이 방위에 길이 있어도 마찬가지다.

7. 병사수(病死水 : 廉貞水)

병사방(病死方)의 물은 절대로 들어오면 안된다. 득수(得水)든 파구
(破口)든 들어오지 않으면 시험에 합격하여 벼슬이 높아지리라. 만일
병사방(病死方)에서 물이 옆으로 비스듬히 흘러가면 재혼·음독자
살·총칼의 화·다리부상·낙태 등 큰 재앙이 따른다. 본래 병사방
(病死方)으로 들어오는 물은 흉하나, 묘향(墓向)은 무방하여 풍병이
들어도 부귀는 든든하다. 이것은 병사(病死) 앞에 학당수(學堂水)와
제왕수(帝旺水)가 있기 때문이다.

8. 묘수(墓水 : 破軍水)

묘고방(墓庫方)에서 물이 들어오면 좋지 않으나, 흘러나가는 것은
길하다. 진중(陣中)에서도 이름을 날리고, 문무(文武)의 귀(貴)를 누
린다. 못이나 웅덩이가 있으면 갑부가 나오나, 탕연하게 흘러나가면
재산이 쇠해져 부채로 명을 다하지 못한다. 물이 들어오면 천리 밖의
군병으로 차출되고, 많은 자식이 모두 시들어지리라. 묘방(墓方)에 물
이 있으면 횡재를 잡고, 부귀하며 인물도 흥한다. 만일 지지(地支)를
충사(沖射)하면 세 아들 중 하나는 흉하리라. 묘방(墓方)은 거수(去
水)의 방위이니 흘러나가면 최길방이 되고, 들어오면 최흉방이 된다.

9. 절태수(絶胎水 : 祿存水)

절태수(絶胎水)가 들어오면 임신방이 충(沖)되어 후손이 끊어진다.
설사 자식을 두어도 기르기 어렵고, 부자간과 부부간에 이별수가 따
른다. 많은 물이 들어오면 음란하여 도망가고, 작은 물은 가만가만 음
란하다. 그러나 만일 이 방위로 물이 흘러나가면 관복을 입는 벼슬을
하리라. 절태방(絶胎方)은 물이 흘러나가는 방위이므로 흘러오면 좋
지 않고, 지지(地支)로 흘러오면 장·차남 모두 재앙을 받는다.

10. 현관통규(玄關通窺)

현(玄)은 향(向)을 말하고, 관(關)은 용(龍)을 말하고, 규(窺)는 수구
(水口)를 말한다. 현(玄)·관(關)·규(窺)는 향(向)과 용(龍)과 수구
(水口)의 묘법을 반드시 숙지해야 한다. 우선 물의 좌선(左旋)과 우
선(右旋)으로 수구(水口)가 어느 방위에 있는가를 찾아야 한다. 용
(龍)과 향(向)은 수구(水口)로 인하여 조화무궁하고, 수구(水口)는 내
수구(內水口)와 외수구(外水口)가 있다. 내외수구(外水口)가 용(龍)
과 향(向)에 합당하면 부귀가 오래간다.

11. 수법(水法)의 생왕묘(生旺墓)

수법(水法)은 매우 중요하다. 따라서 이에 관한 책도 많지만 정통한
이론은 매우 드물다. 제아무리 용진혈적(龍眞穴的)을 했어도 수법(水
法)의 진수를 알지 못하면 화를 초래하거나 발복하지 못한다. 고금의

명묘를 답사하여 살펴보면 용진혈적(龍眞穴的)하고 입향(立向)이 합당한데 크게 발복하지 않은 경우는 없다. 그러나 용진혈적(龍眞穴的)을 하고도 수법(水法)과 입향(立向)이 불합리하여 발전하지 못하거나, 화를 면하지 못하는 애석한 사례를 많이 본다. 수법(水法)과 입향(立向)이 얼마나 중요한가를 깨달을 수 있다.

또한 용진혈적(龍眞穴的)을 못했더라도 수법(水法)과 입향(立向)이 합당하면 무해함을 볼 수 있다. 입향(立向)은 수세(水勢)에 의한다. 대개 우선(右旋) 음룡(陰龍)을 좌선(左旋) 양수(陽水)와 배합하여 같은 묘고방(墓庫方)으로 소수(消水)하고, 좌선(左旋) 양룡(陽龍)이 우선(右旋) 음수(陰水)와 상배(相配)하여 같은 묘고방(墓庫方)으로 소수(消水)한다. 이것을 현관통규(玄關通窺)라 하며 대발복의 징조이다.

그러나 현관불통규(玄關不通窺), 즉 향(向)과 용(龍)이 수구(水口)와 통하여 합당하지 못하면 비록 귀룡(貴龍)이라도 불발하여 화를 부른다. 이같이 현(玄), 즉 향(向)이 불통규(不通窺)이면 물은 반역하여 화를 초래한다. 이는 마치 인간이 음식을 섭취했을 때 변이 통하지 않으면 병이 들고, 변이 잘 통하면 건강한 것과 같은 이치이다. 이같이 용(龍)과 향(向)이 수구(水口)와 상용해 합당하면 대지대발(大地大發) 소지소발(小地小發)한다. 이것은 오직 수세(水勢)에 의해 결정되며 변화무쌍하다. 따라서 용(龍)·향(向)·수구(水口) 3자를 완전하게 성립시켜야 한다.

12. 생래회왕(生來會旺) 왕거영생(旺去迎生)

생래회왕(生來會旺)은 자오묘유(子午卯酉) 갑경병임(甲庚丙壬)의 4

국제왕향(四局帝旺向)을 했을 때, 좌변의 향상오행(向上五行) 장생수(長生水)가 상당(上堂)하여 제왕향(帝旺向)과 서로 상배(相配)하여, 4묘고(四墓庫)로 소수(消水)하거나 향상(向上) 쇠방(衰方)으로 소수(消水)하는 것을 말한다.

왕거영생(旺去迎生)은 4국(四局) 중 건곤간손(乾坤艮巽) 인신사해(寅申巳亥)의 4장생향(四長生向)을 했을 때, 우변 향상(向上) 제왕수(帝旺水)가 상당(上堂)하여 장생향(長生向)과 배합하여, 좌변 진술축미(辰戌丑未) 정고(正庫)로 소수(消水)하거나 좌변 양방(養方)으로 소수(消水)하는 것을 말한다.

생래회왕지국(生來會旺之局)은 예를 들어 자좌오향(子坐午向)이면 오(午)는 향상오행(向上五行) 인오술(寅午戌) 화(火)이므로, 화국(火局) 장생(長生) 간인수(艮寅水)가 상당(上堂)하여 오향(午向)과 배합한 후, 신술(辛戌) 화국(火局) 정고(正庫)로 소수(消水)하거나 차고소수(借庫消水)인 향상(向上) 쇠방(衰方) 정미방(丁未方)으로 소수(消水)하는 것을 말한다.

왕거영생지국(旺去迎生之局)은 예를 들어 건좌손향(乾坐巽向)의 장생향(長生向)을 했을 때, 손(巽)은 사유축(巳酉丑) 금국(金局)의 장생방(長生方)이며 유(酉)는 금국(金局)의 제왕방(帝旺方)이므로 우변 경유(庚酉) 제왕수(帝旺水)가 상당(上堂)하여, 금국(金局) 정고(正庫)인 계축(癸丑)으로 소수(消水)하거나 향상(向上) 양방(養方)인 을진방(乙辰方)으로 소수(消水)하는 것을 말한다.

13. 생래파왕(生來破旺) 왕거충생(旺去沖生)

 용진혈적(龍眞穴的)을 하고도 입향(立向)을 잘못하면 발전하지 못하거나 화를 초래한다. 입향(立向)할 때는 가장 가까운 수구(水口)인 내수구(內水口) 입향(立向)이 가장 중요하다. 만일 외수구(外水口) 입향(立向)을 하면 큰 실패로 돌아가니 삼가해야 한다. 흔히 안산(案山)을 보고 대안 입향(立向)만을 하기 때문에 착오가 생기는 것이다. 이것은 수법(水法)을 전혀 모르는 탓이다.

 예를 들어 간인(艮寅) 화국(火局) 장생향(長生向)이면 우수도좌(右水倒左)하여, 병오(丙午) 제왕수(帝旺水)·손사(巽巳) 임관수(臨官水)·을진(乙辰) 관대수(冠帶水) 등이 상당(上堂)하여, 신술(辛戌) 정고(正庫) 묘방(墓方)이나 계축(癸丑) 양방(養方)으로 소수(消水)하면 합법 입향(立向)으로 크게 발전한다.

 그러나 좌수도우(左水倒右)하여 신술(辛戌)·건해(乾亥)·임자(壬子) 절태수(絶胎水) 등이 상당(上堂)하여, 간인(艮寅) 장생향(長生向)과 상배(相配)하지 못하고 충상(沖傷) 생위(生位)하면 자손들이 패망한다. 좌변 묘절태수(墓絶胎水)가 상당(上堂)하여 우변 병오왕위(丙午旺位)로 소수(消水)하면 충파왕위(沖破旺位)를 한다. 이는 왕위(旺位)를 충파(沖破)하여 재산이 파하는 것을 의미한다. 이를 충생파왕(沖生破旺)이라 한다. 그러나 양위(養位) 계축방(癸丑方)에서 들어와 목욕(沐浴) 갑방(甲方)으로 소수(消水)하는 것이 합당하다.

 또한 자좌오향(子坐午向)·임좌병향(壬坐丙向)·병오(丙午) 제왕향(帝旺向)이면 병오(丙午)는 화(火)임으로 화국(火局) 장생수(長生水 : 艮寅水)·갑묘(甲卯) 귀인수(貴人水)·을진(乙辰) 관대수(冠帶

水)·손사(巽巳) 임관수(臨官水)가 상당(上堂)하여 병사수(病死水)와 합류하여 신술(辛戌) 화국(火局) 정고(正庫)로 소수(消水)하면 천하의 대격을 이룬다. 만일 쇠방(衰方) 정미방(丁未方)으로 소수(消水)해도 합법 입향(立向)이다.

그러나 우수도좌(右水倒左)하여 병위(病位) 곤신수(坤申水)·사위(死位) 경유수(庚酉水)·묘위(墓位) 신술수(辛戌水)가 상당(上堂)하여 병오왕향(丙午旺向)과 상봉하면 충파왕위(沖破旺位)하여 재록(財祿)이 공허하다. 이 물이 좌변 간인장생방(艮寅長生方)으로 소수(消水)하면 충상생위(沖傷生位)하여 왕거충생(旺去沖生)이라 하며, 부귀가 공허하다. 그러나 우선수(右旋水)가 상당(上堂)하여 좌변 목욕(沐浴) 갑묘방(甲卯方)으로 소수(消水)하면 합법이다.

14. 24진신(二四進神) 가업흥(家業興)

24진신(二四進神)이란 하나의 국(局)에 길향(吉向)이 24가지이고, 이 24가지는 모두 생(生)·왕(旺)·관록수(官祿水) 등이 상당(上堂)하여 각 국(局)의 수구(水口)로 소수(消水)하는 것을 말한다.

금국(金局)의 예를 들어 본다. 계축(癸丑)·간인(艮寅)·갑묘(甲卯)의 6개 방위로 소수(消水)하면 금국(金局)이라 하고, 정고(正庫)는 계축(癸丑)이다. 금국(金局)의 생왕묘방(生旺墓方)은 손사(巽巳)가 장생(長生), 경유(庚酉)가 제왕(帝旺), 계축(癸丑)이 묘고(墓庫)이다. 금국(金局)의 수구(水口)로 소수(消水)하면 손사(巽巳) 장생향(長生向), 경유(庚酉) 제왕향(帝旺向), 계축(癸丑) 묘향(墓向), 을진(乙辰) 양향(養向) 변국(變局) 자왕향(自旺向)으로, 임자(壬子) 제왕향(帝旺向)

변국(變局) 자왕향(自旺向)으로, 갑묘(甲卯) 제왕향(帝旺向) 변국(變局) 자생향(自生向 : 艮寅) 재변국(再變局) 자생향(自生向 : 艮寅), 갑묘(甲卯) 목욕방(沐浴方) 소수(消水) 변국(變局) 자생향(自生向)으로, 간인(艮寅) 장생향(長生向) 등 쌍산(雙山) 24개 향(向)이다.

이는 모두 생왕(生旺)·관대(冠帶)·양쇠수(養衰水) 등이 상당(上堂)하여 자기 수구(水口)로 소수(消水)하니 24개 향(向)은 길향(吉向)이다. 이를 24진신수법(二四進神水法)이라 한다. 이를 포태법(胞胎法)의 순서로 말하면 절(絶 : 自生向, 再變自生向)·양(養)·생(生)·왕(旺)·사(死 : 自旺向)·묘(墓) 등 12개의 방위는 24진신(二四進神) 방위이다. 이것은 수국(水局)·목국(木局)·화국(火局)·금국(金局)의 4국(四局)이 모두 같다. 정생향(正生向), 양향(養向), 정왕향(正旺向), 정묘향(正墓向), 자생향(自生向 : 生向에 養破, 文庫消水 堂門破), 자왕향(自旺向 : 旺向에 衰破, 沐浴消水 堂門破), 쇠향태류(衰向胎流), 묘향당문파(墓向堂門破) 등 총 12향(向)이다.

15. 12퇴신(十二退神) 여귀령(退神如鬼靈)

12퇴신(十二退神)이란 하나의 국에 12개 향(向)은 입향(立向)하지 않는다는 뜻이다. 이 12개 향(向)은 생(生)·왕(旺)·관대(冠帶)·양(養) 등의 수(水)가 상당(上堂)하지 않고, 절태(絶胎)·병사(病死)·묘수(墓水) 등이 상당(上堂)하여 충생파왕(沖生破旺)하여 입향(立向)하지 않는다.

예를 들면 금국(金局)은 계축(癸丑)이 정고(正庫)이고, 간인(艮寅) 갑묘방(甲卯方) 소수(消水)도 금국(金局)이다. 병오(丙午) 목욕향(沐

浴向), 정미(丁未) 관대향(冠帶向), 곤신(坤申) 임관향(臨官向), 신술
(辛戌) 거문향(巨門向) 등 12개 향(向)은 불입향(不立向)이다.

■ 병오향(丙午向)은 금국(金局)의 목욕방(沐浴方)이다. 우수도좌(右
水倒左)하여 충파왕위(沖破旺位)하고, 축고(丑庫)는 병오(丙午)
화국(火局)의 양위(養位)이니 축고(丑庫) 소수(消水)이면 충파양
위(沖破養位)이다. 따라서 현규불통(玄竅不通)으로 자손이 패절
(敗絶)한다. 이를 퇴신(退神)이라 한다.
■ 정미향(丁未向)은 우변 절태수(絶胎水)가 상당(上堂)하여 충파(沖
破) 관대위(冠帶位)하고, 축고(丑庫)는 관대위(冠帶位) 현규불통
(玄竅不通)한다.
■ 신술향(辛戌向)도 좌수가 상당(上堂)하여 비록 좌변 병오(丙午)
왕위(旺位)와 정미(丁未) 쇠방수(衰方水)가 상당(上堂)한다 해도
축고(丑庫)는 양위(養位)임으로 소수(消水)하면 현규불통(玄竅不
通)이므로 불입향(不立向)이다.
■ 건해향(乾亥向)도 좌변 절태수(絶胎水)가 상당(上堂)하여 관대위
(冠帶位) 소수(消水)이므로 현규불통(玄竅不通)으로 불입향(不立
向)이다. 그러나 용진혈적(龍眞穴的)하면 무방하다.

이를 포태(胞胎) 순위로 하면 태(胎)·욕(浴)·대(帶)·관(官)·쇠
(衰)·병(病) 12개 향(向)은 퇴신향(退神向)이니 불입향(不立向)이다.

■ 6불입향(六不立向)

6불입향(六不立向)은 태향(胎向)·목욕향(沐浴向)·관대향(冠帶向)·임관향(臨官向)·쇠향(衰向)·병향(丙向) 등 6개 향(向)을 말하고, 정고소수(正庫消水)에만 해당한다. 태향(胎向)과 쇠향(衰向)을 입향(立向)하고도 정고(正庫)가 아닌 곳으로 소수(消水)하는 변국입향(變局立向)인 태향태류(胎向胎流)나 쇠향태류(衰向胎流) 등은 이에 구애받지 않는다.

■ 생래파왕(生來破旺)

왕향(旺向)을 하고 생방수(生方水)가 들어와서 왕방(旺方)으로 나간다. 잠시 인정(人丁)이 늘어나지만 모두 패절(敗絶)한다. 이것은 태(胎) 불입향(不立向)에도 해당하고, 태향태류(胎向胎流)의 반대 수(水)이다.

■ 왕거충생(旺去沖生)

왕향(旺向)을 하고 조당(朝堂)의 왕방수(旺方水)가 생방(生方)으로 충파(沖破)되어 소수(消水)한다. 초년에는 재물을 얻지만 결국은 인정(人丁)이 살상된다. 욕처봉왕향(浴處逢旺向)의 과궁수(過宮水)이다.

■ 왕향병파(旺向病破)

왕향(旺向)을 하고 병향(病向)으로 소수(消水)하는 것을 말한다. 수구(水口)가 정고(正庫)까지 이르지 못하니 교여불급수(交如不及水)

이다. 초년에는 조금 발복하다가 나중에는 자손에게 우환과 질병이 끊이지 않는다.

■ 왕향사파(旺向死破)

왕향병파(旺向病破)에서 수구(水口)가 한 방위 더 나간 셈이다. 정고(正庫)까지 이르지 못하니 역시 교여불급수(交如不及水)이다. 자손이 성사하기도 하고 패하기도 하나, 변사자와 급사자가 많고 패절(敗絶)한다.

2. 나경(羅經) 9궁수법(九宮水法) : 이기론(理氣論)

심룡(尋龍)과 심혈(尋穴)을 정확하게 해도 입향(立向)을 잘못하면 만사가 허사로 돌아가니, 그야말로 입향(立向)은 중대사가 아닐 수 없다. 입향법(立向法)에는 여러 가지 이론이 있으니 현혹되지 않기 바란다.

나경(羅經)의 내지반(內地盤)은 선천팔괘(先天八卦)에 속하여 음(陰)이 되고, 외천반(外天盤)은 후천팔괘(後天八卦)에 속하여 양(陽)이 된다. 지(地)는 음(陰)이고, 천(天)은 양(陽)이다. 지기는 만고에 부동하여 정(靜)을 이루고, 천도는 부정(不靜)하여 끝없이 동(動)한다. 용(龍)은 음(陰)이고, 만고부동의 정(靜)을 이루어 선천팔괘(先天八卦)에 응한다.

나경지반(羅經地盤)은 용(龍)의 행도를 측정한다. 물은 만고에 부정(不靜)하여 끝없이 동(動)하므로 양(陽)에 속하고, 향(向) 역시 천변

만화하여 정(靜)함이 없으니 양(陽)에 속한다. 그러므로 물과 향(向)은 나경(羅經) 외천반(外天盤)에 응하여 물의 내거(來去)를 측정하여 향(向)을 결정한다. 이는 후천팔괘(後天八卦)에 응한다. 이것은 만고 부동의 원리이다. 이론에 서투른 이들이 나경(羅經) 내외반(內外盤)의 원리도 체득하지 못하고, 내지반(內地盤) 입향(立向)을 하여 화를 당하는 경우가 비일비재하다. 내지반(內地盤)과 외천반(外天盤)은 천지 음양(陰陽)의 원리를 분변(分辨)한 것으로, 일동일정(一動一靜), 자웅교도(雌雄交度), 음양상배(陰陽相配)의 원리이다.

9궁수법(九宮水法) 이기(理氣)를 한마디로 말하면 향상오행(向上五行) 양(養)·생(生)·대(帶)·관(官)·왕(旺)·쇠(衰) 등 길수(吉水)가 상당(上堂)하여 귀고(歸庫)하니 합법을 이루어 길하다. 병(病)·사(死)·묘(墓)·절(絶)·태(胎) 등 흉수(凶水)가 상당(上堂)하면 현규불통(玄竅不通)이므로 합당하지 않고 흉하다는 것을 논한 것이다.

우선 심룡심혈(尋龍尋穴)하여 좌지(坐地) 즉 혈점에 나반을 놓고, 내수구(內水口)가 어느 고(庫)에 속하는가를 판단한다. 이때 입수룡(入首龍)의 방향과 내수구(內水口)에 의한 입향(立向)을 결정하되, 향상오행(向上五行)을 적용하여 생(生)·왕(旺)·관(官)·대(帶)·양(養)·쇠(衰) 등의 물이 상당(上堂)하여 향(向)과 배합하여 귀고(歸庫)하게 하면 완전한 입향(立向)이다.

1. 탐랑성(貪狼星) 입향(立向) : 장생향(長生向)과 양향(養向)

정국(正局) 탐랑성(貪狼星) 입향(立向)이란 4국(四局) 중에서 장생향(長生向)과 양향(養向)을 말하고, 천성(天星) 탐랑성(貪狼星)에 응하는 입향(立向)이다. 우변 관(官)·왕(旺)·대(帶) 등의 물이 상당 (上堂)하여 좌변의 내수구(內水口)로 소수(消水)해야 한다. 탐랑성 (貪狼星) 입향(立向)은 문장이 나오며 부귀쌍전(富貴雙全)을 이룬다. 이때 당면(當面)한 조수(朝水)가 내도(來到)하거나 횡래(橫來)하거나 혈전(穴前)에 취축(聚畜)하면 대길하다. 또 이 향(向)을 했을 때 목욕 (沐浴) 문곡수(文曲水), 관대(冠帶) 문창수(文昌水), 임관(臨官) 무곡 수(武曲水) 등이 천간방(天干方)으로 조수(朝水)하여 내도(來到)하면 관록(官祿)이 매우 빠르게 온다.

해좌사향(亥坐巳向) 장생향(長生向)과 신좌을향(辛坐乙向)·술좌진 향(戌坐辰向) 양향(養向)을 살펴보면, 내수구(內水口)가 계축(癸丑) 정고(正庫)이면 금국(金局)이다. 금국(金局)의 포태법(胞胎法)에 의 하면 간인(艮寅)이 포(胞), 갑묘(甲卯)가 태(胎), 을진(乙辰)이 양 (養), 손사(巽巳)가 생(生)이 되니, 신좌을향(辛坐乙向)과 술좌진향 (戌坐辰向)은 양향(養向)이 되고, 건좌손향(乾坐巽向)과 해좌사향(亥 坐巳向)은 정국(正局) 장생향(長生向)이 된다. 정국(正局) 장생향(長 生向)이면 경유(庚酉) 제왕수(帝旺水), 곤신(坤申) 임관수(臨官水), 정미(丁未) 관대수(冠帶水), 병오(丙午) 목욕수(沐浴水), 손사(巽巳) 장생수(長生水) 등이 상당(上堂)하여 계축(癸丑) 정고(正庫)로 소수 (消水)하면 합당하며 대길하다.

정국(正局) 양향(養向)을 했을 때도 생(生)·왕(旺)·관대수(冠帶 水)가 상당(上堂)하여 간인방(艮寅方)으로 소수(消水)하면 정국입향 (正局立向)이라 하며 대길하다. 4국(四局) 장생향(長生向)도 마찬가 지이다. 이상은 정국향(正局向)을 설명한 것이고, 변국향(變局向)에는 자생향(自生向)과 자왕향(自旺向)이 있다.

1. 자생향(自生向)

 간인(艮寅)은 화국(火局)의 장생방(長生方)이고, 건해(乾亥)는 목국(木局)의 장생방(長生方)이고, 곤신(坤申)은 수국(水局)의 장생방(長生方)이고, 손사(巽巳)는 금국(金局)의 장생방(長生方)이다. 이상의 4장생향(長生向)은 수구(水口)가 정고(正庫)이면 정국입향(正局立向)이다.

 변국입향(變局立向)은 예를 들어 금국(金局)이면 계축(癸丑)이 정고(正庫)이고, 포태법(胞胎法)으로는 간인(艮寅)이 포(胞), 갑묘(甲卯)가 태(胎), 을진(乙辰)이 양(養)의 순위로 기수된다. 이때 간인향(艮寅向)을 하면 절향(絶向)이고, 수구(水口)는 좌변 계축(癸丑)이다. 이를 절처봉생지국(絶處逢生之局)이라 하고, 우변의 병오(丙午) 제왕수(帝旺水), 손사(巽巳) 임관수(臨官水), 을진(乙辰) 관대수(冠帶水), 갑묘(甲卯) 귀인수(貴人水)가 상당(上堂)하여 양위(養位) 계축(癸丑)으로 소수(消水)한다. 이것은 충파양위(沖破養位)가 아니라 합당한 입향(立向)이다. 이를 절처봉생지국(絶處逢生之局)이라 하고, 절처(絶處)가 생(生)으로 화했으니 살화위권지국(殺化爲權之局)이 된다. 만일 손(巽) 간수(艮水)가 내조(來朝)하면 장수하며 군주를 보좌한다. 이같이 4국(四局)의 자생향(自生向)은 같다.

2. 재변국(再變局) 자생향(自生向)

 재변(再變) 자생향(自生向)이란 목욕방(沐浴方) 소수(消水)를 말하고, 문곡소수(文曲消水) 즉 문고소수(文庫消水)라 한다. 소위 녹존유진(祿存流盡) 패금어(佩金魚)이다. 목욕방(沐浴方)은 갑경병임방(甲庚丙壬方)이고, 손사향(巽巳向)은 병방(丙方) 소수(消水), 곤신향(坤

申向)은 경방(庚方) 소수(消水), 건해향(乾亥向)은 임방(壬方) 소수(消水), 간인향(艮寅向)은 갑방(甲方) 소수(消水)이면 합당한 문고소수(文庫消水)이다.

이때 좌변의 양수가 상당(上堂)하여 우변의 갑경병임방(甲庚丙壬方)으로 소수(消水)한다. 우변의 관왕수(官旺水)가 상당(上堂)하지 않지만 공취(拱聚)하면 더욱 좋다. 생양조수(生養朝水)가 내공(來拱)하면 최길이 되어 문장 자손이 나오고 장수하고, 부귀쌍전지국(富貴雙全之局)을 이룬다. 만일 자오묘유(子午卯酉) 지지방(地支方) 소수(消水)이면 불길하다.

3. 3변국(三變局) 자생향(自生向)

3변국(三變局) 자생향(自生向)은 우변의 관왕수(官旺水)가 상당(上堂)하여 직출(直出)하는 것을 말한다. 건곤간손방(乾坤艮巽方) 소수(消水)이니 인신사해향(寅申巳亥向)이면 건곤간손방(乾坤艮巽方) 소수(消水) 즉 사향(巳向)이면 손방(巽方) 소수(消水), 신향(申向)이면 곤방(坤方) 소수(消水), 해향(亥向)이면 건방(乾方) 소수(消水), 인향(寅向)이면 간방(艮方) 소수(消水)이면 우변의 관왕수(官旺水)가 상당(上堂)하여 부귀쌍전지국(富貴雙全之局)을 이룬다.

건곤간손향(乾坤艮巽向)이면 당심직출(當心直出)하여 좌우 양수가 합하여 백보 이내에서 소수(消水)해야 한다. 당심직거(當心直去)하여 멀리 가면 불리하다. 이 향(向) 역시 우변 관왕수(官旺水)가 상당(上堂)하여 길하고, 주출공경지국(主出公卿之局)을 이룬다. 그러나 인신사해방(寅申巳亥方) 소수(消水)이면 불길하다.

4. 4국(四局) 장생향(長生向) 중 불길향(不吉向)

　4국(四局) 장생향(長生向)인데 임관방(臨官方) 소수(消水)이면 매우 불길하고, 우변의 왕위(旺位) 소수(消水)이면 생래파왕(生來破旺)하여 불길향(不吉向)으로 손은 있으나 재산이 없고, 4국(四局) 양향(養向)인데 우수도좌(右水倒左)하여 태방(胎方) 소수(消水)이면 소황천살(小黃泉殺)이니 불길하다. 양향(養向)에 태파(胎破)이면 녹방(祿方)이니 소황천살(小黃泉殺)이 된다. 정미향(丁未向)에 병오파(丙午破), 신술향(辛戌向)에 경유파(庚酉破), 계축향(癸丑向)에 임자파(壬子破), 을진향(乙辰向)에 갑묘파(甲卯破)는 4국(四局) 양향(養向)의 소황천파(小黃泉破)이니 삼가해야 한다.

　4국(四局) 장생향(長生向)인데 양생수(養生水)가 상당(上堂)하여 우변 관대방(冠帶方)으로 소수(消水)하면 대길하며 오래간다. 4국(四局) 장생향(長生向)인데 좌변 양생수(養生水)가 상당(上堂)하여 우변 관대위(冠帶位) 소수(消水)하거나, 4국(四局) 제왕향(帝旺向)인데 우변 쇠방수(衰方水)가 상당(上堂)하여 좌변 관대위(冠帶位) 소수(消水)하면 대지대발(大地大發) 소지소발(小地小發)한다.

　세인들은 관대방(冠帶方) 소수(消水)이면 불길향(不吉向)으로 알고 있다. 예를 들어 임좌병향(壬坐丙向)이나 자좌오향(子坐午向)이면 을진파(乙辰破), 건좌손향(乾坐巽向)이나 해좌사향(亥坐巳向)이면 정미파(丁未破)는 포태법(胞胎法)의 관대위(冠帶位)이기 때문에 불입향(不立向)으로 알고 있으나 크게 잘못 된 것이다.

　예를 들어 갑좌경향(甲坐庚向) 묘좌유향(卯坐酉向)에 정미파(丁未破)이면 정미(丁未)는 향상(向上) 포태법(胞胎法)으로 관대위(冠帶

位)이다. 이를 불입향(不立向)이라고 한다. 경유향(庚酉向)에 정미파(丁未破)는 내수구(內水口) 입향(立向)이다. 내수구(內水口)의 운기는 30년간으로 내수구(內水口) 정미파(丁未破)는 30년 동안 관장한다. 30년이 지나면 운기가 용운(龍運)으로 들어간다.

갑좌경향(甲坐庚向) 묘좌유향(卯坐酉向)은 초년은 경유(庚酉) 향상(向上) 운기를 논하고, 30년 후에는 용운(龍運) 즉 갑묘(甲卯) 운기로 들어가 해묘미(亥卯未) 삼합(三合)의 운기가 된다. 이는 좌산(坐山)이 갑묘(甲卯)이므로 정미고(丁未庫)는 용(龍) 자신의 정고(正庫)이다. 그러므로 신술방(辛戌方)의 양수(養水), 건해방(乾亥方)의 생수(生水), 갑묘(甲卯) 무곡(武曲) 제왕수(帝旺水)가 상당(上堂)하여 자신의 정고(正庫) 정미(丁未)로 소수(消水)하니 크게 발복하여 30년 후부터는 크게 발전한다.

월명산(月明山) 아래 비인복종형(庇仁伏鍾形)은 충남의 대혈(大穴)이다. 이 복종형(伏鍾形)은 묘좌유향(卯坐酉向)에 정미파(丁未破)로 향상(向上) 관대파(冠帶破)이다. 그래서 옛 선사들의 결록에 2대 대발로 전해오고 있다. 이처럼 장생향(長生向)과 제왕향(帝旺向)의 포태법(胞胎法)에 의한 관대파(冠帶破)는 불입향(不立向)이라 하는 것은 크게 잘못된 것이니 혼동하지 않기 바란다.

2. 무곡(武曲) 제왕향(帝旺向)

무곡(武曲) 제왕향(帝旺向)이란 4국(四局)의 8개의 왕향(旺向)을 말하고, 천성(天星) 무곡성(武曲星)에 응하는 입향(立向)이다. 좌변의 생(生)·양(養)·관록수(官祿水)가 상당(上堂)하여 우변의 내수구(內

水口)로 소수(消水)한다. 생래회왕지국(生來會旺之局)으로 전미지국(全美之局)을 이룬다.

갑경병임(甲庚丙壬)이 당면(當面) 조수내도(朝水來到)하면 가문이 대부호와 고위직 관료에 응한다. 병임방(丙壬方)의 조수(朝水)가 들어오면 무직(武職)에 응하고, 갑경방(甲庚方)의 조수(朝水)가 들어오면 문직(文職)에 응한다.

예를 들어 임좌병향(壬坐丙向) 자좌오향(子坐午向)인데 내수구(內水口)가 신술방(辛戌方)이면 좌변 장생(長生) 간인수(艮寅水), 목욕(沐浴) 귀인(貴人) 갑묘수(甲卯水), 관대(冠帶) 을진수(乙辰水), 임관(臨官) 손사(巽巳) 녹수(祿水)가 상당(上堂)하여 우변의 병사수(病死水)와 합류하여 신술방(辛戌方) 정고(正庫)로 소수(消水)한다. 이때 병방(丙方)의 물이 들어오면 완미지국(完美之局)을 이룬다. 만국(滿局)에 생왕기(生旺氣)가 충만하며 대부대관(大富大官)이 나온다.

또한 갑묘좌(甲卯坐) 경유향(庚酉向)에 계축파(癸丑破), 병오좌(丙午坐) 임자향(壬子向)에 을진파(乙辰破), 경유좌(庚酉坐) 갑묘향(甲卯向)에 정미파(丁未破)이면 4국(四局) 제왕향(帝旺向)이다. 4국(四局)이 모두 마찬가지이다. 이상은 4국(四局)의 제왕향(帝旺向)을 설명한 것이고, 변국(變局)은 다음과 같다.

1. 자왕향(自旺向)

병오(丙午)는 화국(火局)의 제왕방(帝旺方), 임자(壬子)는 수국(水局)의 제왕방(帝旺方), 갑묘(甲卯)는 목국(木局)의 제왕방(帝旺方), 경유(庚酉)는 금국(金局)의 제왕방(帝旺方)이다. 이상의 4제왕향(四帝旺向)은 수구(水口)가 각 국(局)의 정고(正庫)로 소수(消水)하면 정국(正局) 제왕향(帝旺向)이라 한다.

변국(變局) 제왕향(帝旺向)은 수구(水口)가 정미(丁未) 목국(木局)일 때 용(龍)의 입수(入首)가 임자(壬子)로, 병오향(丙午向)으로 개면(開面)하면 목국(木局)의 4국(四局) 포태법(胞胎法)에서는 병오(丙午)가 사(死), 정미(丁未)가 묘(墓)가 된다. 따라서 병오(丙午)는 사(死)가 되나 제왕(帝旺)의 자리이다.

예를 들면 간인(艮寅) 장생수(長生水), 갑묘(甲卯) 귀인수(貴人水), 을진(乙辰) 관대수(冠帶水), 손사(巽巳) 임관(臨官) 녹수(祿水) 등이 상당(上堂)하여 정미고(丁未庫)로 소수(消水)하면 정미(丁未)는 쇠방(衰方)이 된다. 이 거문방(巨門方)인 쇠방(衰方)은 물의 내거(來去)가 가능한 방위이다. 사(死)의 자리가 제왕향(帝旺向)이 되고, 이를 살화생권지국(殺化生權之局)이라 한다.

병오(丙午) 제왕(帝旺) 조수(朝水)가 내도(來到)하면 역시 완미지국(完美之局)을 이룬다. 자손의 식록만종(食祿萬鍾)과 창영지지(昌榮之地)이다. 또 쇠방(衰方)인 정수(丁水)가 내조(來朝)하면 귀하고, 반드시 신동이 나온다.

2. 재변국(再變局) 자왕향(自旺向)

재변(再變) 자왕향(自旺向)이란 목욕방(沐浴方) 소수(消水)이며 문곡소수(文曲消水) 즉 문고소수(文庫消水)를 말한다. 우변의 쇠방(衰方) 거문수(巨門水)가 상당(上堂)하여 좌변 갑경병임방(甲庚丙壬方)으로 소수(消水)한다. 병오향(丙午向)이면 갑방(甲方) 소수(消水), 갑묘향(甲卯向)이면 임방(壬方) 소수(消水), 경유향(庚酉向)이면 병방(丙方) 소수(消水), 임자향(壬子向)이면 경방(庚方) 소수(消水)로 녹존유진(祿存流盡) 패금어(佩金魚)가 되어 합당하다. 이때 수구(水口)가 갑경병임(甲庚丙壬)의 천간방(天干方)으로 소수(消水)하는 것이 가하다. 만일 자오묘유(子午卯酉) 지지방(地支方)으로 소수(消水)하면 자손이 음란하며 불길하다.

예를 들어 자좌오향(子坐午向)이나 임좌병향(壬坐丙向)인데 정미(丁未)의 거문수(巨門水)가 상당(上堂)하여 좌변의 갑방(甲方)으로 소수(消水)하는 것을 말한다. 이때 병오방(丙午方)의 물이 내조(來朝)하고, 손사방(巽巳方)의 녹수(祿水)가 조공(朝拱)하고, 을진(乙辰) 관대수(冠帶水)가 갑방(甲方)으로 소수(消水)하면 대격으로 문관(文官)이 장병권지국(掌兵權之局)을 이룬다. 쇠방수(衰方水)인 거문수(巨門水)가 상당(上堂)하면 자식이 총명하여 소년급제하며 문장에 응한다. 쇠방(衰方)의 성봉(星峰)이 고기(高起)하면 장수성(長壽星)이니 자손이 장수하며 부귀겸전지국(富貴兼全之局)을 이룬다.

3. 3변국(三變局) 자왕향(自旺向)

3변국(三變局) 자왕향(自旺向)은 우변의 거문수(巨門水) 등이 상당(上堂)하여 병자당심(丙字當心)으로 소수(消水)하는 것을 말한다. 이때 양수가 합하여 백보 이내에서 소수(消水)해야 부귀겸전지국(富貴兼全之局)을 이룬다. 만일 당심직출(當心直出)로 멀리 흘러가면 재록(財祿)이 불길하다. 4국(四局) 제왕향(帝旺向)일 때는 녹수(祿水) 등이 조공(朝拱)하면 좋다.

4. 4국(四局) 제왕향(帝旺向) 중 크게 불길한 향(向)

4국(四局) 제왕향(帝旺向) 중 우변의 병사묘수(病死墓水) 등이 상당

(上堂)하여 좌변 임관방(臨官方)으로 소수(消水)하면 대황천수(大黃
泉水)가 되어 즉시 절하니 매우 불길하다. 이것은 병오향(丙午向)에
손사파(巽巳破), 갑묘향(甲卯向)에 간인파(艮寅破), 임자향(壬子向)에
건해파(乾亥破), 경유향(庚酉向)에 곤신파(坤申破) 등이다. 또한 4국
(四局) 제왕향(帝旺向) 중 우수도좌(右水倒左)하여 장생방(長生方)으
로 소수(消水)하면 왕거충생파(旺去沖生破)가 되어 재산은 있으나
자손을 두기 어렵다.

4국(四局) 제왕향(帝旺向)은 우변의 쇠방수(衰方水)·제왕수(帝旺
水) 등이 상당(上堂)하여 좌변의 관대방(冠帶方)으로 소수(消水)하면
대길이 장원하다. 예를 들면 임좌병향(壬坐丙向)이나 자좌오향(子坐
午向)인데 을진방(乙辰方)으로 소수(消水)하면 좌산(坐山) 임감룡(壬
坎龍) 즉 수룡(水龍)의 정고(正庫)인 을진(乙辰) 소수(消水)이기 때
문이다. 역시 용진혈적(龍眞穴的)이면 대발대귀한다. 이것은 포태법
(胞胎法)으로는 적합하지 않다고 하지만 역시 포태법(胞胎法)의 미
비점이다. 임자좌(壬子坐)의 삼합오행(三合五行)에 있어서 신자진(申
子辰)은 자신의 정고(正庫)이므로 합당하니 대발한다. 단 우변의 병
사(病死) 절태수(絶胎水)가 상당(上堂)하면 불리하다.

3. 묘고향(墓庫向)

4국(四局) 묘향(墓向)이란 4국(四局) 묘고(墓庫)인 을신정계(乙辛丁
癸) 진술축미향(辰戌丑未向)을 말하고, 내수구(內水口) 수법(水法)이
다. 좌변의 관(官)·왕(旺)·쇠방수(衰方水)가 상당(上堂)하여 동국

(同局)의 묘위(墓位)로 소수(消水)하니 생래회왕지국(生來會旺之局)이다. 목국(木局)의 묘향(墓向)은 정미향(丁未向)이니 좌변수가 상당(上堂)하여 정미방(丁未方)으로 소수(消水)하고, 금국(金局)의 묘향(墓向)은 계축향(癸丑向)이니 좌변수가 상당(上堂)하여 계축방(癸丑方)으로 소수(消水)하고, 수국(水局)의 묘향(墓向)은 을진향(乙辰向)이니 좌변수가 상당(上堂)하여 을진방(乙辰方)으로 소수(消水)하고, 화국(火局)의 묘향(墓向)은 신술향(辛戌向)이니 좌변수가 상당(上堂)하여 신술방(辛戌方)으로 소수(消水)한다. 묘향(墓向) 역시 생래회왕지국(生來會旺之局)으로 대발부귀한다.

묘향(墓向)이 매우 불가한 입향(立向)은 우수도좌(右水倒左)하여 동국(同局) 묘위(墓位)로 당면(當面) 소수(消水)이면 선(先) 절태수(絶胎水)가 상당(上堂)하여 살인대황천수(殺人大黃泉水 : 墓庫黃泉)이니 삼가해야 한다. 비록 양생방수(養生方水)가 상당(上堂)한다고 해도 선(先) 절태방(絶胎方)이므로 합당하지 않다. 우변수가 상당(上堂)하여 묘고(墓庫) 소수(消水)는 묘고(墓庫) 살인대황천(殺人大黃泉)이 되니 불길향(不吉向)이다.

그러므로 묘향(墓向)은 반드시 좌변수의 상당(上堂)으로 입향(立向)한다. 절방(絶方) 소수(消水)도 합법 입향(立向)이다. 정미향(丁未向)에 곤신방(坤申方) 소수(消水), 신술향(辛戌向)에 건해방(乾亥方) 소수(消水), 계축향(癸丑向)에 간인방(艮寅方) 소수(消水), 을진향(乙辰向)에 손사방(巽巳方) 소수(消水) 등은 합법 입향(立向)이다.

4. 양공구빈수법(楊公救貧水法)

　양공구빈수법(楊公救貧水法)은 조빈모부수법(朝貧暮富水法)이다. 인장묘발지지(寅葬卯發之地)로 신속히 발복한다. 이 구빈수법(救貧水法)은 수법입향(水法立向)이니 생(生)·왕(旺)·관(官)·녹수(祿水)가 상당(上堂)하면 구빈입향(救貧立向)이 된다. 이는 4국(四局) 생왕묘(生旺墓) 정국입향(正局立向)과 자생향(自生向)·자왕향(自旺向)·목욕방(沐浴方) 소수(消水) 입향(立向)이다. 즉 내수구(內水口) 입향(立向)은 향상오행(向上五行)에 의한 생(生)·왕(旺)·관(官)·녹수(祿水)가 상당(上堂)하여 귀고(歸庫)하는 것을 말한다.

　예를 들어 자좌오향(子坐午向) 임좌병향(壬坐丙向) 좌변의 향상(向上) 장생(長生) 간인수(艮寅水), 갑묘(甲卯) 귀인수(貴人水), 을진(乙辰) 관대수(冠帶水), 손사(巽巳) 임관(臨官) 녹수(祿水)가 상당(上堂)하여 정고(正庫)인 신술방(辛戌方)으로 소수(消水)하거나 자왕향(自旺向) 정미방(丁未方)으로 소수(消水)할 때도 구빈입향수법(救貧立向水法)이다.

　또한 간좌곤향(艮坐坤向) 인좌신향(寅坐申向)이면 우변의 임자(壬子) 제왕수(帝旺水), 건해(乾亥) 임관수(臨官水), 신술(辛戌) 관대수(冠帶水) 경유(庚酉) 귀인수(貴人水)가 상당(上堂)하여 을진(乙辰) 정고(正庫)로 소수(消水)하거나 정미(丁未) 양방(養方)으로 소수(消水)하여 자생향(自生向)일 때도 구빈입향수법(救貧立向水法)이다. 또한 계좌정향(癸坐丁向) 축좌미향(丑坐未向)이면 우변의 임자(壬子) 제왕수(帝旺水), 건해(乾亥) 임관수(臨官水), 경유(庚酉) 귀인수(貴人水), 곤신(坤申) 장생수(長生水) 등이 상당(上堂)하여 손사방(巽巳方)

으로 소수(消水)할 때도 구빈수법입향(救貧水法立向)이다. 이상과 같이 4국(四局)의 각 향(向)도 같다.

5. 등국관(登局觀) 수구론(水口論)

입향(立向)하려면 우선 어느 국(局)에 속하는 수구(水口)인가를 관찰하고, 다음은 혈(穴)의 문면(門面)과 안산(案山)의 방향을 살피고, 향(向)을 결정하기 위해 내거수(來去水)의 방향을 측정한다. 향(向)이 길하면 용수(龍水)가 모두 길하고, 입향(立向)이 흉하면 용수(龍水)가 모두 흉하다. 수세(水勢)에 의해 입향(立向)하는 것은 4국(四局)의 가장 중요한 일이다. 생왕수(生旺水)가 상당(上堂)하여 정고(正庫)로 소수(消水)하게 입향(立向)하면 대지대발(大地大發) 소지소발(小地小發)한다.

6. 삼합오행(三合五行) 결혈론(結穴論)

하나의 용맥(龍脈)이 발조(發祖)한 후 과협(過峽) 박환낙맥(剝換落脈) 후 결혈(結穴)할 때 가장 중요한 것은 도두(到頭 : 入首)의 1절이다. 예를 들어 해룡(亥龍) 입수결혈(入首結穴)할 때 갑묘수(甲卯水)가 상당(上堂)하여 정미(丁未) 목국(木局)의 정고(正庫)로 소수(消水)하면 해묘미(亥卯未) 삼합(三合)이 되고, 갑묘입수(甲卯入首)할 때 건해수(乾亥水)가 상당(上堂)하여 정미(丁未)로 소수(消水)하면 역시 해묘미(亥卯未) 삼합(三合)이 된다. 대혈(大穴)이 결작(結作)할 때는 삼합(三合)이 되어 결혈(結穴)하는 것이 허다하다. 4국(四局)

이 모두 같다.

7. 용신(龍身) 생왕묘절론(生旺墓絶論)

명당진혈(明堂眞穴)을 찾으려면 우선 용(龍)의 생사를 정확히 파악
해야 한다. 도두(到頭) 1절이 갑묘룡(甲卯龍)이면 목기(木氣)이다. 조
산낙맥(祖山落脈)이 건해(乾亥)이면 좌선(左旋) 양룡(陽龍)이고, 병
오(丙午)이면 우선(右旋) 음룡(陰龍)이다. 목룡(木龍) 좌선룡(左旋龍)
이면 포태법(胞胎法)의 기수에 의해 목장생(木長生)은 건해(乾亥),
목욕(沐浴)은 임자(壬子), 관대(冠帶)는 계축(癸丑), 임관(臨官)은 간
인(艮寅), 왕(旺)은 갑묘(甲卯)이다. 좌선(左旋) 건해룡(乾亥龍)인데
입수(入首)가 갑묘(甲卯)이면 생룡(生龍)에 왕작혈(旺作穴)이니 대길
하다.

또한 우선(右旋) 음룡(陰龍)인데 입수(入首)가 갑묘(甲卯)이면 포태
법(胞胎法)의 기수에 의해 목유화자기(木酉火子起)이니, 경유(庚酉)
를 기점으로 병오(丙午)가 생(生), 손사(巽巳)가 욕(浴), 을진(乙辰)
이 대(帶), 갑묘(甲卯)가 관(官), 간인(艮寅)이 왕(旺)이 된다. 조산낙
맥(祖山落脈)이 병오(丙午)이면 생(生)이 되고, 입수(入首)가 갑묘(甲
卯)이면 관(官)이 되니 역시 생룡길혈(生龍吉穴)이다. 그러나 갑묘입
수(甲卯入首)인데 좌선룡(左旋龍)이고, 조산낙맥(祖山落脈)인데 곤룡
(坤龍)이면 절방(絶方), 낙맥(落脈) 정미룡(丁未龍)이면 묘방(墓方)
낙맥(落脈)이다. 이 용(龍)은 조산(朝山)에서 발원할 때부터 선절묘
(先絶墓)이니 불길한 용(龍)이다.

또한 우선(右旋)이면 절(絶)은 경유(庚酉), 묘(墓)는 신술(辛戌)이

니, 조산낙맥(祖山落脈)인데 경유(庚酉) 신술룡(辛戌龍)이면 선절묘(先絶墓)이니 불길한 용(龍)이다. 병오입수(丙午入首)는 화기(火氣), 경유입수(庚酉入首)는 금기(金氣), 임자입수(壬子入首)는 수기(水氣)로 위와 같다. 그러므로 조산낙맥(祖山落脈)인데 생(生)·욕(浴)·대(帶)·관(官)·왕방(旺方)이면 길용길혈(吉龍吉穴)이며 병사묘절룡(病死墓絶龍)은 불길하다.

그러나 목기(木氣) 절방(絶方) 곤신(坤申)으로부터 전신(轉身) 경유(庚酉) 왕위(旺位), 재전(再轉) 건해(乾亥) 생위(生位), 금기(金氣)의 절방(絶方) 간인(艮寅)으로부터 갑묘(甲卯) 왕위(旺位), 전신(轉身) 재전(再轉) 손사(巽巳) 생위(生位), 수기(水氣)의 절방(絶方) 손사(巽巳)로부터 병오(丙午) 왕위(旺位), 전신(轉身) 재전신(再轉身) 곤신(坤申) 생위(生位)이면 사절단기(死絶短氣) 생왕기장(生旺氣長)하여 입혈(立穴)할 수 있다.

8. 오룡(午龍) 입향론(立向論)

대개 24산(二四山) 입향(立向)은 생왕묘향(生旺墓向)으로 하나, 오룡(午龍)만은 삼가한다. 오룡(午龍)이 조산낙맥(祖山落脈)하여 입수작혈(入首作穴)하려면 반드시 병정(丙丁)으로 전환하여 결혈(結穴)하는 것이 좋다. 만일 오룡(午龍) 작혈(作穴)할 때 오입수(午入首)는 오룡(午龍) 직작(直作)이므로 일발여뢰(一發如雷) 일패여회(一敗如灰)라 함과 같이 일촉즉발(一燭卽發) 일패도지(一敗塗地)한다.

그러므로 조산낙맥(祖山落脈)이 오룡(午龍)이면 도두(到頭) 1절은 병(丙)이나 정(丁)이어야 한다. 또한 출맥(出脈)이 병정(丙丁)이면 오입수(午入首)가 가하다. 오룡(午龍) 또는 오입수(午入首)의 입향(立向)은 임자(壬子)의 수국왕향(水局旺向)을 하여 오룡(午龍)의 열화(烈火)를 제어해야 한다. 또한 오룡(午龍) 입수작혈(入首作穴)이 기래태왕(氣來太旺)이면 중맥(中脈)의 4척 아래에 장(葬)하는 것은 불가하고, 좌우 양방에 입혈(立穴)하여 화기(火氣)를 피해야 한다.

오룡(午龍) 작혈(作穴)할 때 외명당(外明堂)의 물이 천심취적(天心聚積)하면 대혈(大穴)을 이루어 발복이 오래가며 자손이 부귀쌍전(富貴雙全)한다. 조산(祖山)이 고용(高聳)하고 지존무비(至尊無比)하면 산반(山半 : 中頂)의 작혈(作穴)이 상례이고, 갑묘(甲卯)과 을손(乙巽) 사이에 2~3봉이 있어 경유신봉(庚酉辛峰)과 교응하고, 4신봉(神峰 : 子午卯酉)이 고용(高聳) 8장(將 : 甲庚丙壬乙辛丁癸)을 구비해 공립(拱立)하면 대국대지(大局大地)를 이룬다.

9. 산상(山上) 기형괴혈론(奇形怪穴論)

역락지혈(逆落之穴)이나 회룡고조(回龍顧祖)의 입국(立局)은 내룡(來龍) 쪽의 사(砂)는 밀폐했으나 수구처(水口處)의 하사(下砂)는 거듭 개방하여 무하사(無下砂)이고, 소산(小山)이 있어 수구(水口)를 형성하거나 외수구(外水口)에 단지 금수성(禽獸星)만 있으면 기국(奇局)이다.

횡룡결작(橫龍結作)할 때 장풍취기(藏風聚氣)가 형성되지 않아 혈(穴)이 수풍(受風)되거나, 혈전(穴前)의 혈순(穴脣) 중에 암석벽(岩石壁)이 있어 설기(泄氣)하지 않고, 혈후(穴後)의 금성귀(金星鬼)나 낙산(樂山)이 다정하면 역시 기형괴혈(奇形怪穴)이다. 그러므로 변신역결(翩身逆結)할 때 하사(下砂)의 미(美)나 불미(不美)를 논하는 것은 혈(穴)의 원리를 모르기 때문이다. 하나의 대국대지(大局大地)로 상사(上砂)가 밀폐된 대혈(大穴)이 흔히 있다. 이는 조물주의 비장한 대혈(大穴)로 몽매한 자는 알지 못한다.

또한 용진혈적(龍眞穴的)할 때 수법(水法)이 향법(向法)에 합당하지 않으면 현규상통(玄窺相通), 즉 생왕수(生旺水) 상당(上堂)의 현공입법(玄空立法)에 의해 입향(立向)하니, 결국 사비향(斜飛向)이 되나 대지대발(大地大發) 소지소발(小地小發)한다.

10. 기룡혈(騎龍穴) 입향론(立向論)

기룡혈(騎龍穴)은 맥진처(脈盡處)에 결혈(結穴)하는 것이 아니라, 맥기(脈氣)의 행룡(行龍) 도중 산정상에 결혈(結穴)하는 것을 말한다. 따라서 혈전(穴前)으로 상당(上堂)하는 수세(水勢)는 없고, 혈전(穴前)의 분수령에서 좌우로 양분하여 소수(消水)한다.

예를 들어 간좌곤향(艮坐坤向)이면 좌변 수구(水口)는 을진방(乙辰方)이나 정미방(丁未方)이면 합당하고, 을진수구(乙辰水口)이면 곤향(坤向)은 수국 장생향(長生向)이고, 정미수구(丁未水口)이면 절처봉생지국(絶處逢生之局)으로 목국(木局)의 자생향(自生向)이므로 합당하다. 우편 수구(水口)는 경유(庚酉)이면 목욕방(沐浴方)이 합법 입향(立向)이니, 좌우수 모두 합법이 성립하여 간좌곤향(艮坐坤向)은 합당하다.

3. 대살론(大殺論)

1. 살인대황천수(殺人大黃泉水)

득혈(得穴)을 할 때 가장 두려운 것은 살인황천수(殺人黃泉水)와 용
상팔살(龍上八殺)이다. 만일 이 두 가지 살인대살(殺人大殺)을 범하
면 자손이 즉절한다. 용진혈적(龍眞穴的)의 유무와 관계없이 화를 당
하니 주의해야 한다.

■ 정경곤상(丁庚坤上) 시황천(是黃泉)
곤방(坤方)으로 물이 나가면 금국(金局 : 丁庚)의 대황천(大黃泉)이
다. 금국(金局)의 곤파(坤破)는 정생향(正生向)·정왕향(正旺向)·양
향(養向)·묘향(墓向)·자생향(自生向)·자왕향(自旺向) 등 어느 향
(向)에서나 퇴신수법(退神水法)이 되어 패절(敗絶)·절사(絶嗣) 등이
따라 흉하다. 금국(金局)의 곤방(坤方)으로 물이 나가면 절대로 안된
다. 화국(火局)이나 목국(木局), 수국(水局)도 마찬가지이다.

■ 을병수방(乙丙須防) 손수선(巽水先)
손방(巽方)으로 물이 나가면 화국(火局 : 乙丙)의 대황천(大黃泉)이
된다.

■ 계갑향중(癸甲向中) 우견간(憂見艮)
간방(艮方)으로 물이 나가면 목국(木局 : 癸甲) 대황천(大黃泉)이다.

■ 신임수로(辛壬水路) 파당건(怕當乾)

건방(乾方)으로 물이 나가면 수국(水局 : 辛壬)의 대황천(大黃泉)이 된다.

합국합법 입향(立向)은 용신(龍神)을 부조하여 생기를 발하며 대왕상(大旺相)을 이루는 것이다. 그러므로 생왕수(生旺水) 상당(上堂)의 입향(立向)은 용(龍) 혈맥(穴脈)의 생왕(生旺)을 가져오고, 용(龍) 혈맥(穴脈)의 생왕(生旺)은 화명지령(化命之靈)의 평안함을 부른다. 화명지령(化命之靈)의 평안은 자손이 평안해지고, 병사(病死) 절태수(絶胎水) 상당(上堂) 입향(立向)은 용(龍)의 혈맥(穴脈)이 병사절(病死絶)이 되어 자손에게 불안과 화가 따른다. 따라서 입향(立向)은 수구(水口)와 내수(來水) 위주이어야 하고, 이것이 향(向)과 상합(相合)할 때 현관규상통(玄關窺相通)이면 흉수(凶水)가 길수(吉水)로 변한다. 반대로 길수(吉水)가 흉수(凶水)로 변화하고, 변화무쌍하며 생사화복을 좌우하는 절묘한 법칙이 엄존하니 심령의 안목을 밝히며 이법에 통달해야 한다.

갑경병임(甲庚丙壬) 자오묘유(子午卯酉) 제왕향(帝旺向)인데 좌변 장생파(長生破)이면 왕거충생(旺去沖生)이므로, 역시 황천(黃泉)이 되어 재물은 있으나 자손이 없다. 예를 들어 임좌병향(壬坐丙向)이나 자좌오향(子坐午向)인데 향상(向上) 간인(艮寅)이 장생방(長生方)이니 간인파(艮寅破)이면 황천파(黃泉破)이다. 또한 건곤간손(乾坤艮巽) 인신사해(寅申巳亥) 장생향(長生向)인데 우변 향상(向上) 왕파(旺破)이면 역시 황천수(黃泉水)가 되어 자손은 있으나 극빈하다. 예를 들면 간인(艮寅) 장생향(長生向)인데 우변 병오파(丙午破)이면 향상(向上) 왕파(旺破)이므로 불길한 황천수(黃泉水)이다.

2. 소황천살(小黃泉殺)

소황천살(小黃泉殺)은 주로 고장향(庫藏向)에서 성립한다. 계축(癸丑)·을진(乙辰)·정미(丁未)·신술(辛戌) 등 4고장향(四庫藏向)에 태파(胎破)를 말한다. 계록(癸祿)은 재자(在子), 을록(乙祿)은 재묘(在卯), 정록(丁祿)은 재오(在午), 신록(辛祿)은 재유(在酉)이니 4고장(四庫藏)의 녹위(祿位)는 자오묘유(子午卯酉)이다. 4고장향(四庫藏向)인데 녹방소수(祿方消水)이면 소황천살(小黃泉殺)이다. 양향(養向)에 태파(胎破)로 이해하면 된다.

3. 용상팔살(龍上八殺)

많은 살이 있지만 용상팔살(龍上八殺)은 가장 두렵다. 이 살은 범하는 시간부터 재화가 일어나기 시작해 멸문지화를 면하기 어렵다.

- 감룡곤토(坎龍坤兎) 진산후(震山猴)
- 손계건마(巽鷄乾馬) 태사두(兌蛇頭)
- 간호이저(艮虎離猪) 위살요(爲殺曜)
- 묘택봉지(墓宅逢之) 일단휴(一旦休)

- 감룡곤토(坎龍坤兎) 진산후(震山猴)
임감입수(壬坎入首)에 을진향(乙辰向)이면 안되고, 곤신입수(坤申入

首)에 갑묘향(甲卯向)이면 안된다. 진입수(震入首)에 곤신향(坤申向)이면 용상대살(龍上大殺)이 된다.

■ 손계건마 태사두(巽鷄乾馬 兌蛇頭)
손사입수(巽巳入首)에 경유향(庚酉向)이면 안되고, 건해입수(乾亥入首)에 병오향(丙午向)이면 안된다. 경태입수(庚兌入首)에 손사향(巽巳向)이면 용상대살(龍上大殺)이 된다.

■ 간호이저(艮虎離猪) 위살요(爲殺曜)
간인입수(艮寅入首)에 간인향(艮寅向)이면 안되고, 병오입수(丙午入首)에 건해향(乾亥向)이면 용상대살(龍上大殺)이 된다.

■ 묘택봉지(墓宅逢之) 일단휴(一旦休)
이상과 같이 용상팔살(龍上八殺)을 범하며 묘를 쓰거나 집을 지으면 백이면 백 최대의 재난을 당하며 만사가 끝난다.

4. 생래파왕(生來破旺) 왕거충생(旺去冲生)

1. 생래파왕(生來破旺)
4제왕향(四帝旺向)은 좌변 양생수(養生水)가 상당(上堂)하여 왕방(旺方) 자오묘유(子午卯酉)로 소수(消水)하는 것을 말한다. 다시 말해 좌변의 물이 상당(上堂)하여 당문파(堂門破)가 되어 소수(消水)하는 것이다.
예를 들어 자좌오향(子坐午向) 임좌병향(壬坐丙向)인데 좌변 간인

(艮寅) 생방수(生方水)나 갑묘(甲卯) 귀인수(貴人水) 등이 상당(上堂)하여 병오방(丙午方)으로 소수(消水)하면, 생래파왕지살(生來破旺之殺)이 되어 자손은 있으나 재물이 없다. 갑좌경향(甲坐庚向) 묘좌유향(卯坐酉向)인데 좌변 손사수(巽巳水), 병오(丙午) 귀인수(貴人水), 정미(丁未) 관대수(冠帶水), 곤신(坤申) 임관수(臨官水) 등이 상당(上堂)하여 경유(庚酉) 왕방(旺方)으로 소수(消水)하면 안된다. 임감(壬坎) 제왕향(帝旺向)이나 갑묘(甲卯) 제왕향(帝旺向)도 마찬가지이다.

예를 들어 병오(丙午) 제왕향(帝旺向)이면 혈(穴)의 좌우수가 합금(合襟)하여 당문(堂門) 병방(丙方)으로 소수(消水)할 때 현(玄)자 모양으로 흘러가면 양호하나, 직선으로 길게 수리를 흘러가는 것이 혈처(穴處)에서 보이면 재산이 소멸하여 걸식하게 된다. 따라서 반드시 백보 이내에서 소수(消水)해야 한다. 당문파(堂門破) 병오(丙午) 소수(消水)이면 천간방(天干方) 병(丙)자로 소수(消水)하는 것은 무방하나, 오(午)자로 소수(消水)하면 안된다. 천간방(天干方) 병(丙)자 소수(消水)이면 자좌오향(子坐午向)이 가능하고, 임좌병향(壬坐丙向)인데 지지오파(地支午破)이면 생래파왕(生來破旺)의 대살(大殺)을 범하니 삼가해야 한다. 용진혈적(龍眞穴的)이 분명하면 해좌사향(亥坐巳向)하는 것이 묘책이다.

2. 왕거충생(旺去沖生)

왕거충생(旺去沖生)이란 장생향(長生向)일 때 우변의 제왕수(帝旺水) 등이 상당(上堂)하여 당문파(堂門破)를 이루어 인신사해(寅申巳亥) 등의 4장생방(四長生方)으로 소수(消水)하는 것을 말한다.

예를 들어 건좌손향(乾坐巽向)이나 해좌사향(亥坐巳向)이고, 우변의 경유(庚酉) 제왕수(帝旺水), 정미(丁未) 관대수(冠帶水), 병오(丙午) 귀인수(貴人水) 등이 상당(上堂)하여 손사방(巽巳方)으로 소수(消水)하는 것이다. 이때 우변수가 상당(上堂)하여 천간(天干) 손방(巽方)으로 소수(消水)하며 해좌사향(亥坐巳向)이면 합법이다. 그러나 지지방(地支方 : 巳方)으로 소수(消水)하면 왕거충생향(旺去沖生向)이 되어 패절(敗絶)한다. 왕거충생향(旺去沖生向)은 재산은 있으나 자손이 없다. 이때는 봉침(鋒針)을 일전(一轉)하여 술좌진향(戌坐辰向)이면 무방하다. 이 수법(水法) 역시 양수(兩水)가 합금(合襟)하여 백보 이내에서 소수(消水)하면 무방하나, 직거(直去)하면 불리하여 걸식하게 된다.

5. 묘고대황천(墓庫大黃泉)

묘고대황천(墓庫大黃泉)이란 4고장향(四庫藏向) 즉 4국(四局)의 묘향(墓向)일 때 일어나는 대살(大殺)을 말한다. 즉 4국(四局) 묘향(墓向)을 했을 때 당문파(堂門破)로 물의 좌우선(左右旋)에 의해 결정된다. 묘향(墓向)은 반드시 좌선수(左旋水)가 상당(上堂)하여 합법 입향(立向)한다. 우선수(右旋水)가 상당(上堂)하여 입향(立向)을 하면 대황천살(大黃泉殺)이 되니 특히 조심해야 한다.

예를 들어 목국(木局)의 고장(庫藏)은 정미(丁未)이니 계좌정향(癸坐丁向)이나 축좌미향(丑坐未向)이면 좌변의 관(官)·왕(旺)·쇠방수(衰方水)가 상당(上堂)하여 합법 입향(立向)이 된다. 그러나 우선수(右旋水)가 상당(上堂)하면 제일 먼저 곤신(坤申) 절수(絶水), 경태

(庚兌) 태방수(胎方水)가 상당(上堂)하니 절태수(絶胎水)가 상당(上堂)하여 묘위(墓位)를 충파(沖破)하여 대황천살(大黃泉殺)이 되어 매우 흉하다. 이상의 4국(四局)도 마찬가지이다. 당문파(堂門破) 입향(立向)은 언제나 혈전(穴前)의 양수(兩水)는 합금(合襟)하기 때문에 백보 이내에서 소수(消水)해야 한다. 만일 물이 길게 흘러가면 재패(財敗)한다.

6. 절태수(絶胎水) 상당(上堂) 충생파왕(沖生破旺)

절태수(絶胎水) 상당(上堂) 충생파왕(沖生破旺)은 황천대살(黃泉大殺)이나 용상팔살(龍上八殺)에 못지 않게 두려운 살이다.

1. 충생(沖生)

예를 들어 간좌곤향(艮坐坤向)이나 인좌신향(寅坐申向)인데 신향(申向)이면 신자진(申子辰) 수국(水局)이다. 포태법(胞胎法)에서 곤신(坤申)은 수국(水局)의 장생향(長生向)이다. 따라서 손수(巽水)가 절방(絶方)이 되고, 병오(丙午)가 태방(胎方)이 된다.

간좌곤향(艮坐坤向)이나 인좌신향(寅坐申向)인데 손사(巽巳) 병오수(丙午水)가 상당(上堂)하여 곤신파(坤申破)가 되면 향상(向上) 절태수(絶胎水)가 상당(上堂)하여 충파생위(沖破生位)를 한 것이다. 이와 같이 입향(立向)을 했으면 만사휴가 되어 인패재패(人敗財敗)의 참상을 당한다. 4국(四局) 장생향(長生向)도 마찬가지이다.

2. 破旺(파왕)

　예를 들어 임좌병향(壬坐丙向)이나 자좌오향(子坐午向)인데 좌선수(左旋水)가 상당(上堂)하여 병오방(丙午方)으로 소수(消水)하면 충파왕위(沖破旺位)를 한 것이니 대살(大殺)을 범한다. 4국(四局)도 마찬가지이다. 기타 산곡수 평지의 세수(細水)가 혈전(穴前)으로 직충(直沖)하면 살수(殺水)가 된다.

餘滴・10 : 지자요수(智者樂水) 인자요산(仁者樂山)

　물과 산은 지(智)와 인(仁)을 좋아한다. 지혜로운 것은 요수(樂水)요 인자한 것은 요산(樂山)이다. 이러한 이치는 사람이 취할 바이다. 수기(水氣)가 뻗치는 길지는 반드시 선인이 얻는다. 하늘이 사람을 낳으면 하나의 혈(穴)을 주고, 땅은 하나의 혈(穴)을 만들면 한 사람에게 돌아가게 한다. 영화와 부귀가 모두 여기에 달려있으니 어찌 우연이라 하겠는가. 남에게 손해를 끼치며 자신에게만 이로운 행동은 하지 말고, 살상(殺喪)을 좋아하여 하늘을 속이지 말라. 산천이 신령스럽게 생겨야 혈(穴)을 이루니, 사람의 힘으로 만들어지는 것이 아니다. 이러한 근본은 하늘의 뜻에 있다. 만약 혈(穴)을 얻으면 복을 기대하지 않아도 스스로 이를 것이다. 그러나 착한 마음이 아니면 절대 이룰 수 없다.

4. 4대국(四大局) 입향론(立向論)

을신정계(乙辛丁癸)는 음(陰)에 속하며 부(婦)가 되고, 지(地)와 용(龍)이 된다. 따라서 을신정계(乙辛丁癸)는 용(龍)을 말한다. 갑경병임(甲庚丙壬)은 양(陽)에 속하며 부(夫)가 되고, 천(天)과 향(向)이 된다. 이를 4대국법(四大局法)으로 분류하면 다음과 같다.

- 화국(火局)은 을병교이추술(乙丙交而趨戌)이다.
- 수국(水局)은 신임회이취진(辛壬會而聚辰)이다.
- 금국(金局)은 두우납정경지기(斗牛納丁庚之氣)이다.
- 목국(木局)은 금양수계갑지령(金羊收癸甲之靈)이다.

1. 화국(火局)의 을병교이추술(乙丙交而趨戌)

을음목룡(乙陰木龍)은 병양화향(丙陽火向)과 상배(相配)하여 정고술(正庫戌)로 소수(消水)하는 것을 말한다. 다시 말해 수구(水口)가 신술(辛戌)이면 을음목룡(乙陰木龍)은 간병신(艮丙辛) 인오술(寅午戌) 생왕묘(生旺墓) 정국입향(正局立向)이다. 을음목룡(乙陰木龍)은 목화상생지국(木火相生之局)으로 을입수룡(乙入首龍)만을 말하는 것이 아니다. 수구(水口)가 신술(辛戌)이면 모든 입수룡(入首龍)을 을음목룡(乙陰木龍)으로 본다. 따라서 포태법(胞胎法)에 의해 음목(陰木)은 우선(右旋)이므로 목유화자기(木酉火子起)했으니 경유(庚酉)가 절(絶), 병오(丙午)가 생(生), 간(艮)이 왕(旺), 신술(辛戌)이 묘(墓)가 된다.

또한 병(丙)은 양화(陽火)이므로 좌선(左旋)한다. 따라서 건해(乾亥)가 절(絶), 간인(艮寅)이 생(生), 병오(丙午)가 왕(旺), 신술(辛戌)이 묘(墓)가 된다. 이처럼 용(龍)이 생(生)하면 향(向)은 왕(旺)이 되고, 용(龍)이 왕(旺)하면 향(向)은 생(生)이 되고, 동일 정고(正庫)인 신술(辛戌)에서 끝난다. 이같이 신술(辛戌)이 묘(墓)가 되면 또다시 포태(胞胎)로 재순환하여 용(龍)이 생(生)이면 향(向)은 왕(旺), 용(龍)이 왕(旺)이면 향(向)은 생(生), 좌선(左旋) 우선(右旋)하여 같은 고(庫)에서 그치면 또다시 순환을 반복한다.

이와 같이 상충(相沖)하지 않고 순환무궁하거나 하나의 국(局)이 정국입향(正局立向)을 하면 반복이 영원하다. 이때 입수룡(入首龍)은 생왕방(生旺方)인 화국(火局)에 있으니 병오(丙午) 간인룡(艮寅龍)이 최길이고, 관대(冠帶)와 임관(臨官) 모두 길하다.

2. 수국(水局)의 신임회이취진(辛壬會而聚辰)

수구(水口)가 을진(乙辰)일 때 신금음룡(辛金陰龍)은 임양수향(壬陽水向)과 상배(相配)하여 을진(乙辰) 정고(正庫)로 소수(消水)하는 것을 말한다. 따라서 수구(水口)가 을진(乙辰)이면 곤임을(坤壬乙) 신자진(申子辰) 생왕묘(生旺墓) 정국(正局)의 입향(立向)이다. 나머지는 화국(火局)과 같다.

3. 금국(金局)의 두우납정경지기(斗牛納丁庚之氣)

수구(水口)가 계축(癸丑)일 때 정화음룡(丁火陰龍)은 경양금향(庚陽

金向)과 상배(相配)하여 계축(癸丑) 정고(正庫)로 소수(消水)하는 것을 말한다. 따라서 수구(水口)가 계축(癸丑)이면 손경계(巽庚癸) 사유축(巳酉丑) 생왕묘(生旺墓) 정국(正局)을 말한다. 나머지는 화국(火局)과 같다.

4. 목국(木局)의 금양수계갑지령(金羊收癸甲之靈)

수구(水口)가 정미(丁未)이면 계음수룡(癸陰水龍)과 갑양목향(甲陽木向)과 상배(相配)하여 정미(丁未) 정고(正庫)로 소수(消水)하는 것을 말한다. 따라서 수구(水口)가 정미(丁未)이면 건갑정(乾甲丁) 해묘미(亥卯未) 정국(正局) 생왕묘향(生旺墓向)이다. 이상과 같이 4대국(四大局) 생왕묘향(生旺墓向) 외에도 가입향(可立向)으로 자생향(自生向)과 자왕향(自旺向), 양향(養向) 등이 있다. 다음은 입향(立向)의 중요성을 구체적으로 관찰해 보자.

화국(火局)의 삼합오행(三合五行)은 인오술(寅午戌)이고, 수국(水局)의 삼합오행(三合五行)은 신자진(申子辰)이고, 금국(金局)의 삼합오행(三合五行)은 사유축(巳酉丑)이고, 목국(木局)의 삼합오행(三合五行)은 해묘미(亥卯未)이다. 4국(四局)의 장생방(長生方)은 인신사해(寅申巳亥)의 방위이고, 4국(四局)의 제왕방(帝旺方)은 자오묘유(子午卯酉)의 방위이고, 4국(四局)의 묘방(墓方)은 진술축미(辰戌丑未)의 방위이다. 이외에도 을신정계(乙辛丁癸) 4가지의 양방(養方)이 있고, 생왕묘(生旺墓) 양향(養向) 외에도 가입향(可立向)으로 쇠향(衰向)이 있으니 참고하기 바란다. 그리고 인간의 흥망성쇠가 혈(穴)과 향(向)에 있으니 열심히 연구하기 바란다.

5. 입향총론(立向總論)

1. 장생향(長生向)

장생향(長生向)이란 인신사해(寅申巳亥) 4가지 장생향(長生向)을 말한다. 쌍산오행(雙山五行)으로 간좌곤향(艮坐坤向)과 인좌신향(寅坐申向), 곤좌간향(坤坐艮向)과 신좌인향(申坐寅向), 손좌건향(巽坐乾向)과 사좌해향(巳坐亥向), 건좌손향(乾坐巽向)과 해좌사향(亥坐巳向) 등 8가지가 있다. 그리고 8가지 장생향(長生向)에는 정국(正局)과 변국(變局)이 있다.

1. 정국(正局) 장생향(長生向)

■ 간좌곤향(艮坐坤向)·인좌신향(寅坐申向)

우변의 임자(壬子) 제왕수(帝旺水), 건해(乾亥) 임관수(臨官水), 신술(辛戌) 관대수(冠帶水), 경태(庚兌) 귀인수(貴人水)가 상당(上堂)하여 곤신향(坤申向)과 상배(相配)한 후 정미(丁未) 양수(養水), 손사(巽巳) 병오(丙午) 절태수(絶胎水)와 합류하여 수국(水局)의 정고(正庫)인 을진방(乙辰方)으로 소수(消水)하는 것을 정국(正局) 수국(水局)의 장생향(長生向)이라 한다. 왕거영생(旺去迎生)의 향(向)으로 가장 길하다.

■ 곤좌간향(坤坐艮向)·신좌인향(申坐寅向)

우변의 병오(丙午) 제왕수(帝旺水), 손사(巽巳) 임관수(臨官水), 을진(乙辰) 관대수(冠帶水), 갑묘(甲卯) 귀인수(貴人水) 등이 상당(上堂)하여 간인(艮寅) 화국(火局)의 장생향(長生向)과 상배(相配)한 후 좌변의 계축(癸丑) 양수(養水), 임자(壬子) 건해(乾亥) 절태수(絶胎水)와 합류하여 화국(火局)의 정고(正庫)인 신술방(辛戌方)으로 소수(消水)하는 것을 화국(火局)의 정국(正局) 장생향(長生向)이라 한다. 왕거영생(旺去迎生)의 국(局)으로 생왕지기(生旺之氣)가 만당(滿堂)하여 부귀쌍전지국(富貴雙全之局)을 이룬다. 간인수(艮寅水)가 내조(來朝)하고 간병봉(艮丙峰)이 상응(相應)하면 부여석숭(富如石崇) 부무적국(富無敵局)을 이룬다.

■ 건좌손향(乾坐巽向)·해좌사향(亥坐巳向)

  우변의 경태(庚兌) 제왕수(帝旺水), 곤신(坤申) 임관수(臨官水), 정미(丁未) 관대수(冠帶水), 병오(丙午) 귀인수(貴人水) 등이 상당(上堂)하여 손사(巽巳) 금국(金局)의 장생향(長生向)과 상배(相配)한 후 좌변의 을진(乙辰) 양수(養水), 갑묘(甲卯) 간인(艮寅) 절태수(絶胎水)와 합류하여 금국(金局) 정고(正庫)인 계축(癸丑)으로 소수(消水)하는 것을 금국(金局)의 정국(正局) 장생향(長生向)이라 한다. 손수(巽水)가 내조(來朝)하면 성인(聖人)이 나오고, 건오봉(乾午峰)이 상배(相配)하면 장상(將相)이 나오고, 손신문봉(巽辛文峰)이 상립(相立)하면 과갑(科甲)이 많이 나오며 자손이 현명하다. 양공구빈수법(楊公救貧水法)이다.

■ 손좌건향(巽坐乾向)·사좌해향(巳坐亥向)

  우변의 갑묘(甲卯) 제왕수(帝旺水), 간인(艮寅) 임관수(臨官水), 계축(癸丑) 관대수(冠帶水), 임자(壬子) 귀인수(貴人水) 등이 상당(上堂)하여 목국(木局) 장생향(長生向) 건해(乾亥)와 상배(相配)한 후 좌변의 신술(辛戌) 양수(養水), 곤신(坤申) 경태(庚兌) 절태수(絶胎水)와 합류하여 목국(木局)의 정고(正庫)인 정미방(丁未方)으로 소수(消水)하는 것을 목국(木局)의 정국(正局) 장생향(長生向)이라 한다. 왕거영생지국(旺去迎生之局)이며 만당생왕지국(滿堂生旺之局)으로 완미지국(完美之局)을 이룬다.

2. 변국(變局) 장생향(長生向)

■ 곤좌간향(坤坐艮向)·신좌인향(申坐寅向)

우변의 병오(丙午) 제왕수(帝旺水), 손사(巽巳) 임관수(臨官水), 을진(乙辰) 관대수(冠帶水), 갑묘(甲卯) 귀인수(貴人水) 등이 상당(上堂)하여 간인향(艮寅向)과 상배(相配)한 후 화국(火局)의 양위(養位)인 계축(癸丑)으로 소수(消水)하는 것을 화국(火局)의 변국(變局) 장생향(長生向)이라 한다. 왕거영생지국(旺去迎生之局)으로 가장 길하며, 양공구빈수법(楊公救貧水法)이다.

■ 곤좌간향(坤坐艮向)·신좌인향(申坐寅向)

좌변 양생수(養生水)가 상당(上堂)하여 우변의 갑묘방(甲卯方)으로 소수(消水)하는 것을 화국(火局)의 변국(變局) 장생향(長生向)이라 한다. 이 때 천간(天干) 갑방(甲方)으로 소수(消水)하는 것이 길하다. 묘방(卯方)으로 소수(消水)하면 도화살방(桃花殺方)이니 불리하다.

■ 곤좌간향(坤坐艮向)·신좌인향(申坐寅向)

좌변 계축(癸丑) 간인(艮寅) 양생수(養生水)가 상당(上堂)하여 을진방(乙辰方)으로 소수(消水)하는 것을 화국(火局)의 변국(變局) 장생향(長生向)이라 한다. 2대에 걸쳐 발복이 많으나 절태수(絶胎水)가 상당(上堂)하면 불리하다. 용진혈적(龍眞穴的)해야 한다(冠帶破).

■ 곤좌간향(坤坐艮向)·신좌인향(申坐寅向)

우변의 병오(丙午) 제왕수(帝旺水), 손사(巽巳) 임관수(臨官水), 을진(乙辰) 관대수(冠帶水), 갑묘(甲卯) 귀인수(貴人水)가 상당(上堂)하여 천간(天干) 간방(艮方)으로 소수(消水)하는 것을 화국(火局)의 변국(變局) 장생향(長生向)이라 한다. 수구(水口)가 길게 곧바로 소수(消水)하면 걸식을 면하기 어렵고, 지지방(地支方)으로 소수(消水)하면 왕거충생(旺去沖生)이 되어 크게 패한다.

2. 제왕향(帝旺向)

제왕향(帝旺向)에는 자오묘유(子午卯酉) 4가지가 있다. 쌍산오행(雙山五行)으로는 자좌오향(子坐午向)과 임좌병향(壬坐丙向), 오좌자향(午坐子向)과 병좌임향(丙坐壬向), 묘좌유향(卯坐酉向)과 갑좌경향(甲坐庚向), 유좌묘향(酉坐卯向)과 경좌갑향(庚坐甲向)의 8가지 있다. 그리고 제왕향(帝旺向)에는 정국(正局)과 변국(變局)이 있다.

1. 정국(正局) 제왕향(帝旺向)

■ 임좌병향(壬坐丙向)·자좌오향(子坐午向)

좌변의 간인(艮寅) 장생수(長生水), 갑묘(甲卯) 귀인수(貴人水), 을진(乙辰) 관대수(冠帶水), 손사(巽巳) 임관수(臨官水) 등이 상당(上堂)하여 병오향(丙午向)과 상배(相配)한 후 정미(丁未) 거문수(巨門水), 곤신(坤申) 경태(庚兌) 병사수(病死水)와 합류하여 화국(火局)의 정고(正庫)인 신술방(辛戌方)으로 소수(消水)하는 것을 정국(正局) 제왕향(帝旺向)이라고 한다. 생래회왕지국(生來會旺之局)으로 가장 길한 향(向)이다. 생왕(生旺)의 기가 만당(滿堂)하며, 부귀쌍전(富貴雙全)을 이룬다.

■ 병좌임향(丙坐壬向)·오자좌향(午坐子向)

좌변의 곤신(坤申) 장생수(長生水), 경태(庚兌) 귀인수(貴人水), 신술(辛戌) 관대수(冠帶水), 건해(乾亥) 임관수(臨官水) 등이 상당(上堂)하여 임자향(壬子向)과 상배(相配)한 후 우변의 계축(癸丑) 거문수(巨門水), 간인(艮寅) 갑묘(甲卯) 병사수(病死水)와 합류하여 을진방(乙辰方)으로 소수(消水)하는 것을 수국(水局)의 정국(正局) 제왕향(帝旺向)이라 한다. 생래회왕지국(生來會旺之局)으로 가장 길한 향(向)이며, 부귀쌍전(富貴雙全)을 이룬다.

■ 갑좌경향(甲坐庚向)·묘좌유향(卯坐酉向)

좌변의 손사(巽巳) 장생수(長生水), 병오(丙午) 귀인수(貴人水), 정미(丁未) 관대수(冠帶水), 곤신(坤申) 임관수(臨官水) 등이 상당(上

堂)하여 경유향(庚酉向)과 상배(相配)한 후, 신술(辛戌) 거문수(巨門水), 건해(乾亥) 임자(壬子) 병사수(病死水)와 합류하여 계축(癸丑) 금국(金局)의 정고(正庫)로 소수(消水)하는 것을 말한다. 생래회왕지국(生來會旺之局)으로 가장 길한 향(向)이며 부귀쌍전지국(富貴雙全之局)을 이룬다.

■ 경좌갑향(庚坐甲向)·유좌묘향(酉坐卯向)

좌변의 건해(乾亥) 장생수(長生水), 임자(壬子) 귀인수(貴人水), 계축(癸丑) 관대수(冠帶水), 간인(艮寅) 임관수(臨官水) 등이 상당(上堂)하여 갑묘향(甲卯向)과 상배(相配)한 후, 우변의 을진(乙辰) 거문수(巨門水), 손사(巽巳) 병오(丙午) 병사수(病死水)와 합류하여 목국(木局)의 정고(正庫)인 정미방(丁未方)으로 소수(消水)하는 것을 말한다. 생래회왕지국(生來會旺之局)으로 가장 길한 향(向)이며, 부귀쌍전지국(富貴雙全之局)을 이룬다. 생래회왕지국(生來會旺之局)과 왕거영생지국(旺去迎生之局)은 양공구빈수법(楊公救貧水法)의 입향(立向)이다.

2. 변국(變局) 제왕향(帝旺向)·1

■ 임좌병향(壬坐丙向)·자좌오향(子坐午向)

(1) 좌변의 간인(艮寅) 장생수(長生水), 갑묘(甲卯) 귀인수(貴人水), 을진(乙辰) 관대수(冠帶水), 손사(巽巳) 임관수(臨官水) 등이 상당(上堂)하여 병오향(丙午向)과 상배(相配)한 후, 정미고(丁未庫)로 소수(消水)하는 것을 변국(變局) 제왕향(帝旺向)이라 한다. 정미(丁未)는

화국(火局)의 거문방(巨門方)이고, 거문방(巨門方)은 물의 내거(來去)가 공히 합법이다.

(2) 우변의 정미수(丁未水)가 상당(上堂)하여 병오향(丙午向)과 상배(相配)하여 갑묘(甲卯) 목욕방(沐浴方)으로 소수(消水)하는 것도 변국(變局) 제왕향(帝旺向)이라 한다. 이 향(向)은 수국(水局) 태위(胎位)이고, 소수(消水)는 화국(火局) 목욕방(沐浴方)이다. 녹존유진(祿存流盡) 패금어(佩金魚)로 합법 입향(立向)이나 천간방(天干方)으로 소수(消水)해야 한다. 지지(地支) 묘위(卯位)는 도화살(桃花殺)이므로 불길하다.

(3) 우변의 정미수(丁未水)가 상당(上堂)하여 천간(天干) 병방(丙方)으로 소수(消水)하면 합법 입향(立向)이다. 특히 수출직거(水出直去)하여 길게 출수하면 불길하고, 백보 이내에서 소수(消水)해야 한다. 이 당문향(堂門向)은 좌변수가 상당(上堂)하면 생래파왕살(生來破旺殺)을 범하게 되고, 양변수가 합류하여 백보 이내에서 소수(消水)하지 않고 길게 흘러 소수(消水)하면 걸식을 면하기 어렵다. 따라서 당문향(堂門向)은 반드시 우변수가 상당(上堂)해야 하고, 양수(養水)가 합류하여 백보 이내에서 소수(消水)해야 한다.

(4) 우변 정미수(丁未水)가 상당(上堂)하여 좌변의 을진(乙辰) 관대방(冠帶方)으로 소수(消水)하면 합법 입향(立向)으로 2대가 발복한다. 그러나 병사(病死) 절태수(絕胎水)가 상당(上堂)하면 불리하다.

3. 변국(變局) 제왕향(帝旺向)·2

■ 병좌임향(丙坐壬向)·오좌자향(午坐子向)

(1) 좌변의 곤신(坤申) 장생수(長生水), 경태(庚兌) 귀인수(貴人水), 신술(辛戌) 관대수(冠帶水), 건해(乾亥) 임관수(臨官水) 등이 상당(上堂)하여 임자향(壬子向)과 상배(相配)한 후, 우변의 계축(癸丑)으로 소수(消水)하는 것을 변국(變局) 제왕향(帝旺向)이라 한다. 생래회왕지국(生來會旺之局)으로 대길향(大吉向)이며 양공구빈수법(楊公救貧水法)이다.

(2) 우변의 계축(癸丑) 거문수(巨門水)가 상당(上堂)하여 임자향(壬子向)과 상배(相配)한 후, 경태(庚兌) 목욕방(沐浴方)으로 소수(消水)하는 것을 말한다. 이 향(向)은 녹존유진(祿存流盡) 패금어(佩金魚)로 합당하다. 천간(天干) 경방(庚方)으로 소수(消水)하면 길하다.

(3) 우변의 계축(癸丑) 거문수(巨門水)가 상당(上堂)하여 천간(天干) 임방(壬方)으로 소수(消水)하면 합법 입향(立向)이다. 그러나 만일 좌변수가 상당(上堂)하면 생래파왕(生來破旺)으로 불길하다.

(4) 우변의 거문수(巨門水)가 상당(上堂)하여 좌변 관대방(冠帶方) 신술(辛戌)로 소수(消水)하면 합법 입향(立向)으로 2대가 발복한다.

4. 변국(變局) 제왕향(帝旺向)·3

■ 경좌갑향(庚坐甲向)·유좌묘향(酉坐卯向)

(1) 좌변의 건해(乾亥) 장생수(長生水), 임자(壬子) 귀인수(貴人水), 계축(癸丑) 관대수(冠帶水), 간인(艮寅) 임관수(臨官水) 등이 상당(上堂)하여 갑묘향(甲卯向)과 상배(相配)한 후, 을진(乙辰) 수국(水局)의 정고(正庫)로 소수(消水)하는 것을 변국(變局) 제왕향(帝旺向)이라 한다. 생래회왕지국(生來會旺之局)으로 양공구빈수법(楊公救貧水法)이다.

(2) 우변의 을진수(乙辰水)가 상당(上堂)하여 좌변 임자(壬子) 목욕방(沐浴方)으로 소수(消水)하는 것을 말한다. 녹존유진(祿存流盡) 패금어(佩金魚)로 대길하다.

(3) 우변의 을진수(乙辰水)가 상당(上堂)하여 당문(堂門) 갑방(甲方)으로 소수(消水)하는 것을 말한다. 반드시 천간(天干) 갑방(甲方)으로 소수(消水)해야 한다. 만일 지지(地支)인 묘방(卯方)으로 소수(消水)하면 불리하고, 소수(消水)가 직장류(直長流)이면 걸식을 면하기 어렵다. 반드시 백보 이내에서 소수(消水)해야 한다.

(4) 우변수가 상당(上堂)하여 좌변의 관대방(冠帶方) 계축(癸丑)으로 소수(消水)하면 합당하며 2대가 크게 발복한다.

5. 변국(變局) 제왕향(帝旺向)・4

■ 갑좌경향(甲坐庚向)・묘좌유향(卯坐酉向)

(1) 좌변의 손사(巽巳) 장생수(長生水), 병오(丙午) 귀인수(貴人水), 정미(丁未) 관대수(冠帶水), 곤신(坤申) 임관수(臨官水) 등이 상당(上堂)하여 경유향(庚酉向)과 상배(相配)한 후, 화국(火局)의 정고(正庫)인 신술(辛戌)로 소수(消水)하는 것을 변국(變局) 제왕향(帝旺向)이라 한다. 생래회왕지국(生來會旺之局)으로 양공구빈수법(楊公救貧水法)이다.

(2) 우변의 신술수(辛戌水) 등이 상당(上堂)하여 좌변의 병오(丙午) 목욕방(沐浴方)으로 소수(消水)하는 것을 말한다. 녹존유진(祿存流盡) 패금어(佩金魚)라고 하며 대길하다.

(3) 우변의 신술수(辛戌水)가 상당(上堂)하여 당문(堂門) 경방(庚方)으로 소수(消水)하는 것을 말한다. 반드시 천간(天干) 경방(庚方)으로 소수(消水)해야 한다. 만일 지지(地支) 유방(酉方)으로 소수(消水)하면 불리하고, 소수(消水)가 직장류(直長流)이면 걸식을 면하기 어렵다. 반드시 백보 이내에서 소수(消水)해야 한다.

(4) 우변수가 상당(上堂)하여 좌변 정미방(丁未方 : 冠帶方)으로 소수(消水)하면 합법 입향(立向)으로 2대가 발복한다.

3. 양향(養向)

양향(養向)은 4대국(四大局) 중에서 양위(養位)에 속하는 향(向)을 말한다. 수국(水局)의 계좌정향(癸坐丁向)과 축좌미향(丑坐未向), 금국(金局)의 신좌을향(辛坐乙向)과 술좌진향(戌坐辰向), 목국(木局)의 을좌신향(乙坐辛向)과 진좌술향(辰坐戌向), 화국(火局)의 정좌계향(丁坐癸向)과 미좌축향(未坐丑向)이다.

■ 계좌정향(癸坐丁向)·축좌미향(丑坐未向)

수국(水局)의 양향(養向)으로 우변의 임자(壬子) 제왕수(帝旺水), 건해(乾亥) 임관수(臨官水), 신술(辛戌) 관대수(冠帶水), 경태(庚兌) 귀인수(貴人水), 곤신(坤申) 장생수(長生水) 등이 상당(上堂)하여 정미향(丁未向)과 상배(相配)한 후 손사(巽巳)로 소수(消水)하는 것을 말한다. 장남·중남·삼남이 모두 발복한다는 최고의 향(向)이다. 이를 녹마상어가지국(祿馬上御街之局) 입향(立向)이라 한다.

■ 신좌을향(辛坐乙向)·술좌진향(戌坐辰向)

금국(金局)의 양향(養向)으로 우변의 경태(庚兌) 제왕수(帝旺水), 곤신(坤申) 임관수(臨官水), 정미(丁未) 관대수(冠帶水), 병오(丙午) 귀인수(貴人水), 손사(巽巳) 장생수(長生水) 등이 상당(上堂)하여 을진향(乙辰向)과 상배(相配)한 후 간인방(艮寅方)으로 소수(消水)하는 것을 금국(金局)의 양향(養向)이라고 한다. 역시 녹마상어가지국(祿馬上御街之局) 입향(立向)으로 대길하다.

■ 을좌신향(乙坐辛向)·진좌술향(辰坐戌向)

목국(木局)의 양향(養向)으로 우변의 갑묘(甲卯) 제왕수(帝旺水), 간인(艮寅) 임관수(臨官水), 계축(癸丑) 관대수(冠帶水), 임자(壬子) 귀인수(貴人水), 건해(乾亥) 장생수(長生水) 등이 상당(上堂)하여 신술향(辛戌向)과 상배(相配)한 후 곤신방(坤申方)으로 소수(消水)하는 것을 목국(木局)의 양향(養向)이라고 한다. 역시 녹마상어가지국(祿馬上御街之局) 입향(立向)으로 대길하다.

■ 정좌계향(丁坐癸向)·미좌축향(未坐丑向)

화국(火局)의 양향(養向)으로 우변의 병오(丙午) 제왕수(帝旺水), 손사(巽巳) 임관수(臨官水), 을진(乙辰) 관대수(冠帶水), 갑묘(甲卯) 귀인수(貴人水), 간인(艮寅) 장생수(長生水) 등이 상당(上堂)하여 건해향(乾亥向)으로 소수(消水)하는 것을 말한다. 역시 녹마상어가지국(祿馬上御街之局) 입향(立向)으로 대길하다.

4. 묘향(墓向)

묘향(墓向)은 4대국(四大局) 중에서 묘위(墓位)에 속하는 향(向)을 말한다. 목국(木局)의 계좌정향(癸坐丁向)과 축좌미향(丑坐未向), 금국(金局)의 정좌계향(丁坐癸向)과 미좌축향(未坐丑向), 수국(水局)의 신좌을향(辛坐乙向)과 술좌진향(戌坐辰向), 화국(火局)의 을좌신향(乙坐辛向)과 진좌술향(辰坐戌向)이 있다.

■ 계좌정향(癸坐丁向) · 축좌미향(丑坐未向)

목국(木局)의 묘향(墓向)으로 좌변의 갑묘(甲卯) 제왕수(帝旺水), 을진(乙辰) 거문수(巨門水) 등이 상당(上堂)하여 정미향(丁未向)과 상배(相配)한 후 우변 곤신방(坤申方)으로 소수(消水)하는 것을 말하며, 목국(木局)의 합법 입향(立向)이다. 좌선수(左旋水)가 상당(上堂)하여 당문파(堂門破)인 정미방(丁未方)으로 소수(消水)해도 합법 입향(立向)이다. 그러나 백보 이내에서 소수(消水)해야 하고, 미(未)자를 범하지 않아야 하며, 정(丁)자로 소수(消水)해야 한다. 당문파(堂門破)인데 우선수(右旋水)가 상당(上堂)하면 대패즉절한다. 천간방(天干方)의 조수(朝水)가 내도(來到)하면 대길하나, 지지방(地支方)의 조수(朝水)가 내도(來到)하면 크게 불길하니 삼가해야 한다.

■ 정좌계향(丁坐癸向) · 미좌축향(未坐丑向)

금국(金局)의 묘향(墓向)으로 좌변의 경태(庚兌) 제왕수(帝旺水), 신술(辛戌) 거문수(巨門水) 등이 상당(上堂)하여 계축향(癸丑向)과 상배(相配)한 후 간인방(艮寅方)으로 소수(消水)하는 것을 말한다. 좌선수(左旋水)가 상당(上堂)하여 당문파(堂門破)이면 백보 이내에서 소수(消水)해야 하고, 축(丑)자를 범하지 않고 계(癸)자로 소수(消水)해야 한다. 만일 당문파(堂門破)인데 우선수(右旋水)가 상당(上堂)하면 대패즉절한다.

■ 신좌을향(辛坐乙向) · 술좌진향(戌坐辰向)

수국(水局)의 묘향(墓向)으로 좌변의 임자(壬子) 제왕수(帝旺水), 계축(癸丑) 거문수(巨門水) 등이 상당(上堂)하여 을진향(乙辰向)과 상배(相配)한 후 손사방(巽巳方)으로 소수(消水)하는 것을 말한다. 좌변의 임자(壬子) 제왕수(帝旺水), 계축(癸丑) 거문수(巨門水) 등이 상당(上堂)하여 당문파(堂門破)인 을진방(乙辰方)으로 소수(消水)해도 합법 입향(立向)이다. 그러나 백보 이내에서 소수(消水)해야 하며, 진(辰)자를 범하지 말고 을(乙)자로 소수(消水)해야 한다. 당문파(堂門破)인데 우선수(右旋水)가 상당(上堂)하면 대패즉절한다.

■ 을좌신향(乙坐辛向) · 진좌술향(辰坐戌向)

화국(火局)의 묘향(墓向)으로 좌변의 병오(丙午) 제왕수(帝旺水), 정미(丁未) 거문수(巨門水) 등이 상당(上堂)하여 신술향(辛戌向)과 상배(相配)한 후 우변의 건해방(乾亥方)으로 소수(消水)하는 것을 말한다. 좌선수(左旋水)가 상당(上堂)하여 당문파(堂門破)인 신술방(辛戌方)으로 소수(消水)하는 것도 합법 입향(立向)이다. 그러나 백보 이내에서 소수(消水)해야 하고, 술(戌)자를 범하면 않고 신(辛)자로 소수(消水)해야 한다. 당문파(堂門破)인데 우선수(右旋水)가 상당(上堂)하면 대패즉절한다.

5. 쇠향(衰向) : 쇠향태류(衰向胎流)

쇠향(衰向)이란 4대국(四大局) 중에서 쇠위(衰位)에 해당하는 향(向)을 말한다. 화국(火局)의 계좌정향(癸坐丁向)과 축좌미향(丑坐未向), 금국(金局)의 을좌신향(乙坐辛向)과 진좌술향(辰坐戌向), 목국(木局)의 신좌을향(辛坐乙向)과 술좌진향(戌坐辰向), 수국(水局)의 정좌계향(丁坐癸向)과 미좌축향(未坐丑向)이 있다.

■ 계좌정향(癸坐丁向)·축좌미향(丑坐未向)

 화국(火局)의 쇠향(衰向)으로 좌변의 간인(艮寅) 장생수(長生水), 갑묘(甲卯) 귀인수(貴人水), 을진(乙辰) 관대수(冠帶水), 손사(巽巳) 임관수(臨官水), 병오(丙午) 제왕수(帝旺水) 등이 상당(上堂)하여 정미향(丁未向)과 상배(相配)한 후 화국(火局)의 태위(胎位) 녹존(祿存) 임방(壬方)으로 소수(消水)하는 것을 말한다. 만약 지지(地支) 자방(子方)을 범하면 흉하다.

■ 을좌신향(乙坐辛向)·진좌술향(辰坐戌向)

 금국(金局)의 쇠향(衰向)으로 좌변의 손사(巽巳) 장생수(長生水), 병오(丙午) 귀인수(貴人水), 정미(丁未) 관대수(冠帶水), 곤신(坤申) 임관수(臨官水), 경태(庚兌) 제왕수(帝旺水) 등이 상당(上堂)하여 신술향(辛戌向)과 상배(相配)한 후 금국(金局)의 태위(胎位) 갑방(甲方)으로 소수(消水)하는 것을 말한다. 만일 지지(地支) 묘방(卯方)으로 소수(消水)하면 대흉하다.

■ 신좌을향(辛坐乙向)·술좌진향(戌坐辰向)

 목국(木局)의 쇠향(衰向)으로 좌변의 건해(乾亥) 장생수(長生水), 임자(壬子) 귀인수(貴人水), 계축(癸丑) 관대수(冠帶水), 간인(艮寅) 임관수(臨官水), 갑묘(甲卯) 제왕수(帝旺水) 등이 상당(上堂)하여 을진향(乙辰向)과 상배(相配)한 후 목국(木局)의 태위(胎位) 경방(庚方)으로 소수(消水)하는 것을 말한다. 그러나 만일 지지(地支) 유방(酉方)을 범하면 대흉하다.

■ 정좌계향(丁坐癸向)·미좌축향(未坐丑向)

수국(水局)의 쇠향(衰向)으로 좌변의 곤신(坤申) 장생수(長生水), 경태(庚兌) 귀인수(貴人水), 신술(辛戌) 관대수(冠帶水), 건해(乾亥) 임관수(臨官水), 임자(壬子) 제왕수(帝旺水) 등이 상당(上堂)하여 계축향(癸丑向)과 상배(相配)한 후 수국(水局)의 태위(胎位) 병방(丙方)으로 소수(消水)하는 것을 말한다. 그러나 만약 지지(地支) 오방(午方)으로 소수(消水)하면 대흉하다.

명당이든 공동묘지이든 묻힌 후에 그 자리가 명당이면 크게 발복하는 것이다. 명당이라도 합법 입향(立向)을 하지 못하면 참화를 당하고, 명당이 아니더라도 합법 입향(立向)을 하면 발복은 못하더라도 불상사는 없다.

6. 12수구(十二水口)의 길흉

향(向)에는 총 288개가 있는데 입향(立向)이 가능한 것은 각 국(局)의 22개이다. 88개의 향(向)을 입향(立向)할 수 있고, 여기에 각 국(局)의 묘향묘파(墓向墓破)를 합하면 96개가 된다.

1. 임좌병향(壬坐丙向) 자좌오향(子坐午向)

■ 신술수구(辛戌水口)

화국(火局)의 정왕향(正旺向)이다. 좌수(左水)가 도우(倒右)하여 신술방(辛戌方)으로 흘러나가니 정왕향(正旺向)이다. 삼합연주귀무가(三合聯珠貴無價)라 한다. 양공구빈진신법(楊公救貧進神法)에 합당하여 생래회왕(生來會旺)으로 옥대전요(玉帶纏腰)하는 금성수법(金城水法)이다. 대부대귀(大富大貴)하며 인정(人丁)이 번창하고 충효현량(忠孝賢良)이 나온다. 남녀가 장수하며 집집마다 발복이 오래간다. 만약 왕방산(旺方山)이 비만하며 왕수(旺水)가 모이면 부(富)가 석숭(石崇)에 비할 바가 아니다.

■ 정미수구(丁未水口)

목국(木局)의 자왕향(自旺向)이다. 좌수(左水)가 도우(倒右)하여 정미방(丁未方)으로 흘러가니 자왕향(自旺向)이다. 유유쇠방가거래(惟有衰方可去來)이다. 쇠방(衰方)으로 나가도 좋고 들어와도 좋다. 발복발귀하고 장수하며 인정(人丁)이 왕성하리라.

■ 갑자수구(甲字水口)

금국(金局)의 자왕향(自旺向)이다. 우수(右水)가 도좌(倒左)하여 갑(甲)자로 흘러나가면 목욕방(沐浴方) 소수(消水)가 된다. 녹존유진(祿存流盡) 패금어(佩金魚)이니 녹존방(祿存方)으로 물이 나가면 벼슬길에 오른다. 부귀쌍전(富貴雙全)하며 인정(人丁)이 흥왕하다. 그러나 인묘(寅卯) 두 글자를 범하면 음란하며 패절(敗絶)한다.

■ 손사수구(巽巳水口)

물이 손방(巽方)으로 흘러가면 임관위(臨官位)를 충(沖)하여 살인대황천(殺人大黃泉)이 된다. 큰 자손이 죽고 패하며, 다리불구·종기·

노질(勞疾)·토혈(吐血) 등이 따른다. 먼저 둘째가 상하고 별방(別房)도 이어진다.

■ 을진수구(乙辰水口)

물이 을진방(乙辰方)에서 흘러나가니 관대위(冠帶位)를 충파(沖破)한다. 총명한 어린자식과 부녀자와 소녀가 상하고, 전장(田庄)과 재산을 패하여 오래되면 패절(敗絶)하리라. 만일 용진혈적(龍眞穴的)하면 2대 발복하나, 병사절태수(病死絶胎水)가 상당(上堂)하면 불리하다.

■ 계축수구(癸丑水口)

물이 계방(癸方)으로 흘러나가니 양위(養位)를 충(沖)한다. 어린아이가 상하고 재물이 패하며 후손이 끊어진다. 퇴신수법(退神水法)으로는 목욕(沐浴) 불입향(不立向)이다.

■ 임자수구(壬子水口)

물이 임자방(壬子方)으로 흘러나가니 태위(胎位)를 충파(沖破)한다. 주로 낙태를 하며 사람이 상한다. 초년에는 인정(人丁)과 재물이 약간 이로우나 오래가면 패절(敗絶)한다. 과궁수(過宮水)가 되어 수(壽)는 있으나 재물이 없다.

■ 건해수구(乾亥水口)

물이 건해방(乾亥方)으로 흘러나가니 과궁수(過宮水)가 되어 정(情)이 지나쳐 버린다. 태공(太公)이 팔십을 지나 문왕(文王)을 만난 것이 이 수법(水法)이다. 초년에는 인정(人丁)도 있고 수(壽)도 있으나 재산은 없다. 물이 자신의 정고(正庫)로 돌아가지 않기 때문이다.

■ 경유수구(庚酉水口)

물이 경유방(庚酉方)으로 흘러나간다. 교여불급(交如不及)이라 공자의 제자 안회(顔回)가 단명한 물이다. 재산이 패하며 후손이 끊어진다. 초년에는 약간의 이로움이 있으나 셋째가 먼저 상한다. 인정(人丁)은 있으나 재물이 없다. 재물이 있으면 인정(人丁)이 없고, 공명이 있으면 사람이 상하며 망한다. 사방(死方)으로 물이 나가기 때문에 복록과 수(壽)를 같이 할 수 없다.

■ 곤신수구(坤申水口)

물이 곤신(坤申) 병방(病方)으로 흘러나가니 단명과숙수(短命寡宿水)를 범한다. 남자가 단명하여 5~6명의 과부가 생기고, 패산(敗産) 절사(絶嗣)한다. 해수(咳嗽)·토질(吐疾)·노질(勞疾) 등이 따른다. 먼저 셋째가 패한 다음 나머지 문도 패한다. 물이 병사(病死)로 나가기 때문이다.

■ 간인수구(艮寅水口)

물이 간인방(艮寅方)으로 흘러나가니 왕거충생(旺去沖生)이다. 왕방(旺方)에서 와서 생방(生方)으로 흘러가니 생방(生方)을 충(沖)한다. 충생(沖生)을 범하니 재산이 있으나 어린아이를 키우기 어려우니 십중팔구는 절사(絶嗣)하리라. 가장 먼저 장방(長房)이 패한 후 중방(中房)과 소방(小房)도 패절(敗絶)한다.

■ 병오수구(丙午水口)

수국(水局)의 태향태파(胎向胎破)이다. 우수(右水)가 도좌(倒左)하여 병천간(丙天干)으로 흘러나가나 오(午)자를 범하지 않고 백보전란(百步轉欄)해야 한다. 수국(水局)의 태향태파(胎向胎破)에 합한 향(向)으로 태위(胎位)를 충파(沖破)한다고 하지 않고 출살(出殺)한다고 논한다. 대부대귀(大富大貴)하며 인정(人丁)이 흥왕(興旺)하나 간혹 단명하여 젊은 과부가 생긴다.

■ 병오수구(丙午水口)

전항과 반대로 좌수(左水)가 도우(倒右)하여 병오방(丙午方)으로 나가면 생래파왕(生來破旺)이 된다. 인정(人丁)은 있으나 재물이 없다. 태향태류(胎向胎流)로 잘못 알기 쉬우니 주의해야 한다.

2. 계좌정향(癸坐丁向) 축좌미향(丑坐未向)

■ 손사수구(巽巳水口)

수국(水局)의 정양향(正養向)이다. 우수(右水)가 도좌(倒左)하여 손사방(巽巳方)으로 흘러나가니 정양향(正養向)이 된다. 귀인녹마상어가(貴人祿馬上御街)라 귀인(貴人) 녹마(祿馬)가 벼슬길에 오르고, 인정(人丁)과 재물이 왕성하고, 공명현달(功名顯達)한다. 발복이 오래도록 이어진다. 충효현량(忠孝賢良)한 후손이 나오며 남녀가 장수한다. 집집마다 모두 발달하는데 셋째가 더욱더 발달하고, 여자들이 뛰어난다. 가장 길한 향(向)이다.

■ 곤신수구(坤申水口)

목국(木局)의 정묘향(正墓向)이다. 좌수(左水)가 도우(倒右)하여 곤방(坤方)으로 흘러나가니 목국(木局)의 묘향(墓向)이다. 발복발귀하며 인정대왕(人丁大旺)하고, 복수(福壽)가 모두 온전하다. 정(丁)은 소신(小神)이고 곤(坤)은 대신(大神)인데, 소신(小神)이 정향(丁向)을 하고 좌수(左水)가 향(向)을 지나 곤(坤)으로 유입하여 흘러나가니 소신유입대신(小神流入大神)하며, 묘고(墓庫) 출살(出殺)로 부귀영화가 가득하다.

■ 병오수구(丙午水口)

물이 병오방(丙午方)으로 흘러나가니 녹위(祿位)를 충(沖)하여 충록소황천(沖祿小黃泉)이 된다. 대개 궁핍하고, 단명하여 과부가 생긴다. 수없이 황천묘(黃泉墓)를 실험해 보아도 간혹 장수하는 사람은 있으나 5~6형제가 핍사(乏嗣)하고 결식자가 생긴다. 한 마디로 빈곤자는 많고 부는 적다. 만약 미(未)자를 범하고 다시 쟁도(鎗刀)와 악석(惡石)이 있으면 횡폭하며 싸움을 좋아하는 자손이 나온다.

■ 을진수구(乙辰水口)

물이 진방(辰方)으로 흘러나가니 퇴신(退神)을 범한다. 초년에는 인정(人丁)이 발하나 재물은 발전하지 않는다. 그러나 크게 흥하지는 않다.

■ 갑묘수구(甲卯水口)

물이 갑묘방(甲卯方)으로 흘러나간다. 초년에 인정(人丁)이 발하나 오래가면 단명하며 절사(絶嗣)하고, 모든 재산을 패하리라.

■ 간인수구(艮寅水口)
 물이 간인방(艮寅方)으로 흘러나간다. 재물이 없어지고 어린아이를
키우기 어렵다. 남자가 단명하여 후사가 끊어진다. 먼저 장방(長房)이
패한 다음 동생들이 패한다.

■ 계축수구(癸丑水口)
 물이 계축방(癸丑方)으로 흘러나간다. 퇴신(退神)을 범하고 관대(冠
帶) 불입향(不立向)이니 요절·패절(敗絶) 등이 따른다.

■ 건해수구(乾亥水口)
 물이 건해방(乾亥方)으로 흘러나가니, 인정(人丁)과 재물이 날마다
쇠해진다. 심하면 절사(絶嗣)에 이른다.

■ 신술수구(辛戌水口)
 물이 신술방(辛戌方)으로 흘러나가니, 쇠불입향(衰不立向)을 범한다.
인정(人丁)과 재물이 발전하기 어렵다.

■ 경유수구(庚酉水口)
 물이 경유방(庚酉方)으로 흘러나가니 정이 지나쳐 버린다. 인정(人
丁)은 있으나 재물이 없다.

■ 정미수구(丁未水口)

우수(右水)가 도좌(倒左)하여 정(丁)자로 흘러가니 절수(絶水)가 묘고(墓庫)를 충(沖)한다. 혹 당면(當面)을 곧게 나가서 백보전란(百步轉欄)도 되지 않는다. 토우(土牛)를 끌고가는 격이니 패절(敗絶)한다.

■ 임자수구(壬子水口)

화국(火局)의 쇠향(衰向)이다. 향상(向上)의 정수(丁水)가 당(堂)으로 흘러와 혈후(穴後) 임자천간(壬子天干)으로 흘러가도 자(子)자를 범하지 않으면 녹존유진(祿存流盡) 패금어(佩金魚)가 된다. 녹존(祿存) 태방(胎方)으로 흘러가면 발부발귀(發富發貴)하고 복수쌍전(福壽雙全)한다. 그러나 이 향(向)의 북수(北水)는 평양에서는 발복하나 산지에서는 패절(敗絶)한다.

이것은 평양지에서는 중요한 것이 좌공조만(坐空朝滿)이라 하여 혈후(穴後)가 허하며 낮고 조(朝)가 높으니 물이 임자(壬子)로 가면 혈후(穴後)가 반드시 낮을 것이니 평양혈후(平洋穴後) 일척저(一尺低)하면 개개아손(個個兒孫) 회독서(會讀書)라, 즉 평양지에서 혈후(穴後)가 1척이 낮으면 자손들이 모여 글을 읽으니 길하기 때문이다. 정수(丁水)가 내당(來堂)하니 혈전(穴前)의 안산(案山)이 반드시 높아 평양명당(平洋明堂) 고우고(高又高)라, 평양지에서는 앞이 높아야 된다는 것이다. 이와 같이 높으면 금은이 쌓이고 창고에 쌀이 가득하다고 했다.

산지에서 중요한 것은 좌만조공(坐滿朝空)이라, 혈후(穴後)는 높고 안산(案山)은 낮음을 말하는데, 혈후(穴後)가 앙와(仰瓦)처럼 낮은 것을 두려워 한다. 만약 정방수(丁方水)가 내당(來堂)하여 임자(壬

子)로 흘러나가면 반드시 앞이 높고 뒤가 낮다. 어깨바람이 불어오면 자손이 적다. 평양에서는 발복하나 산지에서는 패절(敗絶)한다. 4국(四局)의 을신정계향(乙辛丁癸向)에 물이 갑경병임(甲庚丙壬)으로 흘러나가는 것은 같은 이치이다.

■ 정미수구(丁未水口)

목국(木局)의 묘향묘파(墓向墓破)이다. 좌수(左水)가 도우(倒右)하여 정방(丁方)으로 흘러나가고, 미(未)자를 범하지 않고, 백보전란(百步轉欄)하면 대부대귀(大富大貴)하리라. 그러나 작은 차이라도 있으면 대황천살(大黃泉殺)을 범한다.

3. 간좌곤향(艮坐坤向) 인좌신향(寅坐申向)

■ 을진수구(乙辰水口)

수국(水局)의 정생향(正生向)이다. 우수(右水)가 도좌(倒左)하여 을진방(乙辰方)으로 흘러나가면 삼합(三合)이 만나는 정생향(正生向)이고, 왕거영생(旺去迎生)이 된다. 옥대전요(玉帶纏腰 : 벼슬을 하는 것)하는 금성수법(金星水法)이다. 진신가업흥(進神家業興)이라 했으니 아내는 현명하며 자손은 효도하고, 오복이 만문(滿門)하여 부귀쌍전(富貴雙全)을 이룬다.

■ 정미수구(丁未水口)

목국(木局)의 자생향(自生向)이다. 우수(右水)가 도좌(倒左)하여 정미방(丁未方)으로 흘러나가니 차고소수(借庫消水) 자생향(自生向)으

로 양공구빈진신수법(楊公救貧進神水法)에 합당하다. 이런 경우에는
양위(養位)를 충파(沖破)한다고 하지 않는다. 부귀고수(富貴高壽)하
며 인정대왕(人丁大旺)하고, 작은 아들이 먼저 발복한다.

■ 경유수구(庚酉水口)

 목국(木局)의 자생향(自生向)이다. 좌수(左水)가 도우(倒右)하여 경
방(庚方)으로 흘러나가니 문고소수(文庫消水)로 양공구빈진신수법
(楊公救貧進神水法)에 합당하다. 녹존유진(祿存流盡) 패금어(佩金魚)
라 발부발귀(發富發貴)하고 복수쌍전(福壽雙全)한다. 그러나 작은 차
이라도 있으면 패절(敗絶)하니 함부로 쓰면 안된다.

■ 병오수구(丙午水口)

 물이 병오방(丙午方)으로 흘러나가니 태신위(胎神位)를 충파(沖破)
한다. 초년에는 간혹 인정(人丁)이 발하며 재물이 왕성하고 장수하기
도 한다. 그러나 오래가면 낙태·핍사(乏嗣)·궁핍 등이 따른다.

■ 손사수구(巽巳水口)

 물이 손사방(巽巳方)으로 흘러나가니 과궁수(過宮水)가 되어 정이
지나쳐 버린다. 초년에는 인정(人丁)이 있으며 장수하나, 후반에는 발
복하지 못하며 궁핍해진다.

■ 갑묘수구(甲卯水口)

 물이 갑묘방(甲卯方)으로 흘러나가니 교여불급(交如不及)이 되어
발복하지 못하고, 단명·재패(財敗) 등이 따른다.

■ 간인수구(艮寅水口)

물이 간인방(艮寅方)으로 흘러나가니 교여불급(交如不及)이 되어 발복하지 못하고, 질병·패절(敗絶) 등이 따른다.

■ 계축수구(癸丑水口)

물이 계축방(癸丑方)으로 흘러나가니 퇴신(退神)을 범한다. 임관(臨官) 불입향(不立向)이 되어 패하거나 자손이 끊어진다.

■ 임자수구(壬子水口)

물이 임자방(壬子方)으로 흘러나가니 생래파왕(生來破旺)이 되어 매우 가난하다. 초년에는 인정(人丁)이 발하나 오래되면 단명 등이 따른다.

■ 신술수구(辛戌水口)

물이 신술방(辛戌方)으로 흘러나가면 병불입향(病不立向)을 범한다. 이는 퇴신수법(退神水法)에 해당한다. 총명한 어린아이가 상하며 패절(敗絶)한다. 그러나 용진혈적(龍眞穴的)하면 2대 발복한다.

■ 건해수구(乾亥水口)

물이 건해방(乾亥方)으로 흘러나가니 임관방(臨官方)을 충파(沖破)한다. 큰 자손이 상하고, 핍사(乏嗣)·요절·패산(敗産) 등이 따른다.

■ 곤신수구(坤申水口)

목국(木局)의 자생향(自生向)이다. 우수(右水)가 장대하게 도좌(倒

左)하여 곤방(坤方)으로 흘러간다. 신(申)자를 범하지 않고 백보전란
(百步轉欄)하면 대부대귀(大富大貴)하며 인정흥왕(人丁興旺)한다. 그
러나 만일 용혈(龍穴)에 작은 차이라도 있으면 곧 패절(敗絶)하니 함
부로 쓰면 안된다.

■ 곤신수구(坤申水口)
 좌수(左水)가 장대하게 도우(倒右)하여 곤방(坤方)으로 흘러나간다.
묘절수(墓絶水)가 생방(生方)을 충(沖)하니 대살(大殺)을 범하여 패
하지 않으면 자손이 끊어진다. 신(申)자로 물이 나가면 더욱 흉하다.

4. 갑좌경향(甲坐庚向) 묘좌유향(卯坐酉向)

■ 계축수구(癸丑水口)
 금국(金局)의 정왕향(正旺向)이다. 좌수(左水)가 도우(倒右)하여 계
축방(癸丑方)으로 흘러나가니 정왕향(正旺向)이다. 삼합연주귀무가
(三合聯珠貴無價)이며 양공구빈진신(楊公救貧進神)에 합한 것이다.
생래회왕(生來會旺)의 수법(水法)으로 옥대전요(玉帶纏腰)하는 금성
수법(金星水法)이다. 대부대귀(大富大貴)하며 인정대왕(人丁大旺)하
고 자손이 충효현량(忠孝賢良)한다. 남녀가 장수하며 방방이 골고루
발달하며, 발복이 끊이지 않고 오래간다.

■ 신술수구(辛戌水口)
 화국(火局)의 자왕향(自旺向)이다. 좌수(左水)가 도우(倒右)하여 신
술방(辛戌方)으로 흘러나가니 자왕향(自旺向)이다. 유유쇠방(惟有衰

方) 가거래(可去來)에 합당하며 양공구빈진신수법(楊公救貧進神水法)이다. 발부발귀(發富發貴)하며 장수하고 인정흥왕(人丁興旺)한다. 총명하며 빼어난 남녀가 나오고, 대길하며 크게 이롭다.

■ 병오수구(丙午水口)

수국(水局)의 자왕향(自旺向)이다. 우수(右水)가 도좌(倒左)하여 병(丙)자로 흘러나가니 목욕(沐浴) 소수(消水)이다. 녹존유진(祿存流盡) 패금어(佩金魚)가 되어 부귀쌍전(富貴雙全)하며 인정흥왕(人丁興旺)한다. 그러나 조금이라도 오사(午巳)를 범하면 음란하거나 절사(絶嗣)하니 함부로 쓰면 안된다.

■ 곤신수구(坤申水口)

물이 곤방(坤方)으로 흘러나가니 임관위(臨官位)를 충파(沖破)하여 살인대황천(殺人大黃泉)을 범한다. 성장한 아들을 잃고 패절(敗絶)하며 관사(官司)로 매산(賣産)되고, 다리불구·풍탄(風癱), 노질(勞疾)·토혈(吐血) 등이 따른다. 먼저 이문(二門)이 상하고 나머지도 무사하기 어렵다.

■ 정미수구(丁未水口)

물이 정미방(丁未方)으로 흘러가니 관대위(冠帶位)를 충파(沖破)한다. 총명한 어린아들과 소녀와 부녀가 상하고 재산을 패한다. 오래가면 절사(絶嗣)하리라. 그러나 용진혈적(龍眞穴的)하면 2대 발복한다.

■ 을진수구(乙辰水口)

물이 을진방(乙辰方)으로 흘러나가니 양위(養位)를 충파(沖破)한다. 어린아이가 상하며 재산이 패하고 절사(絶嗣)한다. 퇴신(退神)으로 목욕(沐浴) 불입향(不立向)이다.

■ 갑묘수구(甲卯水口)

물이 갑묘방(甲卯方)으로 흘러나가니 태신(胎神)을 충파(沖破)한다. 낙태와 부상이 따른다. 초년에는 간혹 정재(丁財)가 조금 발전하며 장수하는 경우도 있지만 오래가면 패절(敗絶)한다.

■ 간인수구(艮寅水口)

물이 간인방(艮寅方)으로 흘러나가니 과궁수(過宮水)가 되어 정이 지나친다. 초년에는 인정(人丁)과 수명이 있으나 재물은 없다. 물이 고(庫)로 돌아가지 못하기 때문이다.

■ 임자수구(壬子水口)

물이 임자방(壬子方)으로 흘러가니 교여불급(交如不及)이 된다. 안회(顔回 : 공자의 제자)가 단명한 수(水)이다. 요망(天亡)·재패(財敗)·절사(絶嗣)·토혈(吐血)·노질(勞疾) 등이 따르고, 과부가 많이 생긴다. 먼저 셋째가 상하고, 초년에는 약간의 이로움이 있으나 인정(人丁)이 있으면 재물이 없고 재물이 있으면 인정(人丁)이 없다. 간혹 공(功)을 세워 이름을 떨치나 단명하니 복록수(福祿壽)를 함께 이루지 못한다.

■ 건해수구(乾亥水口)

물이 건해(乾亥) 병방(病方)으로 흘러나가니 단명과숙수(短命寡宿水)가 된다. 남자는 단명하고 과부가 5~6명이나 생긴다. 재산을 패하며 자손이 끊어진다.

■ 손사수구(巽巳水口)

물이 손사방(巽巳方)으로 흘러나가니 왕거충생(旺去沖生)이 된다. 비록 재산은 있으나 어린아이를 양육하기 어렵고, 열에 아홉은 인정(人丁)이 없다. 먼저 큰 집이 패한 다음 나머지 집도 패한다.

■ 경유수구(庚酉水口)

목국(木局)의 태향태파(胎向胎破)이다. 우수(右水)가 도좌(倒左)하여 천간(天干) 경(庚)으로 흘러나가야 한다. 유(酉)자를 범하지 말아야 하고, 백보전란(百步轉欄)하되 좌수(左水)가 세소(細小)하면 본국(本局)의 태향태파(胎向胎破)에 합당하다. 이런 경우는 태위(胎位)를 충파(沖破)한다고 하지 않는다. 대부대귀(大富大貴)하며 인정흥왕(人丁興旺)하나 중간에 단명이 따르니 어린 과부가 생기기도 한다. 만약 용진혈적(龍眞穴的)하지 않으면 장(葬) 후에 패하거나 절사(絶嗣)하니 함부로 쓰면 안된다.

■ 경유수구(庚酉水口)

만약 좌수(左水)가 도우(倒右)하여 천간(天干) 경(庚)으로 흘러나가 당면직거(當面直去)하면 생래파왕(生來破旺)이 된다. 견동토우(牽動土牛)로 태향태파(胎向胎破)가 될 수 없다. 인정(人丁)은 있으나 재물이 없으며 매우 흥하다.

5. 을좌신향(乙坐辛向) 진좌술향(辰坐戌向)

■ 곤신수구(坤申水口)

목국(木局)의 정양향(正養向)이다. 우수(右水)가 도좌(倒左)하여 곤
신방(坤申方)으로 흘러나가니 정양향(正養向)이다. 귀인녹마상어가
(貴人祿馬上御街)라 하여 정재(丁財)가 왕성하고, 입신출세하며 발복
이 끊이지 않는다. 충효현량(忠孝賢良)이 나오며 남녀 모두 장수하고
방방이 모두 발복한다. 삼문(三門)이 더욱 발달하며 병발여수(並發女
秀)한다.

■ 건해수구(乾亥水口)

화국(火局)의 정묘향(正墓向)이다. 좌수(左水)가 도우(倒右)하여 건
해방(乾亥方)으로 흘러나가니 화국(火局)의 묘향(墓向)이다. 발부발
귀(發富發貴)하며 인정대왕(人丁大旺)하고, 복수쌍전(福壽雙全)한다.

■ 경유수구(庚酉水口)

물이 경유방(庚酉方)으로 흘러나가니 녹위(祿位)를 충파(沖破)하여
충록(忠祿) 소황천(小黃泉)이 된다. 빈곤·요망(夭亡)·과부 등이 따
른다.

■ 정미수구(丁未水口)

물이 정미방(丁未方)으로 흘러나가니 퇴신(退神)을 범한다. 초년에

는 조금 유리하여 인정(人丁)이 발하나 재물은 발전하지 못하며 흉하다.

■ 병오수구(丙午水口)

물이 병오방(丙午方)으로 흘러나간다. 초년에는 간혹 인정(人丁)이 발하며 장수하는 사람도 있으나, 오래가면 요망(夭亡)·절사(絶嗣)·가난 등이 따른다.

■ 손사수구(巽巳水口)

물이 손사방(巽巳方)으로 흘러나간다. 재물이 없어지며 어린아이를 키우기 어렵고, 남녀가 요망(夭亡)하여 핍사(乏嗣)한다. 먼저 장방(長房)이 패한 다음 나머지도 패한다.

■ 을진수구(乙辰水口)

물이 을진방(乙辰方)으로 흘러나가니 퇴신(退神)을 범하고, 관대(冠帶) 불입향(不立向)이 된다. 요망(夭亡)·패절(敗絶) 등이 따르며 발전하기 어렵다.

■ 간인수구(艮寅水口)

물이 간인방(艮寅方)으로 흘러나간다. 인정(人丁)과 재물이 날로 쇠하여 절사(絶嗣)한다.

■ 계축수구(癸丑水口)

물이 계축방(癸丑方)으로 흘러나가니, 쇠불입향(衰不立向)이 되어 퇴신수법(退神水法)에 해당한다. 정재(丁財)가 모두 발전하지 못한다.

■ 임자수구(壬子水口)

물이 임자방(壬子方)으로 흘러나가니, 과궁수(過宮水)가 되어 정(情)이 지나쳐 버린다.

■ 신술수구(辛戌水口)

화국(火局)의 묘향묘파(墓向墓破)이다. 좌수(左水)가 도우(倒右)하여 천간(天干) 신(辛)자로 흘러나가니, 술(戌)자를 범하지 않고 백보전란(百步轉欄)하여 흘러가면 대부대귀(大富大貴)한다. 그러나 만약 작은 차이라도 있으면 곧 패절(敗絶)하니 함부로 쓰면 안된다.

■ 갑묘수구(甲卯水口)

금국(金局)의 정쇠향(正衰向)이다. 좌수(左水)가 도우(倒右)하여 신방수(辛方水)가 조당(朝堂)으로 흘러와 혈후(穴後)의 천간(天干) 갑(甲)자로 흘러가니, 묘(卯)자를 범하지 않으면 녹존유진(祿存流盡) 패금어(佩金魚)가 되어 대부대귀(大富大貴)·복수쌍전(福壽雙全)·인정흥왕(人丁興旺) 등이 따른다. 평양지에서는 발복하나 산지에서는 패절(敗絶)한다.

■ 신술수구(辛戌水口)

우수(右水)가 도좌(倒左)하여 천간(天干) 정신(正辛)자로 나가면 묘고(墓庫) 황천(墓庫黃泉)으로 대살(大殺)을 범한다.

6. 손좌건향(巽坐乾向) 사좌해향(巳坐亥向)

■ 정미수구(丁未水口)

목국(木局)의 정생향(正生向)이다. 우수(右水)가 도좌(倒左)하여 정미방(丁未方)으로 흘러나가니, 3방(三方)이 만나는 정생향(正生向)이다. 진신구빈수법(進神救貧水法)에 합당한 왕거영생(旺去迎生)이다. 부귀가 오래 이어지고, 진신가업흥(進神家業興)으로 아내가 현명하며 자식은 효도하고, 오복이 가득하여 부귀쌍전(富貴雙全)하며 방방이 골고루 발복한다.

■ 신술수구(辛戌水口)

화국(火局)의 자생향(自生向)이다. 우수(右水)가 도좌(倒左)하여 신술방(辛戌方)으로 흘러나가니, 차고소수(借庫消水)로 자생향(自生向)이다. 양공구빈진신수법(楊公救貧進神水法)에 합당하다. 이런 경우에는 양위(養位)를 충파(沖破)한다고 하지 않는다. 부귀수고(富貴壽高)하며 인정대왕(人丁大旺)하고, 발복이 오래 이어진다.

■ 임자수구(壬子水口)

화국(火局)의 자생향(自生向)이다. 좌수(左水)가 도우(倒右)하여 임자방(壬子方)으로 흘러나가니, 문고소수(文庫消水)가 된다. 양공구빈진신수법(楊公救貧進神水法)에 합당하다. 녹존유진(祿存流盡) 패금어(佩金魚)가 되어 발부발귀(發富發貴)하며 복수쌍전(福壽雙全)한다.

■ 경유수구(庚酉水口)

물이 경유방(庚酉方)으로 흘러나가니, 태신(胎神)을 충파(沖破)한다. 초년에는 간혹 인정(人丁)이 왕성하며 장수하고 재물이 발전하는 사람도 있으나, 오래되면 핍사(乏嗣)하여 가난해진다. 만약 장수하면 반드시 궁핍해진다. 물이 고(庫)로 돌아가지 않기 때문이다.

■ 곤신수구(坤申水口)

물이 곤신방(坤申方)으로 흘러나가니, 과궁수(過宮水)가 되어 정이 지나친다. 초년에는 인정(人丁)이 발하며 장수하는 사람도 있으나 재물은 발전하지 못한다. 공명이 불리하며 가난하나 수(壽)가 있으니 절사(絶嗣)는 없으리라.

■ 병오수구(丙午水口)

물이 병오방(丙午方)으로 흘러나가니 교여불급(交如不及)이 된다. 단명·실패 등이 따르며 재물이 발전하지 못한다.

■ 손사수구(巽巳水口)

물이 손사방(巽巳方)으로 흘러나가니 이름은 생향(生向)이나 교여불급(交如不及)이 된다. 오래되면 패절(敗絶)한다.

■ 을진수구(乙辰水口)

물이 을진방(乙辰方)으로 흘러나가니 퇴신(退神)을 범한다. 임관(臨官) 불입향(不立向)으로 실패하거나 절사(絶嗣)한다.

■ 갑묘수구(甲卯水口)

물이 갑묘방(甲卯方)으로 흘러나가니 생래파왕(生來破旺)이 되어 빈곤하다. 초년에는 인정(人丁)이 발하나 오래되면 실패·절사(絶嗣) 등이 따른다.

■ 계축수구(癸丑水口)

물이 계축방(癸丑方)으로 흘러나가니 병불입향(病不立向)을 범한다. 퇴신수법(退神水法)에 합당한다. 또 관대위(冠帶位)를 충파(沖破)했으니 총명한 어린자손과 미모의 부녀자가 상한다. 그러나 만일 용진혈적(龍眞穴的)하면 2대 발복한다.

■ 간인수구(艮寅水口)

물이 간인방(艮寅方)으로 흘러나가니 임관방(臨官方)을 충파(沖破)하여 황천대살(黃泉大殺)을 범한다. 성장한 자식이 상하고, 핍사(乏嗣)·요절·빈곤 등이 따르며 대흉하다.

■ 건해수구(乾亥水口)

화국(火局)의 자생향(自生向)이다. 우수(右水)가 장대하게 도좌(倒左)하여 건방(乾方)으로 흘러나가고, 천간(天干) 정건(正乾)자로 흘러나간다. 그러나 해(亥)자를 범하지 않고 백보전란(百步轉欄)하면 대부대귀(大富大貴)하며 인정(人丁) 역시 왕성하다. 그러나 만약 용혈(龍穴)에 작은 차이라도 있으면 즉시 패절(敗絶)하니 함부로 쓰면 안된다.

■ 건해수구(乾亥水口)

좌수(左水)가 장대하게 도우(倒右)하여 건방(乾方)으로 흘러나가면 묘절수(墓絶水)가 생방(生方)을 충(沖)하니 대살(大殺)을 범한다. 해(亥)자를 범하면 장(葬) 후에 더욱 흉하다.

7. 병좌임향(丙坐壬向) 오좌자향(午坐子向)

■ 을진수구(乙辰水口)

수국(水局)의 정왕향(正旺向)이다. 좌수(左水)가 도우(倒右)하여 을진방(乙辰方)으로 흘러나가니 정왕향(正旺向)이 된다. 삼합연주귀무가(三合聯珠貴無價)라 양공구빈진신수법(楊公救貧進神水法)에 합당하다. 생래회왕수법(生來會旺水法)으로 옥대전요(玉帶纏腰)하는 금성수법(金星水法)이다. 대부대귀(大富大貴)하며 충효현량(忠孝賢良)한 자손이 나오고, 남총여수(男聰女秀)하며 부부화합이 방마다 좋고 발복이 오래간다. 신자진(申子辰) 곤임을(坤壬乙) 문곡(文曲) 종두출(從頭出)이면 생왕묘(生旺墓)의 삼합(三合)이다.

■ 계축수구(癸丑水口)

금국(金局)의 자왕향(自旺向)이다. 좌수(左水)가 도우(倒右)하여 계축방(癸丑方)으로 흘러나가니 자왕향(自旺向)이다. 오직 쇠방(衰方)으로 흘러나가니 유유쇠방가거래(惟有衰方可去來)에 합당하고, 양공구빈진신수법(楊公救貧進神水法)이다. 발부발귀(發富發貴)하며 장수하고 인정흥왕(人丁興旺)한다.

■ 경유수구(庚酉水口)

목국(木局)의 자왕향(自旺向)이다. 우수(右水)가 도좌(倒左)하여 경(庚)자로 흘러나가니 목욕방(沐浴方) 소수(消水)이다. 녹존유진(祿存流盡) 패금어(佩金魚)에 합당하므로 부귀쌍전(富貴雙全)하며 인정흥왕(人丁興旺)한다. 그러나 만약 조금이라도 유신(酉申)을 범하면 즉시 흉해지니 함부로 쓰면 안된다.

■ 건해수구(乾亥水口)

물이 건해방(乾亥方)으로 흘러나가니 임관위(臨官位)를 충파(沖破)하여 살인대황천(殺人大黃泉)을 범했으니, 반드시 성장한 자손이 상하며 패절(敗絶)한다. 또 관사매산(官司賣産)이 있고, 다리불구·피부병·노질(勞疾) 등이 따른다. 둘째가 먼저 상한 다음 나머지 방도 상한다. 절사(絶嗣)하지 않는 방이 없다.

■ 신술수구(辛戌水口)

물이 신술방(辛戌方)으로 흘러나가니 퇴신(退神)을 범한다. 총명한 어린자손과 부녀가 상하며, 재산을 패한다. 오래되면 절사(絶嗣)한다. 이는 관대위(冠帶位)를 충파(沖破)하기 때문이다. 그러나 만일 용진혈적(龍眞穴的)하면 2대 발복한다.

■ 정미수구(丁未水口)

물이 정미방(丁未方)으로 흘러나가니 양위(養位)를 충파(沖破)한다. 어린자식이 상하고, 패하며 절사(絶嗣)한다. 퇴신(退神)으로 목욕(沐浴) 불입향(不立向)이다.

■ 병오수구(丙午水口)

물이 병오방(丙午方)으로 흘러나가니 태신(胎神)을 충파(沖破)한다. 낙태와 부상이 따른다. 초년에는 간혹 정재(丁財)가 있고, 약간 이롭기도 하며 장수하는 사람도 있으나 오래가면 패절(敗絶)한다. 이곳은 과궁수(過宮水)라 하여 수(壽)가 있으면 반드시 궁핍하다.

■ 손사수구(巽巳水口)

물이 손사방(巽巳方)으로 흘러나가니 과궁수(過宮水)가 되어 정이 지나쳐 버린다. 강태공이 팔십에 문왕(文王)을 만나는 격이다. 초년에는 인정(人丁)이 발하며 수(壽)도 있으나 재물은 발전하지 못한다. 물이 고(庫)로 돌아가지 않기 때문이다.

■ 갑묘수구(甲卯水口)

물이 갑묘방(甲卯方)으로 흘러나가니 교여불급(交如不及)이 된다. 공자의 제자 안회(顔回)가 단명한 물이다. 요망(夭亡)·절사(絶嗣)·실패 등이 따른다. 과부가 많이 나오고, 먼저 삼문(三門)이 상한다. 인정(人丁)이 따르면 재물이 없고, 재물이 있으면 인정(人丁)이 없다. 공명이 있으면 요절하니 복록과 수(壽)를 모두 가질 수 없다.

■ 간인수구(艮寅水口)

물이 간인병방(艮寅病方)으로 흘러나가니 외로운 과숙수(寡宿水)이다. 반드시 남자가 단명하여 5~6명의 과부가 생기고, 패산(敗産)·핍사(乏嗣) 등이 따른다.

■ 곤신수구(坤申水口)

물이 곤신방(坤申方)으로 흘러나가니 왕거충생(旺去沖生)을 범한다.
비록 재산은 있으나 어린아이를 양육하기 어렵다. 부는 있으나 인정
(人丁)이 없고, 십중팔구는 절사(絶嗣)한다. 먼저 장방(長房)이 패한
다음 나머지 방도 패한다.

■ 임자수구(壬子水口)

화국(火局)의 태향태파(胎向胎破)이다. 우수(右水)가 도좌(倒左)했
으니 자(子)자를 범하지 않고, 천간(天干) 임(壬)자로 흘러나가며, 백
보전란(百步轉欄)해야 한다. 이 향(向)은 좌수(左水)가 세소(細小)하
면 화국(火局)의 태향태파(胎向胎破)에 합당하다. 이를 태위(胎位)를
충파(沖破)했다고 하지 않고 출살(出殺)이라고 한다. 대부대귀(大富
大貴)하며 인정흥왕(人丁興旺)하나, 중간에 단명하는 사람이 있어 과
부가 생긴다. 만약 용진혈적(龍眞穴的)하지 않으면 실패하거나 절사
(絶嗣)하니 함부로 쓰면 안된다.

■ 임자수구(壬子水口)

좌수(左水)가 도우(倒右)하여 임(壬)자로 흘러나가 당면직거(當面直
去)하면 생래파왕(生來破旺)이 된다. 또 견동토우(牽動土牛)라 태향
태파(胎向胎破)를 한 것이 아니므로 인정(人丁)은 있어도 재물이 없
으니 가난하다.

8. 정좌계향(丁坐癸向) 미좌축향(未坐丑向)

■ 건해수구(乾亥水口)

화국(火局)의 정양향(正養向)이다. 우수(右水)가 도좌(倒左)하여 건해방(乾亥方)으로 흘러나가니 정양향(正養向)이 된다. 귀인녹마상어가(貴人祿馬上御街)라 하며 진신수법(進神水法)에 합당하다. 정재대왕(丁財大旺)하며 공명현달(功名顯達)하고 발복이 오래 이어진다. 또 충효현량(忠孝賢良)이 나오고, 남녀 모두 장수한다. 방마다 발달하는데 삼문(三門)과 여자들이 뛰어나게 발달한다.

■ 간인수구(艮寅水口)

금국(金局)의 정묘향(正墓向)이다. 좌수(左水)가 도우(倒右)하여 간인방(艮寅方)으로 흘러나가니 금국(金局)의 정묘향(正墓向)이 된다. 발부발귀(發富發貴)하며 인정대왕(人丁大旺)하고 복수쌍전(福壽雙全)한다. 그러나 오래되면 풍질이 생기고, 고쳐도 또 생긴다.

■ 임자수구(壬子水口)

물이 임자방(壬子方)으로 흘러나가니 녹위(祿位)를 충파(沖破)하여 소황천(小黃泉)이 된다. 빈곤·요망(夭亡)·과부 등이 따른다. 만약 축(丑)자에 쟁도(鎗刀)와 악석(惡石)이 있으면 성질이 폭악하며 싸움을 좋아하는 후손이 태어난다. 인정(人丁)은 발전하나 재물은 발전하지 못한다.

■ 신술수구(辛戌水口)

물이 신술방(辛戌方)으로 나가니 퇴신(退神)을 범한다. 초년에는 인
정(人丁)은 발하나 재물은 발전하지 못한다. 공명은 없어도 평안하며
수(壽)를 누릴 수 있으니 흉하지는 않다.

■ 경유수구(庚酉水口)

물이 경유방(庚酉方)으로 흘러나가니 초년에는 간혹 인정(人丁)과
재물이 발전하며 장수(長壽)하는 사람도 있다. 그러나 오래되면 재산
이 줄며 단명·핍사(乏嗣) 등이 따른다.

■ 곤신수구(坤申水口)

물이 곤신방(坤申方)으로 흘러나가니 재물이 패하고 어린아이를 양
육하기 어렵다. 남녀가 모두 요망(夭亡)하며 핍사(乏嗣)한다. 장방(長
房)이 먼저 패한 다음 나머지 방도 패한다.

■ 정미수구(丁未水口)

물이 정미방(丁未方)으로 흘러나가니 퇴신(退神)을 범하고, 관대(冠
帶) 불입향(不立向)이다. 요망(夭亡)·패절(敗絶) 등이 따른다.

■ 손사수구(巽巳水口)

물이 손사방(巽巳方)으로 흘러나간다. 정재(丁財)가 날로 쇠퇴하여
심하면 절사(絶嗣)한다.

■ 을진수구(乙辰水口)

물이 을진방(乙辰方)으로 흘러나가니 쇠불입향(衰不立向)이고, 퇴신수법(退神水法)에 해당한다. 정재(丁財)가 모두 왕성하지 못하다.

■ 갑묘수구(甲卯水口)

물이 갑묘방(甲卯方)으로 흘러나가니 과궁수(過宮水)가 되어 정(情)이 지나쳐 버린다.

■ 계축수구(癸丑水口)

금국(金局)의 묘향묘파(墓向墓破)이다. 좌수(左水)가 도우(倒右)하여 천간(天干) 계(癸)자로 흘러나가니 백보전란(百步轉欄)하면 대부대귀(大富大貴)하리라. 그러나 만약 작은 차이라도 있으면 즉시 패절(敗絶)하니 함부로 쓰면 안된다.

■ 병오수구(丙午水口)

수국(水局)의 정쇠향(正衰向)이다. 좌수(左水)가 도우(倒右)하여 계방수(癸方水)가 조당(朝堂)으로 흘러와 혈후(穴後)의 천간(天干) 병(丙)자로 흘러나가되 오(午)자를 범하지 않으면 녹존유진(祿存流盡) 패금어(佩金魚)가 된다. 대부대귀(大富大貴)하며 복수쌍전(福壽雙全)한다.

■ 계축수구(癸丑水口)

우수(右水)가 도좌(倒左)하여 계방(癸方)으로 흘러나가 당면(當面)을 직거(直去)하고, 정계(正癸)자로 흘러가면 묘고(墓庫)를 충(沖)한다. 즉 견동토우격(牽動土牛格)이다.

9. 곤좌간향(坤坐艮向) 신좌인향(申坐寅向)

■ 신술수구(辛戌水口)

화국(火局)의 정생향(正生向)이다. 우수(右水)가 도좌(倒左)하여 신술방(辛戌方)으로 흘러나가니 정생향(正生向)이 된다. 왕거영생(旺去迎生)에 합당하니 양공구빈수법(楊公救貧水法)이다. 옥대전요(玉帶纏腰)하는 금성수법(金星水法)에 해당한다. 진신가업흥(進神家業興)이라 아내는 현명하며 자식은 효도하고, 집안에 오복이 가득하며 부귀쌍전(富貴雙全)한다.

■ 계축수구(癸丑水口)

금국(金局)의 자생향(自生向)이다. 우수(右水)가 도좌(倒左)하여 계축방(癸丑方)으로 흘러나가니 차고소수(借庫消水)로 자생향(自生向)이 된다. 양공구빈진신수법(楊公救貧進神水法)에 합당하며, 양위(養位)를 충파(沖破)했다고 하지 않는다. 부귀수고(富貴壽高)하며 인정대왕(人丁大旺)한다. 소방(小房)이 먼저 발복하나 용사(龍砂)가 좋으면 장방(長房)이 먼저 발복한다.

■ 갑묘수구(甲卯水口)

금국(金局)의 자생향(自生向)이다. 좌수(左水)가 도우(倒右)하여 갑묘방(甲卯方)으로 흘러나가니 문고소수(文庫消水)이다. 양공구빈진신수법(楊公救貧進神水法)에 합당하다. 녹존유진(祿存流盡) 패금어(佩

金魚)가 되어 발부발귀(發富發貴)하며 복수쌍전(福壽雙全)한다.

■ 임자수구(壬子水口)

물이 임자방(壬子方)으로 흘러나가니 태신(胎神)을 충파(沖破)한다. 초년에는 간혹 인정(人丁)이 왕성하고 재물(財物)이 발전하며 장수하는 사람도 있다. 그러나 오래가면 낙태·절사(絶嗣)·빈곤 등이 따른다. 장수하면 빈곤해지는 것은 물이 고(庫)로 돌아가지 않기 때문이다.

■ 건해수구(乾亥水口)

물이 건해방(乾亥方)으로 흘러나가니 과궁수(過宮水)가 되어 정(情)이 지나쳐 버린다. 초년에는 인정(人丁)이 발하나 재물(財物)은 발전하지 못한다. 장수하나 빈곤하며 공명도 불리하다.

■ 경유수구(庚酉水口)

물이 경유방(庚酉方)으로 흘러나가니 교여불급(交如不及)이 된다. 단명·재패(財敗) 등이 따른다.

■ 곤신수구(坤申水口)

물이 곤신방(坤申方)으로 흘러나가니 생향(生向)을 범하며 교여불급(交如不及)이 된다. 장(葬) 후에 패절(敗絶)한다.

■ 정미수구(丁未水口)

물이 정미방(丁未方)으로 흘러나가니 퇴신(退神)을 범한다. 임관위

(臨官位) 입향(立向)이니 패하거나 절사(絶嗣)한다.

■ 병오수구(丙午水口)

물이 병오방(丙午方)으로 흘러나가니 생래파왕(生來破旺)이 되어 빈곤해진다. 초년에는 인정(人丁)이 발하나 오래되면 패절(敗絶)한다.

■ 을진수구(乙辰水口)

물이 을진방(乙辰方)으로 흘러나가니 병불입향(病不立向)이고, 퇴신수법(退神水法)에 해당한다. 관대(冠帶)를 충파(沖破)하니 총명한 어린자손과 정조가 곧은 여자가 상한다. 그러나 양생수(養生水)가 상당(上堂)하고 용진혈적(龍眞穴的)하면 2대 발복한다.

■ 손사수구(巽巳水口)

물이 손사방(巽巳方)으로 흘러나가니 임관위(臨官位)를 충파(沖破)한다. 성장한 자손이 상하고 요절하여 핍사(乏嗣)한다.

■ 간인수구(艮寅水口)

금국(金局)의 자생향(自生向)이다. 우수(右水)가 장대하게 도좌(倒左)하여 간방(艮方)으로 흘러나간다. 인(寅)자를 범하지 않고 백보전란(百步轉欄)하면 대부대귀(大富大貴)하며 인정흥왕(人丁)한다. 그러나 만약 용혈(龍穴)에 작은 차이라도 있으면 즉시 패절(敗絶)하니 함부로 쓰면 안된다.

■ 간인수구(艮寅水口)

만약 좌수(左水)가 장대하게 도우(倒右)하여 당면(當面)인 간방(艮方)으로 흘러나가면 묘절수(墓絶水)가 생방(生方)을 충(沖)하는 대살(大殺)을 범하여 실패하거나 절사(絶嗣)한다. 인(寅)자를 범하면 장(葬) 후에 더욱 흉하다.

10. 경좌갑향(庚坐甲向) 유좌묘향(酉坐卯向)

■ 정미수구(丁未水口)

목국(木局)의 정왕향(正旺向)이다. 좌수(左水)가 도우(倒右)하여 정미방(丁未方)으로 흘러나가니 정왕향(正旺向)이 된다. 삼합연주귀무가(三合聯珠貴無價)라 하고, 양공구빈진신(楊公救貧進神)으로 생래회왕(生來會旺) 수법(水法)이다. 옥대전요(玉帶纏腰)하는 금성수법(金星水法)에 해당한다. 대부대귀(大富大貴)하며 충효현량(忠孝賢良)이 나오고, 남녀가 모두 장수하며 방방이 발복하여 오래간다. 해묘미(亥卯未) 건갑정(乾甲丁) 탐랑일로행(貪狼一路行)이다. 다시 말해 생왕묘(生旺墓)의 삼합(三合)이다.

■ 을진수구(乙辰水口)

수국(水局)의 자왕향(自旺向)이다. 좌수(左水)가 도우(倒右)하여 을진방(乙辰方)으로 흘러나가니 자왕향(自旺向)이 된다. 유유쇠방가거래(惟有衰方可去來)에 합당하여 양공구빈진신수법(楊公救貧進神水法)이다. 발부발귀(發富發貴)하며 장수하고 인정흥왕(人丁興旺)한다. 만약 간방수(艮方水)가 내조(來朝)하면 삼길육수(三吉六秀)와 향(向)

과 수법(水法)이 합당하므로 대길하다.

■ 임자수구(壬子水口)

화국(火局)의 자왕향(自旺向)이다. 우수(右水)가 도좌(倒左)하여 임(壬)자로 흘러나가니 목욕(沐浴) 소수(消水)가 된다. 이는 녹존유진(祿存流盡) 패금어(佩金魚)라 하여 부귀쌍전(富貴雙全)하며 인정흥왕(人丁興旺)한다. 그러나 만약 자(子)자나 해(亥)자를 범하면 대흉하니 함부로 사용하면 안된다.

■ 간인수구(艮寅水口)

물이 간인방(艮寅方)으로 흘러나가니 임관위(臨官位)를 충파(沖破)하여 살인대황천(殺人大黃泉)을 범한다. 성장한 자식이 상하며 패절(敗絶)한다. 관재(官災)로 재산이 사라지고, 다리불구・중풍・토혈(吐血)・노질(勞疾) 등이 따른다. 먼저 이문(二門)이 상한 다음 나머지도 상하니 대흉하다.

■ 계축수구(癸丑水口)

물이 계축방(癸丑方)으로 흘러나가니 관대위(冠帶位)를 충파(沖破)하여 퇴신(退神)을 범한다. 총명한 어린자식과 규방의 소녀와 부녀가 상하고 패절(敗絶)한다. 오래가면 절사(絶嗣)한다. 그러나 용진혈적(龍眞穴的)하면 2대 발복한다.

■ 신술수구(辛戌水口)

물이 신술방(辛戌方)으로 흘러나가니 양위(養位)를 충파(沖破)한다.

어린자식이 상하며 재산이 패하고 절사(絶嗣)한다. 퇴신(退神)의 목욕(沐浴) 불입향(不立向)을 범했기 때문이다.

■ 경유수구(庚酉水口)

 물이 경유방(庚酉方)으로 흘러나가니 태신(胎神)을 충파(沖破)한다. 낙태와 부상이 따른다. 초년에는 간혹 정재(丁財)가 조금 유리하나 오래되면 패절(敗絶)한다. 과궁수(過宮水)이니 수(壽)는 있으나 재물이 없다. 특히 소방(小房)이 더욱더 불리하다.

■ 곤신수구(坤申水口)

 물이 곤신방(坤申方)으로 흘러나가니 과궁수(過宮水)가 되어 정이 지나쳐 버린다. 공명은 불리하나 인정(人丁)은 많고, 수(壽)는 누리나 재물이 없다. 물이 고(庫)로 돌아가지 않기 때문이다.

■ 병오수구(丙午水口)

 물이 병오방(丙午方)으로 흘러가니 교여불급(交如不及)이 된다. 안회(顔回 : 공자의 제자)가 단명한 수(水)를 범한 것이다. 요망(夭亡)하며 절사(絶嗣)하고, 재패(財敗)하며 과부가 생긴다. 먼저 삼문(三門)이 상한다. 이 향(向)은 인정(人丁)이 있으면 재물이 없고, 재물이 있으면 인정(人丁)이 없다. 공명(功名)이 발전하면 요망(夭亡)하니 복록(福祿)과 수(壽)를 같이 누릴 수 없다. 오래가면 패절(敗絶)한다.

■ 손사수구(巽巳水口)

 물이 손사방(巽巳方)으로 흘러나가니 단명과숙수(短命寡宿水)를 범한다. 남자는 단명하며 과부가 많이 나온다. 재물은 패하고 절사(絶嗣)한다. 해소·토질(吐疾)·노질(勞疾) 등이 따른다. 먼저 삼문(三門)이 상한 다음에 나머지도 패한다. 사방소수(死方消水)는 이와 같이 흉하다.

■ 건해수구(乾亥水口)

물이 건해방(乾亥方)으로 흘러나가니 왕거충생(旺去沖生)이 된다. 비록 재물은 있으나 어린아이를 키우기 어렵고, 부가 있으면 인정(人丁)이 없다. 십중팔구는 절사(絶嗣)한다. 먼저 장방(長房)이 상한 다음에 나머지도 패한다.

■ 갑묘수구(甲卯水口)

금국(金局)의 태향태파(胎向胎破)이다. 우수(右水)가 장대하게 도좌(倒左)하여 천간(天干) 갑(甲)자로 흘러가고, 묘(卯)자를 범하지 않으며 백보전란(百步轉欄)하면 금국(金局)의 태향태파(胎向胎破)가 된다. 이는 태위(胎位)를 충(沖)한다고 하지 않고 출살(出殺)한다고 한다. 대부대귀(大富大貴)하며 인정흥왕(人丁興旺)한다. 간혹 중간에 단명하는 사람이 있어 과부가 생기는 일이 있다. 그러나 만약 용혈(龍穴)이 진실하지 못하면 패하거나 절사(絶嗣)하니 함부로 사용하면 안된다.

■ 갑묘수구(甲卯水口)

만약 좌수(左水)가 도우(倒右)하여 정갑(正甲)자로 흘러가거나 당면직거(當面直去)하면 생래파왕(生來破旺)이 된다. 이것을 견동토우격

(牽動土牛格)이라고 한다. 태향태파(胎向胎破)로 국(局)을 이룰 수 없다. 인정(人丁)은 있으나 재물이 없으니 집안이 빈곤하다.

11. 신좌을향(辛坐乙向) 술좌진향(戌坐辰向)

■ 간인수구(艮寅水口)

금국(金局)의 정양향(正養向)이다. 우수(右水)가 도좌(倒左)하여 간인방(艮寅方)으로 흘러나가니 정양향(正養向)이 된다. 이것을 귀인녹마상어가(貴人祿馬上御街)라 한다. 정재(丁財)가 모두 대왕하며 공명현달(功名顯達)하며 발복이 오래간다. 충효현량(忠孝賢良)이 나오며 남녀 모두 수(壽)가 높고 방방이 모두 발달한다. 삼문(三門)이 더욱 더 왕성하고, 특히 여자가 뛰어나게 발달한다.

■ 손사수구(巽巳水口)

수국(水局)의 정묘향(正墓向)이다. 좌수(左水)가 도우(倒右)하여 손사방(巽巳方)으로 흘러가니 수국(水局)의 묘향(墓向)이 된다. 발부발귀(發富發貴)하며 인정대왕(人丁大旺)하고 복수쌍전(福壽雙全)한다.

■ 갑묘수구(甲卯水口)

물이 갑묘방(甲卯方)으로 흘러나가니 녹위(祿位)를 충파(沖破)하여 소황천(小黃泉)이 된다. 빈곤·요망(夭亡)·과부 등이 따른다.

■ 계축수구(癸丑水口)

물이 계축방(癸丑方)으로 흘러나가니 퇴신(退神)을 범한다. 초년에는 인정(人丁)이 발하며 장수하나 재물은 궁하다. 그러나 크게 흥한 일은 없다.

■ 임자수구(壬子水口)

물이 임자방(壬子方)으로 흘러나간다. 초년에는 간혹 인정(人丁)이 발하기도 하나 오래되면 단명하며 재산이 줄어들고, 핍사(乏嗣)·패산(敗産) 등이 따른다.

■ 건해수구(乾亥水口)

물이 건해방(乾亥方)으로 흘러나간다. 재물이 발전하지 못하며 어린 아이를 키우기 어렵고, 남녀가 요망(夭亡)하며 핍사(乏嗣)하고, 재산이 패한다. 장방(長房)이 먼저 패한 다음 나머지 방도 패한다.

■ 신술수구(辛戌水口)

물이 신술방(辛戌方)으로 흘러나가니 퇴신(退神)을 범한다. 관대(冠帶) 불입향(不立向)이니 요망(夭亡)·패절(敗絶) 등이 따른다.

■ 곤신수구(坤申水口)

물이 곤신방(坤申方)으로 흘러나간다. 인정(人丁)과 재물이 날로 쇠퇴하고, 심하면 절사(絶嗣)한다.

■ 정미수구(丁未水口)

물이 정미방(丁未方)으로 흘러나간다. 쇠불입향(衰不立向)으로 정재(丁財)가 불리하다.

■ 병오수구(丙午水口)

물이 병오방(丙午方)으로 흘러나가니 과궁수(過宮水)가 되어 정이 지나쳐 버린다.

■ 을진수구(乙辰水口)

수국(水局)의 묘향묘파(墓向墓破)이다. 좌수(左水)가 도우(倒右)하여 천간(天干) 을(乙)자로 흘러나가니 진(辰)자를 범하지 않고 반드시 백보전란(百步轉欄)해야 발부발귀(發富發貴)한다. 그러나 용혈(龍穴)에 작은 차이라도 있으면 곧 패절(敗絶)한다.

■ 경유수구(庚酉水口)

목국(木局)의 정쇠향(正衰向)이다. 을방수(乙方水)가 조당(朝堂)으로 흘러와, 우측으로 돌아 혈후(穴後)의 경(庚)자 천간(天干)으로 흘러가되 유(酉)자를 범하지 않으면 녹존유진(祿存流盡) 패금어(佩金魚)가 된다. 대부대귀(大富大貴)하며 복수쌍전(福壽雙全)한다.

■ 을진수구(乙辰水口)

우수(右水)가 도좌(倒左)하여 정을(正乙)자로 흘러나가면 묘고(墓庫)를 충(沖)한다. 당면직거(當面直去)해도 견동토우격(牽動土牛格)이다.

12. 건좌손향(乾坐巽向) 해좌사향(亥坐巳向)

■ 계축수구(癸丑水口)

금국(金局)의 정생향(正生向)이다. 우수(右水)가 도좌(倒左)하여 계축방(癸丑方)으로 흘러나가니 정생향(正生向)이 된다. 왕거영생(旺去迎生)의 구빈수법(救貧水法)에 합당하고, 옥대전요(玉帶纏腰)하는 금성수법(金星水法)에 해당한다. 진신가업흥(進神家業興)이라 아내는 현명하며 자손은 효도하고, 오복이 가득하며 부귀쌍전(富貴雙全)을 이룬다.

■ 을진수구(乙辰水口)

수국(水局)의 자생향(自生向)이다. 우수(右水)가 도좌(倒左)하여 을진방(乙辰方)으로 흘러나가니 차고소수(借庫消水) 자생향(自生向)이고, 양공진신수법(楊公進神水法)에 해당한다. 양위(養位)를 충파(沖破)했다고 말하지 않는다. 부귀장수하며 인정대왕(人丁大旺)한다. 소방(小房)이 먼저 발복하나 용사(龍砂)가 좋으면 장방(長房)이 먼저 발복한다.

■ 병오수구(丙午水口)

수국(水局)의 자생향(自生向)이다. 좌수(左水)가 도우(倒右)하여 병오방(丙午方)으로 흘러나가니 문고소수(文庫消水)이고, 양공구빈진신수법(楊公救貧進神水法)이다. 이런 것을 녹존유진(祿存流盡) 패금어(佩金魚)라 한다. 발부발귀(發富發貴)하며 복수쌍전(福壽雙全)하나 작은 차이라도 있으면 즉시 패절(敗絶)하니 함부로 쓰면 안된다.

■ 갑묘수구(甲卯水口)

물이 갑묘방(甲卯方)으로 흘러나가니 태신(胎神)을 충파(沖破)한다. 초년에는 간혹 재산과 인정(人丁)이 약간 발하며 장수하는 사람도 있다. 그러나 오래가면 낙태·핍사(乏嗣)·빈곤 등이 따른다. 이것은 물이 고(庫)로 돌아가지 않기 때문이다.

■ 간인수구(艮寅水口)

물이 간인방(艮寅方)으로 흘러나가니 과궁수(過宮水)가 되어 정이 지나쳐 버린다. 초년에는 인정(人丁)이 발하며 수(壽)도 누리나 재물과 공명(功名)은 발전하지 못한다.

■ 임자수구(壬子水口)

물이 임자방(壬子方)으로 흘러나가니 교여불급(交如不及)이 된다. 단명과 재패(財敗)가 따른다.

■ 건해수구(乾亥水口)

물이 건해방(乾亥方)으로 흘러나가니 교여불급(交如不及)이 되어 패절(敗絕)한다.

■ 신술수구(辛戌水口)

물이 신술방(辛戌方)으로 흘러나가니 퇴신(退神)이 되어 귀신같이 흉하다. 임관(臨官) 불입향(不立向)이니 패하거나 절사(絕嗣)한다.

■ 경유수구(庚酉水口)

물이 경유방(庚酉方)으로 흘러나가니 생래파왕(生來破旺)이 되어 빈곤하다. 초년에는 인정(人丁)이 발하나 오래가면 패절(敗絶)한다.

■ 정미수구(丁未水口)

물이 정미방(丁未方)으로 흘러나가니 병불입향(病不立向)이 되고, 퇴신수법(退神水法)에 해당한다. 관대위(冠帶位)를 충(沖)했으니 총명한 어린아이와 아름다운 부녀자가 상한다. 그러나 만일 양생수(養生水)가 상당(上堂)하고 용진혈적(龍眞穴的)하면 2대 발복한다.

■ 곤신수구(坤申水口)

물이 곤신방(坤申方)으로 흘러나가니 임관위(臨官位)를 충파(沖破)한다. 성장한 자식이 상하며 요절·핍사(乏嗣)·빈곤 등이 따른다.

■ 손사수구(巽巳水口)

수국(水局)의 자생향(自生向)이다. 우수(右水)가 장대하게 도좌(倒左)하여 사(巳)를 범하지 않고, 천간(天干) 손(巽)으로 흘러나가며 백보전란(百步轉欄)하면 대부대귀(大富大貴)하며 인정대왕(人丁大旺)한다. 남녀 모두 수(壽)가 높다. 그러나 만약 용혈(龍穴)에 작은 차이라도 있으면 즉시 패절(敗絶)하니 함부로 쓰면 안된다.

■ 손사수구(巽巳水口)

좌수(左水)가 장대하게 도우(倒右)하여 손사방(巽巳方)으로 흘러나가고, 묘절수(墓絶水)가 생방(生方)을 충(沖)하니 대살(大殺)을 범하여 패절(敗絶)한다.

餘滴 · 11 : 88향

1. 정국향(正局向)

■ 물이 을신정계(乙辛丁癸) 4고장위(四庫藏位)로 유거하고, 갑묘(甲卯) · 경유(庚酉) · 병오(丙午) · 임자(壬子) 방위와 건해(乾亥) · 곤신(坤申) · 간인(艮寅) · 손사(巽巳) 방위로 입향(立向)하는 정생향(正生向)과 정왕향(正旺向) · 자생향(自生向) · 자왕향(自旺向)의 32향과

■ 물이 건곤간손(乾坤艮巽)으로 유거(流去)하고, 을진(乙辰) · 신술(辛戌) · 정미(丁未) · 계축(癸丑) 방위로 입향(立向)하는 정양향(正養向)과 정묘향(正墓向)의 16향을 합하면 48향이 된다. 이를 정국향(正局向)이라 한다.

2. 변국향(變局向)

■ 물이 갑경병임(甲庚丙壬)으로 유거(流去)하고, 갑묘(甲卯) · 경유(庚酉) · 병오(丙午) · 임자(壬子) 방위로 입향(立向)하는 목욕(沐浴) 소수법(消水法)과

■ 건해(乾亥) · 곤신(坤申) · 간인(艮寅) · 손사(巽巳) 방위로 입향(立向)하는 문고(文庫) 소수법(消水法)이 있다.

■ 물이 갑경병임(甲庚丙壬) 당문파(堂門破)로 흐르고, 갑묘(甲卯) · 경유(庚酉) · 병오(丙午) · 임자(壬子) 태위(胎位)로 입향(立向)하

는 태향태류법(胎向胎流法)이 있으며,

- 물이 건곤간손(乾坤艮巽)으로 나가고, 건해(乾亥)·곤신(坤申)·간인(艮寅)·손사(巽巳) 방위로 입향(立向)하는 절향절류(絶向絶流)의 당면출살법(當面出殺法)이 있다.

- 끝으로 을신정계(乙辛丁癸) 방위로 입향(立向)하고, 갑경병임(甲庚丙壬) 방위로 물이 나가는 쇠향태류법(衰向胎流法)도 있다.

 이를 모두 합하면 40향이며 변국향(變局向)이라 한다. 그리고 정국향(正局向) 48향과 변국향(變局向) 40향을 합하여 88향이라 한다.

3. 입향(立向)과 불입향(不立向)

 향법(向法)에는 을진(乙辰)·신술(辛戌)·정미(丁未)·계축(癸丑) 정고(正庫)와 차고(借庫)로 물이 나가고, 입향(立向)할 수 있는 정생향(正生向)·정왕향(正旺向)·정양향(正養向)·정묘향(正墓向)과 자생향(自生向)·자왕향(自旺向) 등 입향(立向)이 가능한 6향(向)과 입향(立向)할 수 없는 태향(胎向)·목욕향(沐浴向)·관대향(冠帶向),·임관향(臨官向)·쇠향(衰向)·병향(丙向) 등 6향(向)이 있다. 이를 6불입향(六不立向)이라 한다.

 그러나 변국입향(變局立向)인 쇠향태류(衰向胎流)나 태향태류(胎向胎流) 등은 불입향(不立向)에 구애받지 않는다. 만약 입향(立向)할 수 없는 6궁위(六宮位)로 입향(立向)하면 집안이 망하며 자손이 상한다. 설사 용진혈적(龍眞穴的)이라도 입향(立向)이 맞지 않으면 그에 따른 재앙을 면할 수 없다.

88향(向)

	水	向
正局向 48向	乙辛丁癸水口 (右旋水)	立向에 합당하면 乾亥·坤申·艮寅·巽巳 長生方 立向(正生向), 立向에 합당하지 않거나 龍上八殺 등에 해당하면 乾亥·坤申·艮寅·巽巳 絶方으로 立向(自生向)
	乙辛丁癸水口 (左旋水)	甲卯·庚酉·壬子·丙午 旺方 立向(正旺向)
	乾坤艮巽水口 (左旋水)	乙辰·辛戌·丁未·癸丑 庫葬向 立向(正墓向)
	乾坤艮巽水口 (右旋水)	乙辰·辛戌·丁未·癸丑 養位 立向(正養向)
變局向 40向	甲庚丙壬方消水 (右旋水)	甲卯·庚酉·丙午·壬子 立向(沐浴消水)
	甲庚丙壬方消水 (左旋水)	乾亥·坤申·艮寅·巽巳 立向(文庫消水)
	甲庚丙壬方消水 (左旋水)	乙辰·辛戌·丁未 癸丑向 立向(衰向胎流)
	甲庚丙壬方消水 (右旋水)	甲卯·庚酉·丙午·壬子 胎向 立向(胎向胎流 當面出殺法)
	乾坤艮巽水口 (右旋水)	乾亥·坤申·艮寅·巽巳向 立向(絶向絶流 當面出殺法)

24진신(二四進神) 가업흥(家業興)

	向・水口(破)	
正生向(右旋水)	艮寅向(辛戌破)	巽巳向(癸丑破)
	坤申向(乙辰破)	乾亥向(丁未破)
正旺向(左旋水)	丙午向(辛戌破)	庚酉向(癸丑破)
	壬子向(乙辰破)	甲卯向(丁未破)
正養向(右旋水)	丁未向(巽巳破)	辛戌向(坤申破)
	癸丑向(乾亥破)	乙辰向(艮寅破)
正墓向(左旋水)	癸丑向(艮寅破)	乙辰向(巽巳破)
	丁未向(坤申破)	辛戌向(乾亥破)
自生向(右旋水)	艮寅向(癸丑破)	巽巳向(乙辰破)
	坤申向(丁未破)	乾亥向(辛戌破)
自旺向(左旋水)	壬子向(癸丑破)	甲卯向(乙辰破)
	丙午向(丁未破)	庚酉向(辛戌破)
文庫消水(左旋水)	艮寅向(甲卯破)	巽巳向(丙午破)
	坤申向(庚酉破)	乾亥向(壬子破)
沐浴消水(右旋水)	丙午向(甲卯破)	甲卯向(壬子破)
	壬子向(庚酉破)	庚酉向(丙午破)
胎向胎流(右旋水) 當門破	丙午向(丙午破)	庚酉向(庚酉破)
	壬子向(壬子破)	甲卯向(甲卯破)
絶向絶流(右旋水) 當門破	巽巳向(巽巳破)	坤申向(坤申破)
	乾亥向(乾亥破)	艮寅向(艮寅破)
衰向胎流 (左旋水)	癸丑向(丙午破)	乙辰向(庚酉破)
	丁未向(壬子破)	辛戌向(甲卯破)
墓向當門破 (左旋水)	癸丑向(癸丑破)	乙辰向(乙辰破)
	丁未向(丁未破)	辛戌向(辛戌破)

向·水口 조견표(金局)

水口	向(左旋水)		向(右旋水)	
癸丑破	壬子	自旺向	艮寅	自生向
	乾亥	病不立向	甲卯	沖破冠帶 胎不立向
	辛戌	衰不立向	乙辰	衰方沖破
	庚酉	正旺向	巽巳	正生向
	坤申	臨官不立向	丙午	沐浴不立向
	丁未	沖破冠帶 不立冠帶向	癸丑	墓庫(倒沖)黃泉
	癸丑	墓向當門破		
艮寅破	癸丑	正墓向	艮寅	絶向絶流
	壬子	短命寡宿水	甲卯	大黃泉 官祿沖破
	乾亥	臨官沖破	乙辰	正養向
	辛戌	向上·墓絶生位 沖殺	巽巳	交如不及
			丙午	旺去沖生
	庚酉	過宮水	丁未	沖破臨官
			坤申	過宮水
甲卯破	艮寅	文庫消水	甲卯	胎向胎流
	癸丑	過宮水	乙辰	小黃泉·祿位沖破
	壬子	交如不及	巽巳	胎神沖破
	乾亥	生來破旺	丙午	沐浴消水
	辛戌	衰向胎流	丁未	向上旺位 墓絶破旺
	庚酉	沖破胎神	坤申	過宮水

向·水口 조견표(水局)

水口	向(左旋水)		向(右旋水)	
	甲卯	自旺向	乙辰	倒沖墓庫黃泉
	艮寅	病不立向	巽巳	自生向
	癸丑	衰不立向	丙午	沖破冠帶 胎不立向
乙辰破	壬子	正旺向	丁未	衰方沖破
	乾亥	臨官不立向	坤申	正生向
	辛戌	沖破冠帶 不立冠帶向	庚酉	沐浴不立向
	乙辰	墓向 當門破		
	乙辰	正墓向	巽巳	絶向絶流
	甲卯	短命寡宿水	丙午	大黃泉 官祿沖破
	艮寅	臨官沖破	丁未	正養向
巽巳破	癸丑	墓絶生位沖殺	坤申	交如不及
	壬子	過宮水	庚酉	旺去沖生
			辛戌	沖破臨官
			乾亥	過宮水
	巽巳	文庫消水	丙午	胎向胎流
	乙辰	過宮水	丁未	小黃泉·祿位沖破
	甲卯	交如不及	坤申	胎神沖破
丙午破	艮寅	生來破旺	庚酉	沐浴消水
	癸丑	衰向胎流	辛戌	墓絶破旺
	壬子	沖破胎神	乾亥	過宮水

向 · 水口 조견표(木局)

水口	向(左旋水)		向(右旋水)	
丁未破	丙午	自旺向	丁未	倒沖墓庫黃泉
	巽巳	病不立向	坤申	自生向
	乙辰	衰不立向	庚酉	胎不立向
	甲卯	正旺向	辛戌	衰方沖破
	艮寅	臨官不立向	乾亥	正生向
	癸丑	不立冠帶向	壬子	沐浴不立向
	丁未	墓向當門破		
坤申破	丁未	正墓向	坤申	絶向絶流
	丙午	短命寡宿水	庚酉	大黃泉 官祿沖破
	巽巳	臨官沖破	辛戌	正養向
	乙辰	墓絶生位沖破	乾亥	交如不及
	甲卯	過宮水	壬子	旺去沖生
			癸丑	沖破臨官
			艮寅	過宮水
庚酉破	坤申	文庫消水	庚酉	胎向胎流
	丁未	過宮水	辛戌	小黃泉 祿位沖破
	丙午	交如不及	乾亥	胎神沖破
	巽巳	生來破旺	壬子	沐浴消水
	乙辰	衰向胎流	癸丑	墓絶破旺
	甲卯	沖破胎神	艮寅	過宮水

向·水口 조견표(火局)

水口	向(左旋水)		向(右旋水)	
辛戌破	庚酉	自旺向	辛戌	倒沖墓庫黃泉
	坤申	病不立向	乾亥	自生向
	丁未	衰不立向	壬子	胎不立向
	丙午	正旺向	癸丑	衰方沖破
	巽巳	臨官不立向	艮寅	正生向
	乙辰	不立冠帶向	甲卯	沐浴不立向
	辛戌	墓向當門破		
乾亥破	辛戌	正墓向	乾亥	絶向絶流
	庚酉	短命寡宿水	壬子	大黃泉 官祿沖破
	坤申	臨官沖破	癸丑	正養向
	丁未	墓絶生位沖殺	艮寅	交如不及
	丙午	過宮水	甲卯	旺去沖生
			乙辰	沖破臨官
			巽巳	過宮水
壬子破	乾亥	文庫消水	壬子	胎向胎流
	辛戌	過宮水	癸丑	小黃泉·祿位沖破
	庚酉	交如不及	艮寅	胎神沖破
	坤申	生來破旺	甲卯	沐浴消水
	丁未	衰向胎流	乙辰	墓絶位破旺
	丙午	沖破胎神	巽巳	過宮水

부 록

양택(陽宅)

풍수(風水)는 글자 그대로 바람과 물을 살피는 것이다. 바람은 공간의 기운을 이동시키고, 물은 낮은 곳으로 흐르므로 가장 낮은 공간에 형성한다. 낮은 곳은 횡으로 바람이 지나가는 길이므로 기운을 경계 짓는 곳이다.

천지는 음양(陰陽)으로 형성되어 하늘은 양(陽)이고 땅은 음(陰)인데, 하늘은 정확하게는 지표면 위에서부터 천체의 모든 공간을 말한다. 이때의 음양(陰陽)은 땅이 음(陰)이라면 공간의 천성(天星)인 태양(太陽)이 양(陽)이다. 태양(太陽)인 양(陽)과 지구인 음(陰)의 중간 공간을 이어주는 흐름이 천기(天氣)이다. 이 기운은 음양(陰陽)이 교감하는 기운이고, 바람을 일으킨다. 이러한 바람의 현상을 일으킬 수 있는 지표면은 가장 낮아서 물이 고이거나 흐르는 곳이 된다. 이곳으로 바람은 통과하게 된다. 이렇게 통과하는 바람은 생명체에게는 매우 살기(殺氣)스러운 것이 된다.

옛 사람들은 물은 기(氣)의 어머니이며, 기운을 경계짓는다고 했다. 그러므로 물이 흐르는 낮은 곳으로 바람이 통과하면 좌측과 우측의 기운은 가운데의 경계선인 물로 인하여 서로 달라진다. 1척이 높으면 산이 되고 1척이 낮으면 물이라 했으니, 풍수에서의 물의 개념은 낮은 곳을 지칭한다고 할 수 있다.

이때 높고 낮음은 땅을 가르킨다. 땅은 산봉과 하천을 말하고, 산은 높은 곳을 말하며 하천은 낮은 곳을 말한다. 산은 풍수학에서 용(龍)이라 하며 하천은 수(水)라 하고, 용(龍)은 정(靜)하여 음(陰)이 되고, 수(水)는 동(動)하여 양(陽)이 된다. 이러한 음양(陰陽)이 균등한 형세로 확실하게 이루어진 곳이 명혈(明穴)의 훌륭한 국세(局勢)를 만난 명당이다. 음(陰)인 용(龍)이 행하여 가다가 양(陽)인 수(水)를 만나는 지점에서 멈추니 이곳이 지기(地氣)의 경계가 된다.

산천의 기(氣)가 형성하여 움직이는 일체의 기운이 풍수이고, 이런 풍수의 기운을 연구하며 적립한 학문이 풍수학이다. 풍수학은 음양(陰陽)의 기운을 논하는 형기학(形氣學)과 형태를 표시·산출하여 미세한 부분까지 수치화한 것을 이기학(理氣學)이라 한다.

풍수는 모든 생명체가 천성적으로 가릴줄 알게 되어 종족을 보존해 왔고, 풍수학은 성현들에 의해 연구·적립되어 오면서 시대를 만나 꽃피우기도 하고, 이술(異術)로 지탄받기도 했다. 그러나 풍수의 이치는 엄연한 것이고, 풍수학은 자연이 순환하는 만고불변의 진리이다.

하늘의 기운은 천기(天氣)이고, 땅의 기운은 지기(地氣)이다. 하늘은 땅에, 땅은 하늘에 서로가 상반되면서도 혼합되어 조화를 이룬다. 하늘의 기운을 주관하는 태양은 강렬한 광채를 발생하여 우주공간에 양기운을 형성한다. 이러한 양기운이 지표에 이르면 지기(地氣)의 음기운이 양기운을 만나 만물을 화생(和生)시킨다. 이것이 천지조화요 음양(陰陽)의 화합이다.

음양(陰陽)의 화합은 만물이 암수로 구분되고, 암수의 화합은 자신의 종족을 번식시킨다. 그런데 이러한 천지간의 기운이 조화를 이룰 때와 이루지 못할 때가 있다. 조화를 이루면 만물이 화생(和生)하나 조화를 잃으면 만물이 시든다. 이를 옛사람들은 독음독양(獨陰獨陽)은 불생(不生)이라 하여 음(陰)만으로나 양(陽)만으로는 생명을 낳지 못한다고 했다.

천기(天氣)가 지기(地氣)와 적절히 조화를 이룬 곳은 풍수의 명당이 되어 만물이 화생(和生)하여 번창하고, 천기(天氣)만 강렬하거나 지기(地氣)만 극성한 곳에서는 풍수의 흉지(凶地)가 되어 양극·음극으로 음양(陰陽)의 조화를 잃어 만물은 사멸한다. 즉 남극과 북극에서는 만물이 자라지 못하고, 적도 아래에서도 조화를 이루지 못하며 특이한 생명체만이 살아갈 뿐이다.

이는 인간에 비유해도 지나친 양기운의 남자 중심의 가정과, 지나친 음기운의 여자 중심 가정은 음양(陰陽)의 조화를 이루지 못하므로 화생번창(和生繁昌)하지 못한다. 또한 양기운의 남자가 양답지 못하고 음기운에 너무 치우쳐 여자에게 주눅들고 아내의 눈치만 살핀다면 음기는 양기운을 업신 여기고, 음기운인 여자가 음답지 못하고 양기운을 발휘하여 남편을 제쳐두고 매사를 처리한다면 양기는 음기운에 시들거나 도망갈 것이다.

땅도 마찬가지로 독양(獨陽)의 기운이거나 독음(獨陰)의 기운이 뭉친 곳에서 사는 사람에게는 이러한 기운을 부여해 너무 강하거나 유약하여 시들어 버린다. 죽은 사람은 매장한 곳이나 산사람이 살아가는 곳은 천기(天氣)와 지기(地氣)가 잘 조화된 곳이라야 화생번창(和生繁昌)할 수 있다.

천기(天氣)가 내려 흩어지는 곳은 풍취(風吹)한 곳이고, 지기(地氣)가 뭉치지 못하고 달아나는 곳은 수겁(水劫)한 곳이다. 풍취수겁(風吹水劫)한 땅은 생명의 파괴를 가져온다. 천기(天氣)가 내려와 간직되면서 기운이 온화하게 머무르려면 장풍(藏風)이 되어야 하고, 지기(地氣)가 모이는 곳은 득수(得水)한 곳이다. 장풍득수(藏風得水)를 얻은 땅은 만물이 화평한 결실을 맺으며 세세안녕을 구할 수 있다.

죽은 사람을 매장하는 곳을 음택(陰宅)이라 하고, 산 사람이 살아가는 곳을 양택(陽宅)이라 한다. 사람이 죽으면 시체가 되어 스스로 움직일 수 없다. 그러므로 장사하여 숨겨서 보관해야 한다. 좋은 땅에 묻는 방법이 장법(藏法)이고, 가장 오래 보관할 수 있는 땅을 명당길지(明堂吉地)라 한다.

명당길지(明堂吉地)는 천기(天氣)와 지기(地氣)가 갈무리지는 곳이므로 아무리 가뭄이 들어도 건조해지지 않고, 아무리 장마가 와도 습하지 않으며, 아무리 추워도 훈기가 있고, 아무리 더워도 신선함을 잃지 않는 곳이다. 이러한 곳은 수맥이 침범하지 않고 오색영롱하며 자윤한 혈토(穴土)로 이루어진다. 이런 곳에 매장한 시신은 천년이 가도 변함없이 황로만관(黃露滿棺)하여 보관할 수 있다.

음택지(陰宅地)에서는 장풍득수(藏風得水)를 잘 이루었다 하더라도 묻어두는 혈(穴)이 가장 중요하다. 혈(穴)은 반드시 주위보다 약간 높은 등선으로 배수가 잘 되어야 하고, 배수된 물은 명당 앞에 모여야 한다.

풍수학에서 높은 곳인 산을 음(陰)이라 하고, 낮은 곳인 물을 양(陽)

이라 한다. 그러므로 배수되는 곳의 명당혈(明堂穴)을 음택(陰宅)이라 하여 시신을 묻는다. 물이 모이는 곳은 양택지(陽宅地)가 되어 산 사람이 살아가는 명당을 이룬다. 다시 말해 죽어서 묻히는 시신에게는 6척의 광중(壙中) 내가 단정해야 하고, 산 사람은 따뜻한 한 칸의 방이 가장 필요한 것이다. 산 사람은 움직이므로 인위적으로 따뜻한 방을 만들 수 있으니 음택(陰宅) 만큼 산룡(山龍)을 중요시하지 않는다. 양(陽)인 득수(得水)를 중시하여 양택(陽宅)이라 한다.

물이 모여드는 곳은 산의 행도(行度)가 그치고 평지를 이루니 자연 교통이 좋아 많은 사람이 편리하게 살 수 있다. 배산임수(背山臨水)는 집 뒤에는 산이 있고 앞에는 물이 있다는 말로, 뒤는 막히고 앞은 트였다는 뜻이다. 비유하자면 사람의 등 뒤는 보이지 않으나 앞은 바라다 보인다. 등 뒤는 캄캄한 음(陰) 기운이고, 앞은 밝은 양(陽) 기운이다. 그러므로 사람의 뒤는 든든하게 채워져야 하고 앞은 적당히 트여야 한다.

양택학(陽宅學)에서 음양(陰陽)의 논리에 근거하여 양택(陽宅)이라 한 것이다. 앞은 트이고 뒤는 든든한 산이 있는 것이 배산임수(背山臨水)이다. 옛 사람들은 등 따습고 배부르면 상책이라고 했다. 물론 시대적인 상황에서 나온 말이긴 하나, 풍수의 이치와 음양(陰陽)의 논리와 연관이 있다. 그래서 비산비야(非山非野)가 가장 살기 좋은 곳이라고도 했다. 지금은 시대가 바뀌기는 했으나 자연적인 삶을 더 들어 현실에 부합시키는 것이 정신적 안정이나 사고가 없는 내일을 기약할 수 있을 것이다.

양택(陽宅)의 뒷산을 풍수학에서 현무(玄武)라고 하여, 뒷산마루를 현무정(玄武頂)이라 한다. 현무(玄武)는 북방을 의미하며 어둠을 상징한다. 양택(陽宅)의 뒤편은 현무정(玄武頂)이 솟아나 병풍을 두르듯 펼쳐져 막혀야 한다. 양택(陽宅)의 앞을 주작(朱雀)이라 하여 남방을 의미하며 밝음을 상징한다. 앞은 밝게 트여서 물이 흘러와야 좋다. 바라보이는 앞을 형이하(形而下)의 현실적이라면 보이지 않는 뒤는 형이상(形而上)의 정신적이다. 그러므로 배산임수(背山臨水)를 이룬 곳에서 올바른 사고를 지닌 사람이 태어나 사회를 이끄는 인물로 자라는 것이다.

음택(陰宅)이나 양택(陽宅)에는 좌(坐)와 향(向)이 있다. 앞뒤가 있는 것은 모두가 좌(坐)와 향(向)으로 구별할 수 있다. 이는 좌(坐)에 대해서 향(向)은 상대적으로 형성되어 있다. 좌(坐)는 앉은 뒤편의 방위를 말하고, 향(向)은 앉은 앞쪽의 방위를 말한다. 뒤는 보이지 않으므로 어둠에 해당하고, 앞은 보이므로 밝음에 해당한다. 좌(坐)는 음(陰)의 기운으로 막혀야 하고, 향(向)은 양(陽)의 기운으로 트여야 한다. 그러므로 좌향(坐向)은 배산임수(背山臨水)로 이루어지는 것이 마땅하다.

좌(坐)는 기(氣)를 정장(靜藏)시키고, 향(向)은 기(氣)를 유동시킨다. 좌(坐)는 내적 기운이고, 향(向)은 외적 기운이다. 사물을 투쟁하여 얻는 것은 향(向)이나, 얻은 사물을 갈무리하는 것은 좌(坐)이다. 좌(坐)는 정신적이고, 향(向)은 현실적이다. 좌(坐)를 얻지 못하면 정신적 안정을 얻지 못하고, 향(向)을 얻지 못하면 현실적인 평안을 도모하지 못한다. 이는 사람이 앉을 때 뒤가 낮아지거나 낭떨어지이면 불안하여 오래 있을 수 없다. 양택(陽宅)도 마찬가지로 좌(坐)인 뒷편이 낮아지면 그 집에 사는 사람이 정신적으로 불안하다. 또한 낮아지는 것은 풍수학의 음양(陰陽)으로 볼 때 양(陽)의 기운에 해당하므로 양(陽)은 현실이고, 좌(坐)의 뒤가 낮아지는 집의 주인은 현실적인 욕심에만 허덕이다 유혹에 빠지고, 이념이 없어 신임을 얻지 못한다. 또한 주인은 머리의 사고나 급변으로 수(壽)를 지키지 못한다.

양택(陽宅)의 좌(坐)는 뒤편에 단정한 산이 약간 경사지게 세워지면서 원만한 경사를 타고 산맥이 내려오는 것이 가장 이상적이다. 이러한 곳에서는 주인이 편안한 집을 이루고 건전한 생각으로 조화를 이루어간다. 좌(坐)의 뒤가 단정하게 높아지기를 원하는 것은 뒤에서 불어오는 바람을 막아 장풍(藏風)할 때 집을 보호하려고 함이다.

그러나 뒤에 있는 산이 깍아지른 듯한 절벽이거나 흉한 암석으로 이루어져 있으면 매우 흉하다. 암벽의 세(勢)가 무서우리만치 절벽이 되면 집을 보호하기보다 택기(宅氣)를 압박하여 짓누르기 때문이다. 이런 집터에서는 신(神)과 관계 있는 정신병, 신들린 사람, 급성환자, 종교 맹신자 등이 나온다. 신당을 짓거나 신단(神壇)을 만들어 일시적인 기도와 치성을 올리는 것에는 효과를 볼 수 있으나, 오래 생활하며 편안하게 잠을 잘 수 있는 곳은 아니다.

옛 문헌에 삼우택(三憂宅)이라 하여 전고후저(前高後低) 후면강수(後面江水) 북방향택(北方向宅)을 말했다. 좌(坐)에 대해서 상대적으로 향(向)은 좌(坐) 뒤의 산맥의 영향을 타고 약간씩 낮아지며 평범한 세를 이루다가 굽이쳐 둥글게 도는 냇물을 만나고 다시 냇물 밖으로 아담한 산봉이 나열되면 가장 이상적이다. 이 때 향(向)이 냇물이 나가는 방향과 같으면 안된다. 돌아드는 방향이나 들어오는 방향이 좋다. 단지 곧게 쳐들어와도 안되고, 비스듬히 달아나도 안된다. 집 앞에 바로 냇물이 흐르면 속성속패하고, 냇물이 곧게 쳐들어오면 일시적으로 횡재를 하나 송사·구설·급병 등에 시달린다. 냇물이 집의 방향과 일치하여 나가면 아무리 많은 재산도 구름처럼 흩어지고 주인은 주색잡기에만 능하게 된다.

집 앞 향(向)이 끝없이 낮아지면 주인은 집을 비우고 밖으로만 나돈다. 향(向)이 낮아진 다음 큰 산 또는 암벽산이 버티고 가로막아 서 있으면 게으르며 아둔해진다. 갑작스런 도적이나 강도의 침해를 당하고, 납치구금의 흉화를 당하며, 도망자 신세가 된다. 지세(地勢)가 북향으로 되어 있는데도 남향을 고집하여 건립하면 전고후저(前高後低)의 흉택(凶宅)이 될 수밖에 없다. 지세(地勢)에 순응하여 좌(坐)와 향(向)을 구분하며 음양(陰陽)의 조화를 이루는 것이 양택(陽宅) 풍수학의 길택(吉宅)이다.

무릇 만물에는 앞과 뒤가 있다. 좌(坐)와 향(向)도 앞뒤를 구분하는 것이다. 좌향(坐向)은 집 자체의 앞면과 뒷면을 구분하고, 지세(地勢) 자체에도 앞면과 뒷면이 있다. 이를 등과 얼굴로 분별하여 배면(背面)과 향배(向背)라고 한다.

배면(背面)은 집터에서의 앞뒤를 가리는 것이고, 향배(向背)는 집터를 중심으로 사방으로 나열해 있는 나성(羅城)의 모습을 앞뒤로 구분하는 것이다. 이것은 풍수에서 매우 중요한 일이다. 당나라 때의 국사(國師) 양균송(楊筠松) 선생은 용(龍)의 행지(行止)를 알면 천하를 횡행한다고 했다. 산맥이 뻗어나가다가 그친 곳을 알 수 있으면 천하를 마음대로 가늠할 수 있다는 말이다.

산룡(山龍)이 그치면 배면(背面)을 분명하게 만들어 놓는다. 배산임수(背山臨水)로 좌향(坐向)을 얻었다 해도 배면(背面)과 향배(向背)가 맞지 않으면 길가양택(吉家陽宅)이라고 할 수 없다.

이것은 사람에게도 얼굴과 뒤통수가 있는 것과 같다. 이것을 가리는 것이 지세(地勢)의 배면(背面)을 파악하는 일이다. 향배(向背)는 나와 상대한 주위의 앞뒤를 가리는 것이다. 집터를 나 자신에 비유하며 앞뒤를 가린다면 내가 만나는 모든 사람들은 집터를 중심으로 둘러져 있는 사성(砂星)이 된다. 이러한 사성(砂星)의 모양이 나를 향하고 있다면 유정하고, 등지고 있다면 무정한 꼴이 된다. 내가 만나는 사람들이 등을 돌리고 있으면 나와 정을 나눌 수 없고, 나와 얼굴을 마주 향해야 다정하게 지낼 수 있는 이치와 같다.

집터에서 배면(背面)이 정확하며 향배(向背)가 잘 이루어진 곳을 산이 모였다고 한다. 이런 곳은 산줄기 따라 물도 역시 모여들게 마련이다. 물을 얻으면 자연히 사(砂)를 얻고, 사(砂)를 얻으면 물을 얻는다. 사수(砂水)는 상대적으로 사(砂)가 호종(護從)하면 자연히 수(水)도 전요(纏繞)하니, 사수(砂水)는 불가분의 관계이다.

양택(陽宅)은 지상에서의 공간을 차지하는 큰 물체이다. 그러므로 양택지(陽宅地)로 좋은 곳이란 건물이 지세(地勢)에 의탁할 수 있는 형세이어야 한다. 의탁할 수 있는 땅의 모양은 위에서 말한 배면(背面)과 향배(向背)가 맞아야 한다.

전호(纏護)란 집터를 중심으로 주위에 나열한 산맥의 흐름, 즉 지세(地勢)가 집으로 배면(背面)에서의 면을 향배(向背)에 있어서 향(向)을 하고 있다는 것이다. 전호(纏護)를 얻지 못하면 집터의 주위 지세(地勢)가 모두 등을 보이는 것이니 무정하여 산기(散氣)한다. 지세(地勢)가 전호사(纏護砂)를 많이 갖출수록 대명당(大明堂)이 되어 훌륭한 기운을 많이 간직한다. 집터가 전호(纏護)를 얻는 것은 내 편을 얻는 것이요, 집터가 배쪽을 만나면 모두 나를 배반하고 떠나는 것이니 지세(地勢)에서 전호(纏護)는 매우 중요하다. 그래서 전호사(纏護

砂)를 가려서 의지해 집터를 정하는 것이다. 이러한 전호(纏護)의 지세(地勢)를 산곡(山谷)에서는 쉽게 판별할 수 있으나 평지에서는 매우 어렵다. 그러나 자세하게 관찰하면 분명하게 가릴 수 있다. 주위의 지세(地勢)가 약간 높고 낮은 차이에 따라 전호(纏護)를 가지고 조금 더 낮은 곳은 물이 흐르고 조금 더 높은 곳은 언덕배기가 될 것이다. 작은 흙더미 하나라도 잘 분별하는 것이 훌륭한 당세(堂勢)를 구하는 첩경이다.

집터를 정할 때 주객(主客)을 가린다. 지세(地勢)가 생기 있는 기운을 머금으며 뭉치면 그 주된 기운을 맞이하여 주위의 지형이 모여든다. 주된 기운은 주인이요 모여든 주위는 객이 된다. 주(主)와 객(客)은 서로 상대적이다. 주객은 서로 존경할만큼 자기의 위치를 가져야 한다. 주인도 잘나고 손님도 훌륭하다면 명당길지(明堂吉地)이고, 주인이 못나고 손님이 훌륭하다면 손님에게 의지하고, 손님이 약간 부족해도 주인이 튼튼하면 주인에게 의지한다. 그러나 이중 하나가 모두 파쇄되거나 반배 또는 충사(沖射)되면 주(主)와 객(客)이 형성하지 못해 명당의 생기를 이룰 수 없다. 주된 기운은 대개 간룡(幹龍)의 맥(脈)을 타고 주봉(主峰)을 형성하고, 다시 국세를 이루면 국세(局勢)의 틀 안에서 주봉(主峰)의 낙맥(落脈) 아래에 위치한다.

대개가 이 정도까지는 주(主)를 아는 방법으로 쉽다. 이렇게 찾아진 주의 기운을 갈무리하기 위해서는 위에서 논한 호종사(護從砂)를 얻어야 한다. 이 호종사(護從砂)가 객의 위치가 된다. 대다수의 주된 기운은 객기를 얻지 못해 당기(堂氣)를 뭉치지 못한다. 주된 기운이 주(主)와 대등한 높이의 조화를 이루는 객(客)을 만나지 못해 주(主)보다 월등히 높으면 주(主)를 압도해 노강주약(奴强主弱)이 되고 만다.

그러므로 당기운(堂氣運)을 얻을 때 주산(主山)의 직맥(直脈)은 흔하여 얻기 쉬우나, 호종(護從)하는 객의 진정한 호응을 얻는 자리는 매우 얻기 어렵다. 주된 당기(堂氣)를 이루고 객의 호응을 얻지 못하면, 차라리 객(客)의 당기(堂氣)를 이루고 주된 득수(得水)를 얻는 것이 유리하다. 다시 말해 주산(主山) 아래의 당기(堂氣)에 택지를 정하지 않고, 지세(地勢)의 호종사(護從砂)인 객의 당기(堂氣)에 택지를 정해 주산(主山)에서 흐르는 운수(雲水)를 득수(得水)로 취한다.

예를 들어 사장으로 성과를 이루지 못할 바에는 차라리 월급쟁이가 더 편하다는 것이다. 쫄딱사장보다는 대기업 간부가 더 높은 위치라는 것이다. 이러한 당세(堂勢)는 대개가 회룡고조(回龍顧祖 : 母)의 형세가 된다. 주산(主山)에서의 당기(堂氣)는 순세(順勢)가 되고, 회룡(回龍)의 호종(護從) 객기(客氣)의 당세(堂勢)는 역세(逆勢)가 된다. 순세(順勢)는 지세(地勢)와 수세(水勢)가 순순히 함께 같은 방향으로 내려가는 것이고, 역세(逆勢)는 지세(地勢)가 수세(水勢)를 가로막아 가두는 것이다. 이렇게 되면 수(水)는 직류하지 못하고 굽이쳐 감돌게 되므로 지기(地氣)가 머무르게 된다. 주기(主氣)와 객기(客氣)가 조화를 잘 이룬 국세(局勢) 내는 천심수(天心水)를 이루는 경우가 많다.

당기(堂氣)가 평온하고 주세와 둘러진 사세(砂勢)가 균등하면 사방의 지세(地勢)가 약간씩 낮아져 가운데로 수취천심(水聚天心)하여 가장 낮은 곳은 저수지를 이룬다. 명당이 솥밑바닥 같으면 집이 부하여 금을 말로 센다고 한다. 이러한 곳은 부를 이룰 수는 있으나 오래 살면 인정(人丁)이 상한다. 결국(結局) 수취천심(水聚天心)은 모든 물의 물길이 모이는 곳이니, 물길을 따르는 곡간풍(谷間風)은 살기

(殺氣)를 띤다. 이러한 살풍(殺風)을 받으면 인정(人丁)은 파패(破敗)
한다. 이러한 곳은 주거지로는 부적합하고 상가(商家)가 이상적이다.
또한 이때 지세(地勢)가 평원(平圓)하지 않으면 천심지(天心地)를 택
지의 여기(餘氣)로 남겨 정원으로 이용하는 것이 더 좋다. 명당명혈
(明堂明穴)은 분명 여기(餘氣)를 형성한다.

　사람이 살아가는데 가장 중요한 것은 잠자리이다. 잠을 자는 곳은
방이니 집에서도 방은 더욱더 중요하다. 방은 적당히 밝고 크며 따뜻
해야 하고, 적당한 위치에 있어야 한다.

　4신사(四神砂)로 나성(羅城)을 만든 장풍(藏風)된 국세(局勢) 안에
서 집을 만드는 것은 국세(局勢)는 체(體)가 되고, 대지는 용(用)이
된다. 국세(局勢) 내에서 음양오행(陰陽五行)을 분류하면 곧 소우주
가 되는 셈이다. 대지에 건물을 세우면 대지는 체(體)가 되고, 건물은
용(用)이 된다.

　건물의 문을 열고 들어서면 체(體)가 되는 거실은 용(用)이 된다. 다
시 방으로 들어가면 거실은 체(體)가 되고, 방은 용(用)이 된다. 결국
대우주에서 하나의 국세(局勢)로, 국내에서 기지(基地)로, 기지에서
건물로, 건물에서 거실로, 거실에서 방으로 세분화해서 마지막은 침
대로 귀결된다. 이 단계는 단계마다 불가분의 관계로 기의 흐름을 잇
는다. 영원하려면 대우주 천지의 기운을 타야 하고, 가장 편안하려면
국소적인 방의 기운을 필요로 한다.

　가상(家相)의 가장 필요한 것은 방과 거실이다. 위에서 모두를 얻어
도 방이 허술하면 편하게 지낼 수 없다. 주거에서 잠자리는 편안해야
한다. 잠을 편하게 자지 못하면 낮동안의 피로를 가중시킨다. 많은 돈
을 들여서 최고급 자재를 사용했다고 해서 편안한 잠자리가 되는 것

은 아니다. 방은 인위적으로 최소한의 장풍(藏風)을 시킨 곳이다. 장풍(藏風)을 시키기 위해 방수재를 쓰고, 보온벽을 두껍게 하고, 겨울에는 철저한 난방을, 여름에는 시원한 에어콘을 준비한다. 이렇게 모든 살풍(殺風)을 막고 기운을 감돌게 할 수 있는 일차적 요소가 방이다. 방은 벽으로 장풍(藏風)이 되어 있고, 문으로 기운이 순환되며, 창으로 음양(陰陽)을 조절한다.

집의 앞뒤와 방의 앞뒤는 다르다. 방은 방대로 창문이 있는 곳이 밝으니 앞이고, 벽으로 이루어진 곳은 어두우니 뒤이다. 따라서 침대의 위치는 앞이 향(向)이 되고, 벽이 뒤가 되어 좌(坐)를 이루어야 한다.

생각을 깊게 하고 행동은 밝게 하려면 머리는 벽을 의지하고 발은 창을 향하여, 생각은 머리가 맡고 행동은 손발이 맡는 것이다. 이와 반대로 머리가 창을 향하고 발이 벽으로 있으면 잠을 잘 시간에도 창의 밝은 기운으로 순간적인 잠에 들거나 자꾸 깨고, 발이 어두운 곳에 있으면 행동이 어두워 게으르며 아둔해진다.

옛날 온돌방 시절에는 따뜻한 아랫목에 발을 넣고, 머리는 윗목에 내놓고 잤다. 발은 하루종일 육신을 받치고 다니는 힘든 일을 도맡아 하기 때문에 큰 일꾼의 대접을 하느라 잠자리에서는 가장 따뜻한 곳에 묻고 쉬게 하려는 것이다. 반대로 머리는 윗목의 냉한 곳에 두어 냉철한 생각을 할 수 있도록 한 것이다. 발과 머리는 발의 따뜻한 양기운에 비해 머리는 차가운 음기운을 차지했다. 지금은 주거문화가 바뀌어 아랫목과 윗목의 온냉음양(溫冷陰陽)은 사라졌으나 그래도 머리에 이불을 쓰지 않는 것은 마찬가지이다.

명암의 이치를 따지면 명(明)은 양(陽)이므로 발의 행동에 맡겨 보이는 행동을 시켜 큰 일꾼을 만들고, 암(暗)은 음(陰)이니 머리를 맡아 보이지 않는 우주천계의 기원을 열어가도록 하려면 방에서의 앞뒤 명암은 분명하게 가려서 잠을 자야 한다.

※ 살기 좋은 집이란

주택은 인간이 생활하는데 필수적인 공간으로 신선한 공기를 마실 수 있고, 햇빛이 잘 들어 여름에는 시원하고 겨울에는 따뜻하여 온 가족이 편안하게 쉴 수 있어야 한다. 인생의 절반 이상을 집에서 보내니 중요성은 새삼 말할 필요가 없다. 인간은 의식적이든 무의식적이든 자연의 순리에 순응하면서 살아가는 것이다. 일반적으로 인간이 절반 이상을 집에서 생기를 받는 것도 중요하지만, 집의 형태와 위치, 방향을 더욱 중요시 하며 좀더 세분하여 대문·안방·부엌 등을 본다. 이것을 양택삼요결(陽宅三要訣)이라 한다.

풍수지리에서는 양택삼요결(陽宅三要訣)을 인간생활의 가장 중요한 법으로 보고 있다. 이 법을 따르면 자연에 순응하는 것으로 천지의 이치에 맞아 부귀하고, 그렇지 않으면 흉하다고 했다. 양택삼요결(陽宅三要訣)은 중국 지리오결의 저자 조구봉이 주장한 이론이다. 모든 집은 동사택(東四宅)과 서사택(西四宅) 즉 8방위여서 둘로 나뉘고, 여기에 앞에서 말한 대문·안방·부엌 등 배치방식을 따지고, 내용으로 양택(陽宅) 풍수의 근간이 되고 있다.

이러한 것들을 종합해 보면 북과 서가 높고 남과 동이 낮으면서 평탄한 안정감이 있는 따뜻한 집, 도로에 인접하여 교통이 편리한 집, 전망이 좋은 집이 가장 좋은 주택이다. 막다른 골목의 집, 생토가 아닌 매립지의 집, 산의 능선을 마구잡이로 깎아 지은 집, 두 집의 담을 터서 한 집으로 만든 집, 형제가 이웃하여 나란히 사는 집, 대문에서 안방과 부엌문이 보이는 집, 벽에 금이 가거나 물이 스며드는 집, 어둡고 그늘진 집 등은 좋은 주택이 아니다.

또한 집터나 집을 선택할 때나 새로 건축할 때는 반드시 지켜야 할 3대간법(三大看法)이 있다. 배산임수(背山臨水)하면 건강 장수한다 하고, 전저후고(前低後高)하면 출세영웅이라 하고, 전착후관(前窄後寬)하면 부귀여산(富貴如山)이라 했다.

※ 전착후관(前窄後寬)

전착후관(前窄後寬)은 출입하는 곳이 좁고, 정원에 들어서면 건물에 비해 정원이 너그러우며 안정감이 감도는 것을 말한다. 정원의 안정과 공기정화의 정기에 뜻을 둔 것이다. 대지의 형태는 네모반듯하고, 향한 곳으로 배가 되어야 건물을 세우며 길한 정원의 상이다. 또 내당 건물을 위주로 보호하고, 건물을 좌우앞면으로 낮게 배치하여 내외문을 한다면 전착후관(前窄後寬)이 된다.

1. 팔괘방위(八卦方位)

우리나라는 장유유서사상(長幼有序思想)의 오랜 전통을 지니고 있어 동방예의지국이라고 불린다. 어느 국가나 단체나 회사나 담당하는 업무와 직급의 서열이 있기 마련이고, 직급과 서열에 따라 책상을 배치한다. 문을 들어서면 대개 안내하는 사람이 앉고, 제일 앞 줄에는 실무 담당자가 쭉 앉고, 그 뒤에 담당자 몇 명에 하나씩 그 다음 직급자가 앉아 있고, 또 그 뒤에는 더 높은 사람이 앉는 것이 일반적이

팔괘상 가족득위도

방위전개도

다. 그런데 맨 뒷자리에 앉아야 할 임원급이 사주가 어찌어찌해서 들어오는 문과 자리가 마주쳐 나쁘니 담당계원이 앉는 귀퉁이 자리와 바꿔앉겠다고 우겨 계원의 자리에 앉았다면 이 사실을 모르는 사람은 그 임원을 담당계원으로 알고 대할 것이다.

이처럼 일반화된 배열방법과 같은 배치방법이 주역팔괘(周易八卦)에 의한 정위(正位)의 방법이다. 지금 앉은 자리가 나빠서 약간 구석진 곳으로 옮긴다거나 직각이 되도록 배열하는 방법을 각자의 사주(四柱)나 본명성(本命星) 등에 의해 찾는 방법이다. 그러므로 큰 줄거리가 되는 가족구성의 입장에서 볼 때 아버지, 어머니, 장남, 장녀, 차남, 차녀 등 각자가 가족구성원으로써 차지하는 입장에 따라 각각의 본래 위치를 찾아보는 것이 8괘(八卦)에 의한 방법이다.

이는 8괘(八卦)의 해의(解意)에 따라 건(乾)은 아버지를 의미하기 때문에 북서방위가 되고, 곤(坤)은 어머니를 의미하기 때문에 남서방위가 되고, 진(震)은 장남을 의미하므로 동방위에 해당하고, 손(巽)은 장녀를 의미하므로 남동방위에 해당하고, 감(坎)은 가운데 아들이나 둘째 아들을 의미하므로 북방위에 해당하고, 이(離)는 가운데 딸이나 둘째 딸을 의미하므로 남방위에 해당하고, 간(艮)은 3남 이하의 작은 아들을 의미하므로 북동방위에 해당하고, 태(兌)는 3녀 이하의 작은 딸을 의미하므로 서방위에 해당한다.

이를 정리하면 앞의 그림처럼 북쪽은 둘째나 중간 아들이, 북동쪽은 셋째 이하의 아들이, 동쪽은 장남이, 남동쪽은 장녀가, 남쪽은 둘째나 가운데 딸이, 남서쪽은 어머니가, 서쪽은 셋째 이하나 막내딸이, 북서쪽은 아버지의 위치가 된다. 가상(家相)의 판단도 이러한 상의(象意)에 의해 길흉을 판단한다. ― 신평(申坪)의 신나경연구 중에서

2. 8택(八宅) 가상론(家相論)

8택가상법(八宅家相法)은 동서4택(東西四宅)이라 하여 옛부터 가상(家相)의 이법(理法)의 대종(大宗)으로, 양택(陽宅)의 길흉을 판단하는데 많이 이용하는 방법 중의 하나이다.

■ 동4택(東四宅)
감궁(坎宮), 진궁(震宮), 손궁(巽宮), 이궁(離宮)
■ 서4택(西四宅)
건궁(乾宮), 곤궁(坤宮), 간궁(艮宮), 태궁(兌宮)
■ 본명양궁(本命陽宮 : 東四宅)
1백감궁(一白坎宮), 3벽진궁(三碧震宮),
4록손궁(四綠巽宮), 9자이궁(九紫離宮)
■ 본명음궁(本命陰宮 : 西四宅)
2흑곤궁(二黑坤宮), 6백건궁(六白乾宮),
7적태궁(七赤兌宮), 8백간궁(八白艮宮)

1. 본명(本命) 계산법

1. 건명(乾命) 산출공식
우선 출생년의 숫자 하나 하나를 더한다. 그 더한 두 자리 숫자를 하나 하나 더한다. 이러한 수치를 11의 고정수에서 뺀 수가 본명궁의 9궁수가 된다.

예1) 건명(乾命) 1914년생인 경우 : 서4택(西四宅)

1+9+1+4=15, 1+5=6, 11~6=5 … 5황중궁(五黃中宮)

　건명(乾命) 5황중궁(五黃中宮)인 경우 실용궁은 2흑곤궁(二黑坤宮)이 된다. 따라서 건명(乾命) 1914년생은 서4택(西四宅)이 합당하다.

예2) 건명(乾命) 1928년생인 경우 : 동4택(東四宅)

1+9+2+8=20, 2+0=2, 11~2=9 … 9자 이궁(離宮)

　건명(乾命) 1928년생은 9자이궁(九紫離宮)이므로 동4택(東四宅)이 합당하다.

예3) 건명(乾命) 1945년생인 경우 : 동4택(東四宅)

1+9+4+5=19, 1+9=10, 11~10 … 1백궁(一白宮)

2. 곤명(坤命) 본명궁 산출공식

　11에서 빼지 않고 4를 더한다.

예1) 곤명(坤命) 1930년생인 경우 : 서4택(西四宅)

1+9+3+0=13, 1+3=4, 4+4=8 … 8백궁(八白宮)

예2) 곤명(坤命) 1934년생인 경우 : 동4택(東四宅)

1+9+3+4=17, 1+7=8, 8+4=12, 1+2=3…3벽진궁(三碧震辰宮)

예3) 곤명(坤命) 1945년생인 경우 : 서4택(西四宅)

1+9+4+5=19, 1+9=10, 10+4=14, 1+4=5 … 5황중궁(五黃中宮)

곤명(坤命) 5황중궁(五黃中宮)은 8백궁(八白宮)이 실용궁이다.

2. 동서4택(東西四宅)

동4택(東四宅)과 서4택(西四宅)이란 선천팔괘(先天八卦)에서 음양(陰陽)의 화합에 근원을 두고, 오행(五行) 상생(相生) 비화(比和)를 이루려고 하는 것이다. 선천팔괘(先天八卦)에서 음양(陰陽) 화합을 찾아 본다. 선천팔괘(先天八卦)에서 태양(太陽)은 태음(太陰)과 배합하고, 소양(小陽)은 소음(小陰)과 배합한다. 예를 들어 서4택(西四宅) 건괘(乾卦)와 동4택(東四宅) 감괘(坎卦)의 배합을 찾아보자.

건(乾)은 곤(坤)과 태양(太陽) 대 태음(太陰)의 배합이고, 오행상 토금(土金)이 상생(相生)하여 천지괘의 연년(延年)에 해당하는 길성이 된다. 건(乾)과 간(艮)이 만나면 태양(太陽) 대 태음(太陰)의 배합이고, 토금(土金)이 상생(相生)하여 천을(天乙)에 해당하는 길성이 된

연도 남 · 여 본명성 조견표

본명성	여자	1	9	8	7	6	5	4	3	2
	남자	5	6	7	8	9	1	2	3	4
해당연도		1932	1931	1930	1929	1928	1927	1926	1925	1924
		1941	1940	1939	1938	1937	1936	1935	1934	1933
		1950	1949	1948	1947	1946	1945	1944	1943	1942
		1959	1958	1957	1956	1955	1954	1953	1952	1951
		1968	1967	1966	1965	1964	1963	1962	1961	1960
		1977	1976	1975	1974	1973	1972	1971	1970	1969

다. 건(乾)이 태(兌)와 만나면 태양(太陽)과 태양(太陽)의 합(合)이고, 금금비화(金金比和)가 되며 생기에 해당한다. 태양(太陽)과 태음(太陰) 건태(乾兌) 대 곤간(坤艮)은 서로 짝이 되어 음양(陰陽) 화합, 오행(五行) 상생(相生) 비화(比和)를 이룬다.

이를 후천팔괘(後天八卦) 방위에 대입시키면 건곤간태(乾坤艮兌)는 서4택(西四宅)이 된다. 동4택(東四宅)은 감(坎)이 이(離)를 만나면 소양(小陽) 대 소음(小陰)의 배합이고, 수화기제(水火旣濟)가 되면 9성(九星)의 연년(延年)이 된다. 감(坎)이 진(震)을 만나면 소양(小陽) 대 소음(小陰)의 배합이고, 수목(水木)이 상생(相生)하며, 9성(九星) 천을(天乙)의 길성이 된다. 감(坎)이 손(巽)을 만나면 소양(小陽) 대 소음(小陰)의 배합이고, 수목(水木)이 상생(相生)하여 9성(九星)의 생기에 해당한다. 이를 후천팔괘(後天八卦) 위에 대입시키면 동4택(東四宅)이 된다.

3. 양택3요(陽宅三要)

양택3요(陽宅三要)는 문주조(門主灶)를 말한다. 문은 출입하는 곳이고, 주(主)는 집안에서 가장 중요한 일을 하는 가장의 위치이고, 조(灶)는 음식의 제공처인 부엌이다. 이런 세 가지의 위치가 상호 팔괘(8卦) 상 상응하는 장소에 있어야 배합이 된다. 즉 태양(太陽) 대 태음(太陰)인 건곤간태(乾坤艮兌)와 소양(小陽)과 소음(小陰)인 감리진손(坎離震巽)의 방위에 배치해야 한다.

가옥의 좌(坐)를 위주로 한 음양배합(陰陽配合) : 문·부엌

坐	문·부엌	陰陽配合	生剋	구성	비 고
坎坐 壬子癸	壬子癸	不配合	比和	伏位	부녀자가 죽고, 초년에는 발전하나 나중에는 불길하다.
	丑艮寅	不配合	相剋	五鬼	물에 빠지거나 목을 매어 자살한다. 질병·단명·궁핍 등이 따른다.
	甲卯乙	不配合	相生	天乙	天乙相生이나 純陽끼리 만났으니 나중에 자손이 끊어진다.
	辰巽巳	準配合	相生	生氣	남자는 총명하며 여자는 미인이고, 부귀 겸전한다.
	丙午丁	正配合	相剋	延年	부부간에 화목하며 자손이 창성하고, 대부대길하다.
	未坤申	準配合	相剋	絶命	중남이 불리하고, 질병·손재가 따르며 중방이 과부가 된다.
	庚酉辛	不配合	相生	禍害	재물이 흩어지고, 부녀자와 소녀에게 질병이 따른다.
	戌乾亥	不配合	相生	六殺	비록 相生이나 不配合에 六殺이니 불길하다.
艮坐 丑艮寅	壬子癸	不配合	相剋	五鬼	관재·구설·화재·도난·수액·패륜 등이 따른다.
	丑艮寅	不配合	比和	伏位	純陽에 比和요 복위이니 재물은 늘어나나 처자를 극하며 고독하다.
	甲卯乙	不配合	相剋	六殺	집안이 불안하고, 질병·손재·빈궁 등이 따르며 처자를 극한다.
	辰巽巳	準配合	相剋	絶命	자식을 키우기 어렵고, 노복이 배반하며 풍질·악종이 따른다.
	丙午丁	準配合	相生	禍害	남자는 병약하고 부녀자는 극성스러우니 집안이 소란하다.
	未坤申	準配合	比和	生氣	재산이 풍족하며 벼슬이 오르고, 자손이 창성하며 효도한다.
	庚酉辛	正配合	相生	延年	대길하니 사람이 왕성하고 재물이 늘어나 부귀창성한다.
	戌乾亥	不配合	相生	天乙	가정이 창성하고 부귀가 족하나 오랜 뒤에는 과부가 나온다.

가옥의 좌(坐)를 위주로 한 음양배합(陰陽配合) : 문·부엌

坐	문·부엌	陰陽配合	生剋	구성	비 고
震坐 甲卯乙	壬子癸	不配合	相生	天乙	相生·天乙이라 길할 것 같으나 陰陽不配合이니 나중에 불길하다.
	丑艮寅	不配合	相剋	六殺	단명·질병·관재·도적·절사 등이 따른다.
	甲卯乙	不配合	比和	伏位	純陽에 복음살이니 陽盛陰衰로 부녀자가 단명하고 인정이 드물다.
	辰巽巳	正配合	比和	延年	과거급제하여 부귀가 창성하며 모든 발복이 무궁하다.
	丙午丁	準配合	相生	生氣	부부해로하고 자손이 과거에 급제하며 장수부귀한다.
	未坤申	準配合	相剋	禍害	모자간에 불화하고, 재산이 있으면 건강하지 못하고 건강하면 재산이 없다.
	庚酉辛	準配合	相剋	絕命	인정과 재물이 쇠하고, 질병이 발생하며 가운이 몰락한다.
	戌乾亥	不配合	相剋	五鬼	질병·관재·구설·도적·살상 등 액운이 따른다.
巽坐 辰巽巳	壬子癸	準配合	相生	生氣	많은 자손이 모두 벼슬을 하나 관재·구설·질병 등이 따른다.
	丑艮寅	準配合	相剋	絕命	자식을 낳아도 어려서 잃고, 관재·구설·질병 등이 따른다.
	甲卯乙	正配合	比和	延年	부귀가 발하고 훌륭한 자손을 두어 가문을 빛낸다.
	辰巽巳	不配合	比和	伏位	부녀자가 가권을 장악하고, 재물은 있으나 남자가 죽는다.
	丙午丁	不配合	相生	天乙	부귀가 속히 발한다. 특히 부녀자가 준수하나 나중에 과부가 나온다.
	未坤申	不配合	相剋	五鬼	관재·구설·질병·시비·도난 등이 따르고, 집안이 시끄러우며 과부가 나온다.
	庚酉辛	不配合	相剋	六殺	부녀자에게 액과 골절상이 있으며 나중에 양자가 봉사한다.
	戌乾亥	準配合	相剋	禍害	부녀자가 단명하고, 눈병·심장병이 따른다. 초년에는 길하나 나중에 흉하다.

가옥의 좌(坐)를 위주로 한 음양배합(陰陽配合) : 문·부엌

坐	문·부엌	陰陽配合	生剋	구성	비 고
離坐 丙午丁	壬子癸	正配合	相剋	延年	水火相剋이 아니라 水火旣濟이다. 부귀를 누리며 아들을 많이 둔다.
	丑艮寅	準配合	相生	禍害	초년에는 부귀하나 오랜 뒤에는 인정이 패하며 부녀자가 강폭해진다.
	甲卯乙	準配合	相生	生氣	남자는 총명하며 여자는 수려하고, 자손이 많으며 며느리가 어질며 천수하다.
	辰巽巳	不配合	相生	天乙	남녀가 선량하며 부귀쌍전하나 오랜 뒤에는 양자가 들어온다.
	丙午丁	不配合	比和	伏位	재산은 발전하나 가족의 건강이 모두 나쁘다. 남자는 단명하며 고독하다.
	未坤申	不配合	相生	六殺	집안이 화목하지 못하다. 남자는 단명하며 여자가 살림을 꾸려나간다.
	庚酉辛	不配合	相剋	五鬼	악질로 인하여 아내를 극하고, 재물이 패하며 질병으로 단명한다.
	戌乾亥	準配合	相剋	絶命	재물이 흩어지며 질병이 따르고, 여자는 극성하고 남자는 쇠약하다.
坤坐 未坤申	壬子癸	準配合	相剋	絶命	相剋에 絶命이니 대흉하다. 중남이 먼저 대가 끊어지고 괴질이 발생한다.
	丑艮寅	準配合	比和	生氣	특히 토지가 늘어나며 부귀장수하고, 자손이 창성하고, 부녀자가 현숙하다.
	甲卯乙	準配合	相剋	禍害	손재하며 인정이 죽고, 모친이 産亡하거나 모자간에 불화한다.
	辰巽巳	不配合	相剋	五鬼	純陰이니 남자가 단명하고, 모친이 사망하며 음란·소송·손재·절사가 따른다.
	丙午丁	不配合	相生	六殺	純陰 不配合에 六殺이니 과부가 많이 나오고, 식구가 단명한다.
	未坤申	不配合	比和	伏位	초년에는 재산이 발하여 토지가 늘어나나 오랜 뒤에는 여자가 호주가 된다.
	庚酉辛	不配合	相生	天乙	相生天乙이나 純陰이라 陰이 성하고 陽이 쇠하니 재산은 있으나 자손이 없다.
	戌乾亥	正配合	相生	延年	正配合에 相生이요 연년이니 대길하다. 부귀하며 자손이 창성한다.

가옥의 좌(坐)를 위주로 한 음양배합(陰陽配合) : 문·부엌

坐	문·부엌	陰陽配合	生剋	구성	비 고
兌坐 庚酉辛	壬子癸	準配合	相生	禍害	경영이 실패하며 젊은 부녀자가 죽는다. 음탕하며 도박을 즐긴다.
	丑艮寅	正配合	相生	延年	총명하며 수려한 자녀가 나오고, 충신효자가 많이 나오며 부귀가 극진하다.
	甲卯乙	準配合	相剋	絶命	식구가 죽고 질병으로 가정이 불화하며 재산을 실패한다.
	辰巽巳	不配合	相剋	六殺	대흉하다. 여자만 성하고 남자는 쇠한다. 과부가 나오며 빈궁하다.
	丙午丁	不配合	相剋	五鬼	남녀 모두 단명하고, 집안에 시끄러운 일이 자주 생긴다.
	未坤申	不配合	相生	天乙	재산이 발하며 가문이 융창하나 노모가 딸을 편애하여 불화가 생긴다.
	庚酉辛	不配合	比和	伏位	초년에는 재산이 발하나 오랜 뒤에는 남자는 단명하여 고아와 과부가 나온다.
	戌乾亥	不配合	比和	生氣	재물과 자손이 왕성하나 오랜 뒤에는 과부가 나오고, 부녀자도 죽는다.
乾坐 戌乾亥	壬子癸	不配合	相生	六殺	비록 相生이나 不配合에 六殺이니 인정이 불왕하고 질병과 손재가 있다.
	丑艮寅	不配合	相生	天乙	純陽 不配合이나 相生 天乙이니 초년에 부귀하나 나중에는 처자를 극한다.
	甲卯乙	不配合	相剋	五鬼	장자가 사망하며 재앙이 계속된다. 송사·구설·화재 등으로 망한다.
	辰巽巳	準配合	相剋	禍害	오행이 相剋하며 화해의 흉신이니 부녀자가 단명하고, 관재와 질병이 따른다.
	丙午丁	準配合	相剋	絶命	과부가 많이 나오며 단명하고, 도적이 침입하며 악질이 많다.
	未坤申	正配合	相生	延年	配合 相生 연년이니 가장 길하다. 자손이 창성하며 부귀영화가 오래간다.
	庚酉辛	不配合	比和	生氣	노부와 소녀이니 配合이나 不配合이다. 재물은 왕성하나 오랜 뒤에는 불길하다.
	戌乾亥	不配合	比和	伏位	不配合에 복위와 比和이니 재산은 있으나 가정불화가 심하다.

십조통맥(十條通脈)
옥룡자(玉龍子) 도강십조(渡江十條)

조자손(祖子孫) 삼조(三朝)

지리서 천만 권을 다 읽어도
세상이 모두 중심을 못 잡고
머리는 숨기고 꼬리는 감추어
각기 다르게 그 뜻을 논하니
눈은 어지럽고 마음은 의혹이 나서
반쯤 가서 중도폐기하니
가난가탄(可難可嘆)이로다.

산수의 근본 근원은
전연히 다 버리고
이십사위 글자만 가지고
어느 법이 가장 옳다 하나
산맥과 혈면은 알지 못하니
슬프도다.

죽장 짚고 짚신 신고
강산을 두루 편답하여 산수형용 살펴보니
제일 조종 태조산이
구름 하늘 꿰어서서 천지만엽 흩어가니
만 마가 달리는 듯

기러기가 평사(平砂)에 내리는 듯
용이 구름에 날아오르는 듯
대장이 행군하여 가는 듯
단봉(丹鳳)이 강남땅에 내리는 듯
버들지개 바람에 날리는 듯
천 갈래로 가는 형용 낱낱이 말할소냐.

태조산에서 갈려나와
갈지 자 검을현 자로 굴곡하다가
과협(過峽) 놓고 특별히 기봉하니
이것이 소조산이요
소조산하에 일 봉 우뚝하니
이것이 자봉(子峰)이요
자봉하(子峰下)에 또 한 봉 높았으니
이것이 손자봉이로다.
조자손(祖子孫) 삼조(三朝)가 이 아닌가.

선사의 이른 말씀 특별히 일렀으니
마디 마디 기복박환(起伏剝換)이라 하고
태식잉육(胎息孕育)이라 하고
주사마제(蛛絲馬蹄)라 하나
모두 다 한 이치로다.

산을 가리켜 용이라 하며
이단섬장환골탈태(異斷閃藏換骨脫胎)라 하니
다름아니라 매미가 허물벗고
나무로 오르는 듯한 말이로다.

산이 아무리 멀리 가도
결인목(結咽目)을 놓지 않으면
어찌 살기를 벗었다 하리요.
혈 하나를 지으려면
결인목(結咽目)은 자연이라.
만물이 결실하려면
먼저 꼬투리가 생기나니
물은 이미 강산이라
수구(水口)를 찾아 들어가니
이것이 포중(包中)이요
이것이 집이로다.

성봉영기(星峰靈氣)와 머리숙인 입수(入首)

도국(圖局)이 넓어서 분별하기 어렵거든
사방을 둘러보니 정신 하나 으뜸이라.

모든 방초 푸른 가운데
백로 하나가 정신이요.

닭떼 가운데
학 한 마리가 정신이요.

버들개지 천 가닥 흐트러진데
꾀꼬리 한 마리가 정신이요.

남아 모인 가운데
미색 하나가 정신이요.

어린아이 가운데
유모 하나가 정신이요.

만경창파 위에
배 돛대 하나가 정신이요.

어둠침침 야삼경에
등불 하나가 정신이요.

정신이 다른 것이 아니라
맥 하나가 정신이요.

정신이 다름이 아니라
봉 하나가 정신이요.

맥이 다름이 아니라
원기 밀어넣은 것이 맥이로다.

맥기도 한 가지가 아니라
음맥 양맥 분별하고
가장(可杖)하여 자세히 보고
노옹이 졸릴 때 꾸벅 꾸벅
꾸벅거림도 정녕이요
옥녀직금(玉女織錦)할 때
북질하는 것도 정녕이로다.

입수보는 법이 천 근이나 되는 것을
어느 사람 공력으로 일시합력 할소냐.
평지에서 밀려짓는 것이
직송직락(直送直落) 아닌가.

혈 찾아보는 법이 쉽지 않으니
사방을 둘러보아라.

사방이 모두 험악하거든
고운 데만 찾아보고

사방이 첨리하거든
원비(圓肥)한 데만 찾아보고

사방이 모두 산란하거든
진정(眞正)한 데만 찾아보고

사방이 모두 건장하거든
동락(同樂)한 데만 찾아보고

사방이 모두 침음하거든
명랑한 데만 찾아보고

사방이 모두 토산(土山)이면
석맥(石脈)만 찾아보고

사방이 모두 가지가 쑥쑥 뻗었거든
구부러진 데만 찾아보고

사방이 모두 척박하거든
비후한 데만 찾아보고

사방이 모두 답답하거든
높은 데만 찾아보고

사방이 뒤로 잦혔거든
수두(垂頭)한 데만 찾아보고

사방에 초목이 무성하거든
초목없는 데만 찾아보고

사방에 초목이 없거든
초목이 무성한 데만 찾아보소.

이런고로 석산엔 토혈이요
토산엔 석혈이라.

용맥 쫓아 자세히 보아라.
용맥이 차차 일어나면
일어난 데 가 올라서 보고

봉만이 차차 일어나면
쳐들은 데 가 올라서 보고

만두성진(巒頭星辰)이 옆으로 기울면
기울어진 데 가서 찾아보고

만두(巒頭)가 머리숙여 엎드렸거든
그 밑에 가서 찾아보소.

찾아보고 찾아보면
현무수두지정(玄武垂頭之情)을
조금이나마 터득하리.

과협(過峽)과 혈국(穴局)

과협(過峽)이라 하는 것이
용혈을 이루는 여부를 나타내니

과협(過峽)이 길면 용이 멀리 가고
과협(過峽)이 짧으면 용이 멀리 가지 못하고
과협(過峽)도 사각(砂角)이 장풍(藏風)을 잘 하면
혈처(穴處)도 청룡(靑龍) 백호(白虎)가 주밀하고
과협(過峽) 한 편 부족하면 혈도 또한 일반이다.

노풍(露風)하면 역잔(力殘)하고
장풍(藏風)하면 유력(有力)이라.
과협(過峽)이 엄풍(掩風)을 잘못하면
혈도 또한 노풍(露風)이다.

과협(過峽)의 좌우 형용으로
혈이 또한 맡아 있고
건탄(乾灘)으로 과협(過峽)하면
혈도 또한 물없이 자리짓고
음맥(陰脈)으로 과협(過峽)하면
수척한 데 가서 찾아보고

석맥으로 과협(過峽)하면

돌 얽힌데 가서 찾아보고

구렁으로 과협(過峽)하면

진털 밑에 가서 찾아보고

지호(池湖)로 과협(過峽)하면

혈도 또한 지호(池湖)를 만나리라.

양협(陽峽)으로 과협(過峽)하면

평탄한 데 가서 찾아보고

정간(正幹)으로 과협(過峽)하면

양 다리 사이에 혈을 맺고

과협(過峽)이 바로 와서 횡으로 맺으면

혈도 직래횡결하고

과협(過峽)이 횡래직결하면

혈도 또한 일반이라.

과협(過峽)이 영송장풍(迎送藏風) 잘하면

어찌 아니 좋을소냐.

부모닮은 형기란 말이

참으로 이를 두고 한 말이로다.

혈면이라 하는 것은 와겸유돌(窩鉗乳突) 4상이다.

4상을 사람에게 비할진대

얼굴 생긴 후에 이목구비 나타나고

혈로 말할진대

와겸유돌(窩鉗乳突)이 혈면이다.

와(窩)도 좌우에 우각(牛角)이 없으면 헛것이요

겸(鉗)도 좌우에 해안(蟹眼)이 없으면 헛것이요

유(乳)도 좌우에 선익(蟬翼)이 없으면 헛것이요

돌(突)도 생겨 장구(葬口)가 없으면 헛것이로다.

제일은 훈각(暈角)이다.

훈각(暈角)이라 하는 것은

장풍피살(藏風避殺)아닌가.

천하의 혈이 개구(開口)하나니

개구(開口)하면 승금(乘金)이요

승금(乘金)이 되면 혈이 생긴 증좌로다.

혈이라 하는 것은

침구편(鍼灸篇)의 동인도(銅人圖)와 같도다.

인맥(人脈)으로 이를진대

동중맥(動中脈)과 함중맥(陷中脈)이 다를소냐.

천리행룡(千里行龍)에 일석지지(一席之地) 지으려면

현무정신(玄武精神) 특립(特立) 후에

중심출맥(中心出脈)하여 보내고 보호함이 절로 되리라.

입수맥(入首脈)을 자세히 살펴

지식처(止息處)를 뜯어보니

은은히 태극이 둘러 있고

구첨전순(毬簷氈脣) 분명하고

그 아래 합금(合襟) 분명하고

하사수수(下砂收水) 분명하고

피수방풍(避水防風) 분명하고

분수척상(分水脊上) 분명하고

게눈 게걸음 분명하고

불편불의(不偏不倚) 분명하고

여좌방중(如坐房中) 분명하도다.

용맥(龍脈)의 귀천(貴淺)과 주산(主山) 안산(案山)

주산(主山) 안산(案山)을 말할진대
부부 상대 혼례하는 거동이다.
중산(衆山)이 다정한 얼굴 대하듯 하니
천연이 공조로다.

군신 상대는 조산(朝山)이 공배읍(拱拜揖)하고
부자 상대는 주고안저(主高案低)하고
부부 상대는 가지런하고
빈주 상대는 주저안고(主低案高)로다.

조산(朝山)이 층층중수하면
내룡기세(來龍氣勢)와 다름없도다.
주산(主山)이 여러 봉이면
일 봉에 일 대로다.
안산(案山)이 칠·팔 봉 늘어서면
칠·팔 대 복록이로다.

소지(小地)는 불과 이·삼 봉이고
일 봉이면 고봉돌수(孤峯突秀) 홀로 하고
쌍봉이면 형제 등과하고

오 봉이 늘어서니 오자등과가 이 아닌가.

쌍봉이면 대공(對空)하고

삼 봉이면 대중봉하고

안산(案山)이 분잡하여

이것도 같고 저것도 같거든

정의가 서로 맞지 못하니

이것은 조산(朝山)이 아니로다.

국 잘 잡고 용 찾기는 백에 둘 셋 되거니와

맥 찾아 점혈하기란 천에 하나 드물도다.

면류맥(冕旒脈)과 곤의맥(袞衣脈)은

왕자맥(王字脈)의 합금(合襟)이요

노화맥(蘆花脈)과 노편맥(蘆鞭脈)은

부자형제 동방이다.

매화룡(梅花龍)이 낙맥(落脈)되면

장원랑(壯元郎)이 정승되는 것이요

오동맥(梧桐脈)과 작약맥(芍藥脈)은

충신효자 나는구나.

기재맥(杞梓脈)과 권렴맥(捲簾脈)은

성현군자후비(聖賢君子后妃) 나는구나.

천지맥(天地脈)과 도수맥(渡水脈)은

대부대귀(大富大貴) 나는구나.

양류맥(楊柳脈) 아래는 무후(無後)하고
곡척맥(曲尺脈) 아래는 곡배(曲背)나고
뇌화맥(雷火脈) 아래는 멸족(滅族)이니
맥이라 하는 것이 알기 어렵도다.

수풀 사이로 배암 지나가듯
강물에 나무토막 던지듯
재 가운데 실 그은듯
전대 속에 쌀담아 굴리듯
나성(羅星)이라 하는 것은
산 밖의 산이 에워싸니 천원지방이라
청룡백호(靑龍白虎)는 알기 쉽거니와
나성명국(羅星明局) 뉘 알리오.
은은미미(隱隱微微) 생긴 맥은
명안(明眼)이 아니면 어이 알리.

선사들 각각 말씀하되
삼천분대(三千粉黛)와 팔백연화(八百煙花)가
중중나열 중층이라 하고
대장이 출둔 시에 삼군(三軍)이 청령(廳令)이라 하고
왕자가출(王子駕出)에 백직함수(百職咸隨)라 하니
도시 한 가지 이치로다.

용(龍)의 교구(交媾)와 수구한문(水口捍門)

산가(山家)에서 추량(推量)할 때

음으로 와서 양으로 지어졌나 보고
양으로 와서 음으로 지어졌나 보고
곧게 와서 횡으로 받았는가 보고
횡으로 와서 직수되었는가 보고

좌척우수(左脊右水)가 되었는가 보고
산수배합(山水配合)이 되었는가 보고
사각혈전(砂角穴前)이 되었는가 보고
객수과당(客水過當)이 되었는가 보고

수구(水口)도 잘 막혔나 보고
음양(陰陽)이 교구(交媾)되었는가 보고
좌선우락(左旋右落)이 되었는가 보고
정중지동(靜中之動)이 되었는가 보고

동중지정(動中之靜)이 되었는가 보고
만산이 송정(送情)되었는가 보고
원기를 잃지 않았는가 보고

분수계원(分水界源)이 되었는가 보고

낙맥(落脈)이 청미(清微)한가 보고

입수가 둥실 둥실한가 보고

허화인가 진결인가 보고

좌우가 잘 부조되었는가 보고

영송지간(迎送之間) 잘 살피고

원진수(元眞水)가 곧고 길게 뻗었는가 보고

안은 좁고 밖은 넓게 되었는가 보소.

금격(禽格)은 주로 부(富)요

요성(曜星)은 주로 귀(貴)로다.

내저외고(內低外高)되었는가 보고

또한 국세(局勢) 잘 살피고

부귀금요(富貴禽曜) 잘 살피면

부귀빈천(富貴貧賤)이 바로 여기에 있도다.

금수금수(禽獸水口)는 신동 장원이 나는 땅이요

용사한문(龍蛇捍門)은 공후가 나는 땅이요

구사한문(龜蛇捍門)은 대귀가 나는 땅이요

화표한문(華表捍門)은 한림학사가 나는 땅이요

북진한문(北辰捍門)은 왕후가 나는 땅이로다.

북진한문(北辰捍門)이라 하는 것은
본시 험악하고 특이하니
사자도 같고 범도 같고 장군도 같고
춤추는 봉황도 같다.

수구(水口) 양쪽에 수문(水門)을 대하고 서니
이것이 북진수구(北辰水口)로다.
혈에서 험사(險砂)가 보이면
역명(逆名)나니
이 역명(逆名) 어이하리.

화표(華表)라 하는 것은
수구(水口)에 고운 봉(峯)
우뚝 특립(特立)하여
문호(門戶)를 막아주고.

용사(龍蛇)라 하는 것은
한편 사각(砂角)은 용같고
한편 사각(砂角)은 뱀같고.

구사(龜砂)라 하는 것은
굴곡하고 한편은 횡란하고.
팔구중한문(八九重捍門)은
발복장원(發福長遠)이 이 아닌가.

문호(門戶)를 살펴보니

거마기고(車馬旗鼓) 정연하면

장상의 문이요

궤(櫃)와 창고봉(倉庫峰)은

부인(富人)의 문하요

옥인나열(玉印羅列) 벌였으니

귀인의 문하(門下)가 이 아닌가.

고성(庫星)을 말할진대

이는 문비(門婢)와 같으니라.

음양가(陰陽歌)를 불러보자.

음양동정(陰陽動靜)

고기(高起)한 자 음이 되고
강복(降伏)한 자 양이로다.
칼날같이 높은 자 음이 되고
비후하고 유순한 자 양이로다.

양판(陽坂)이 되면 혈이 없고
음척(陰脊)이 되면 맥(脈)이로다.
음척(陰脊)이 되면 혈이 없고
양으로 펴면 혈이로다.

기울어 위태하면 혈이 없고
평평하고 원만하면 혈이로다.
용이 나타나면 혈이 숨고
용이 숨으면 혈이 나타나고
용장(龍長)하면 혈졸(穴拙)하고
용단(龍短)하면 혈대(穴大)로다.

태산용(泰山龍)은 가지에 혈을 맺고
평지용(平地龍)은 돌상(突上)에 혈을 짓고
산곡(山谷)에는 양판(陽坂)이요

평야(平野)에는 음판(陰坂)이라

양변위음(陽變爲陰)하고

음변위양(陰變爲陽)하니

음양이기(陰陽理氣)를 논할진대

천지만물이 도시 음양이로다.

오행(五行)이라 하는 것은

금목수화토(金木水火土)를 말함이다.

이 오행(五行)이라 하는 것이

음양이기(陰陽理氣)의 자손이라

상생하면 배합이요 상극하면 원수로다.

만두성진(巒頭星辰) 둘렀으니

금성하(金星下)의 토성(土星)은 역생(逆生)이나

토성하(土星下)의 금성(金星)의 순생(順生)이요

목성하(木星下)의 토성(土星)은 순극(順克)이요

수성하(水星下)의 토성(土星)이면 역극(逆克) 아닌가.

음양이기(陰陽理氣) 알고 보면

장중천지(掌中天地)가 이 아닌가.

동(動)하면 음(陰)이 되고

정(靜)하면 양(陽)이로다.

산형(山形) 인형(人形) 재혈(裁穴)

산의 형용보는 법이
인형(人形)보기 같으니라.

동(動)하면 음(陰)이 되고
인면(人面)도 오악(五岳)이다.
제 몸 알면 혈을 알고
제 몸 모르면 어찌 혈을 알리.

대세(大勢)는 조자손(祖子孫)이요
천장(天頂)은 현무(玄武)로다.

두 귀는 개(个)자 되고
두 눈은 용의 좌우 천을(天乙) 태을(太乙)이고
산근은 용의 결인속기(結咽束氣)되고
준두는 혈의 구(毬)가 되고
난대정위는 산의 태극이고
인중은 혈처의 혈이 되고
윗입술은 혈의 첨(簷)이 되고
콧물은 혈의 하수(下水)가 되고
법령은 혈의 선익(蟬翼)이 되고

관골은 산의 용호(龍虎)가 되고
사람의 턱은 혈의 안산(案山)이 되고
사람의 가슴은 산의 원정(遠庭)이 되고
사람의 윤곽은 산의 나성(羅星)이 된다.

귀는 산의 부조(扶助)가 되고
입은 산의 수구(水口)가 되고
이는 산의 수구성문(水口城門)이 되고
사람은 혀가 있어 말을 하고
산은 수구(水口) 밖에 나성(羅星)이 있어
노기를 낮게 하였도다.

사람은 수족을 놀려야 가고
산은 가지와 다리를 뻗어 행하니
사람이 급히 달아나다가
힘에 겨워 평평한데 찾아 낮고
산은 염정맥(廉貞脈)이 가기를 말지 아니하다가
노기를 풀고 기운이 떨어지면
자연 혈을 맺느니라.

이런 말을 들어보면 사람밖에 또 있는가.

혈을 찾아 재혈(裁穴)하는 것은
의원이 침주고 뜸쑥놓은 셈이라

땅 속에 송장넣고 성분(成墳)하는 거동이다.

침 한 구녁 잘못 주면

오살인명할 것이요

혈 한 자리 잘못 파면

경가파산(傾家破産)이 이 아닌가.

맥을 보아 재작(裁作)할 제

순양순음(純陽純陰) 분별하고

의생기사(擬生棄死) 분별하고

승금상수혈토인목(乘金相水穴土印木) 자세히 분별하여

와겸유돌(窩鉗乳突)이 되었으면

와중(窩中)에 달려들어 동(動)한데 파면

양중배음(陽中配陰)이 이 아닌가.

겸중(鉗中)에 달려들어

훈각(暈角)에다 금정(金井)걸면

이도 또한 양중배음(陽中配陰)이요

유중(乳中)에 달려들어

평평한 데 천광(穿壙)하면

이 또한 음중배양(陰中配陽)이요

돌(突)에 달려들어

요함(凹陷)한 데 천광하면

이도 또한 음중배양(陰中配陽)이다.

이런고로

유돌(乳突)은 음(陰)이니

양(陽) 찾아 재혈(裁穴)하고

와겸(窩鉗)은 엷게 파고

유돌(乳突)은 깊이 파고

와겸(窩鉗)은 양(陽)이니

음(陰) 찾아 재혈(裁穴)하소.

호리지차(毫釐之差)라도 차이나면

일지만산(一枝萬散)되느니라.

맥기가 드러나면 엷게 파고

맥기가 숨어 있으면 깊게 파고

맥기가 여워 바닥이 얕거든

1~2척에 천광(穿壙)하고

맥기가 평후(平厚)하면

한 질 넘게 천광하고

산곡은 깊이 파고

평양은 엷게 파고

산중 평맥이 좌우가 들추어졌거든

보토(補土)하고 써도 되고

평야에 관 묻기 어렵거든

객토(客土)부어 써도 되고

원기 그친 곳에 물이 나거든

숯묻고 써도 되네.
탄토심(吞吐深)하는 법이
맥불이관(脈不離棺)이요
관불이맥(棺不離脈)이라
의심할 것 없느니라.

맥기는 수화불범(水火不犯)이라
깊이 팔 데 얇게 파면
건수(乾水) 화염(火炎) 어찌하리.
얇게 팔 데 깊이 파면
수만광중(水滿壙中) 어이하리.

용은 집이 되어 혈을 짓고
혈은 여자되어 정거(正居)로다.
혈은 더욱 깊이 숨어 불현하고
중심에 똑바로 있으니
참으로 묘하도다.

멀리서 보면 맥이 보이나
가까이서 보면 보이지 않도다.
이 또한 내외하는 이치라
어찌 멀리에만 있겠는가.

구성행운(九星行運)

구성(九星)의 염정화체(廉貞火體)는
산의 조종용발(祖宗聳發)이요
파군(破軍)은 산의 각각(角覺)이요
녹존성(祿存星)은 용의 낙처 개(个)자요
문곡성(文曲星)은 용요행신(龍腰行身)이요
탐랑(貪狼) 거문(巨門) 무곡(武曲) 좌보(左輔) 우필(右弼)
5길성은 현무정신(玄武精神)이로다.

탐랑성(貪狼星)이 만두(巒頭)되면
혈은 유(乳)가 되고
거문성(巨門星)이 돈성(頓星)되면
혈은 와(窩)가 되고
무곡성(武曲星)이 잉두(孕頭)되면
혈은 겸(鉗)이 되고
보필성(輔弼星)이 현무(玄武)되면
혈은 연소(燕巢)나 옥등괘벽(玉燈掛壁)으로 지고
평전(平田)에 지면 계소(雞巢)로다.

문곡성(文曲星)이 주성(主星)되었으면
장심(掌心)에 작혈(作穴)하고

파군성(破軍星)이 주체하(主體下)되었으면

과여간(戈與干)이 아닌가.

녹존성(祿存星) 아래에 혈되었으면

매화낙지(梅花落地) 같이 떨어져서

전신이 돌(石)로 구(毬) 덩어리를 지었구나.

파군성(破軍星) 아래에 혈이 되었으면

직장살(直長殺)이라 파절(破絶)해야 길하고

염정성(廉貞星) 아래에는 혈을 짓지 못하나니

지현굴곡(之玄屈曲)으로 가다가

회룡고조(回龍顧祖)하였구나.

산중에는 장풍(藏風)이요

평야에는 득수(得水)로다.

산곡에 물없이 성혈(成穴)하면

외양(外陽)이 통창(通暢)한가 보고

야지에는 돌정(突頂)했나 보고

역수(逆水)로 길국(吉局)되었나 보고

간룡(幹龍) 지룡(支龍) 찾지 말고

산진수회(山盡水回) 잘 살피고

산수회집(山水回集)되었으면

자연히 혈을 맺느니라.

진두형혈(盡頭形穴)되었으면

산지잔혈(山地殘穴)이 이 아닌가

숭산고룡(崇山高龍) 탐하지 말고

반흉반길(半凶半吉)이 이 아닌가

길성도처 황혁(煌爀)하고

흉성도처 역명(逆名)이라.

혈중의 운은 자하달상(自下達上)하고

내룡(來龍)의 기는 자상달하(自上達下)로다.

운기(運氣) 먹어가는 법이

일 보에 삼 년 아닌가.

물형을 알면 안(案)을 알고

안(案)을 알면 격(格)을 알고

격(格)을 알면 운(運)을 알고

추수운(推數運)을 알면 분야(分野)를 알고

분야(分野)를 알고 성수(星宿)를 알면

백세대소지운(百世大小之運)을 자연 아느니라.

도장가(倒杖歌) 십자통교(十字通交)

도장가를 불러보자.
돌은 산의 골이 되나니
흙은 산의 살이요
물은 산의 피가 되나니
맥은 땅의 힘줄이요
초목은 산의 모발이로다.

관산(觀山)하여 방황하다가
이십사위 글자 전혀 없고
쇠의 정확도도 알 수 없고
금목수화토(金木水火土) 상극 뿐이로다.

눈 하나가 으뜸이다.
내맥(來脈)이 급하거든
늦게 타서 서서 보고
내맥(來脈)이 늦게 오면
바짝 들어서서 보고

와겸유돌(窩鉗乳突) 분명하면

음양(陰陽)을 잘 살피고

역성십도(逆星十道) 지극히 살펴

직렬(直列)하여 바르게 서서 표준하고

가감진퇴(加減進退)하여

전친후의(前親後倚) 좌협우공(左挾右拱)토록

겹치지 않게 바로 서서

앞으로 안산(案山)되고

뒤로 주봉(主峰)되고

막대를 가로잡고

분수근원(分水根源)을 반듯보니

앙장천심(仰掌天心)이 이 아닌가.

역성십도(逆星十道) 없는 데는

순전(脣氈)을 반듯보고

유훈(有暈)이면 훈(暈) 가운데

반듯서서 살펴보고

횡결하였으면 낙산(樂山)으로
반듯되게 하고
와(窩)로 횡결하였으면
귀빠진 데로 반듯되게 하고

평면 금성으로 퍼졌거든
공허한 데로 반듯되게 하고
목성으로 생겼으면
마디진 데로 반듯되게 하고
수성으로 생겼으면
방울진 데로 혈을 맺고
화성으로 작혈하면
연동(烟動)한 데로 반듯되게 하고.

결인목을 잘 살피소.
돌로 결인하면
혈도 돌이로다.

태식잉육(胎息孕育)과 수세(水勢)

결인목이 토후(土厚)하면
혈도 또한 토후(土厚)하네.

결인목을 살펴보소.
결인이 토박(土薄)하면
혈중도 토석이 있고
결인이 아무리 얽혔어도
찔러서 주렁 들어가면
혈도 또한 토후(土厚)하니라.
결인보아 혈 찾소.
이도 또한 희보(喜報)로다.

결인이 바로 가면 혈도 또한 바로 짓고
좌로 돌면 우편 혈이 나고
우로 돌면 좌편 혈이 나고
결인속기(結咽束氣) 한 탯줄이라
탯줄은 가늘어야 더욱 좋다.

그런고로
과실은 꼬투리가 가늘어야
떨어지지 아니하고
나팔 촛대는 가늘어야
소리가 크게 나고
혈이 탯줄을 감추지 못하면
어찌 혈이라 칭하리오.

탯줄은 잘 감추어야 진혈이로다.
탯줄이 부숴지면 운기가 쇠진하느니라.
탯줄 보이고 지는 혈은
무후다출(無後多出) 뿐 아니라
검은 놈이 나느니라.

가련하다 저 후생들.
산의 배복(背腹) 알지 못하면
혈의 허실 어이 알리.
수풍방풍(受風防風) 모르거든
진가 구별 어이일까.
순음순양(純陰純陽)되었으면
생남생녀(生男生女)가 이 아닌가.

태식잉육(胎息孕育)이란 말은
부모산하에서 발원하나니
이르기를 발맥(發脈)은 태(胎)요
결인(結咽)은 식(息)이요
만두(巒頭)는 잉(孕)이요
혈처(穴處)는 육(育)이니
이게 바로 당국(當局)이로다.

산이 개면(開面)하니 당(堂)이요
개수(開水)하니 명(明)이라
이 어찌 명당(明堂)이 아니겠는가.

5성은 금목수화토(金木水火土)를 말함이라.
만궁(彎弓)은 금성(金星)이요
직충(直沖)되면 목성(木星)이요
굴곡(屈曲)하면 수성(水星)이요
분입(分入)하면 화성(火星)이요
방원(方圓)하면 토성(土星)이로다.

산곡(山谷)은
고쇄(固鎖)하고 합금교쇄(合襟交鎖)하니
평양에는 직충(直沖)이라
지현수(之玄水)는 직(直)이요
제수(諸水)의 명당취수(明堂聚水)는 결(結)이라

물이 내조(來朝)하면 재물이 불어나고
물이 혈을 에워싸면 기가 온전하고
물이 명당에 모여들면 후복하고
물이 현무(玄武)에 얽혀들면
자손의 영귀가 장원하리라.
산이 생왕하고 물도 생왕하니
소계(小溪)가 지현(之玄)으로 오면 생수(生水)요
큰 강이 평만하면 왕수(旺水)이다.

수심(水深)하면 복이 많고
물이 잦아들면 복 또한 많지 못하리라.

산이 곧으면 물도 곧고
산이 굽으면 물도 굽으리라.

산비수주(山飛水走)되었으면
멸족망가(滅族亡家)가 이 아닌가.
산궁수진(山窮水盡)되었으면
복종절사(覆宗絶嗣)가 이 아닌가.
천만리를 가는 재(峙)도 변신역세(變身逆勢)하였으니
역수길국(逆水吉局)이로다.

수구(水口)가 긴쇄(緊鎖)되었으면
순수(順水)하여도 발복하고
수구(水口)가 산란하면
역수(逆水)하여도 종쇠(終衰)하고.

삼문(三門)은 넓을수록 좋고
수구(水口)가 산란하면
문호(門戶)는 좁을수록 좋다.
물형을 알아야 재작(裁作)할 줄 아느니라.

혈(穴)의 물형(物形)

물형을 말할진대

금성 아래에 새 물형이요
목화이성(木火二星) 아래에 인물짓고
수성 아래에 용사물형(龍蛇物形)짓고
토성 아래에 짐승물형 지으니
물형을 어찌 각각 분별하리.

꾸밈새를 보면 아느니라.
앞으로 둔군만마기고(屯軍萬馬旗鼓)를 벌였으니
장군대좌가 이 아닌가.

거문고 장구를 벌였으니
선인무수(仙人舞袖)가 이 아닌가.

금비녀 분통 명경이 앞에 있으니
옥녀단좌(玉女端坐)가 이 아닌가.

천장(天井)을 벌였으니
선녀세의(仙女洗衣)가 이 아닌가.

방시체(放矢體)를 벌였으니
무공단좌(武公端坐)가 이 아닌가.

산화사(散花砂)를 벌였으니
옥녀산발(玉女散髮)이 이 아닌가.

춘순(春筍) 오동(梧桐) 벌였으니
비봉귀소(飛鳳歸巢)가 이 아닌가.

화표(華表)를 벌였으니
백학귀소(白鶴歸巢)가 이 아닌가.

앞의 물로 용신(用神)되니
평사낙안(平沙落雁)이 이 아닌가.

부시체(浮屍體)를 벌였으니
비아탁시(飛鴉啄屍)가 이 아닌가.

치화체(稚禾體)를 벌였으니
분분비조(紛紛飛鳥)가 이 아닌가.

유어체(遊魚體)를 놓았으니
백로규어(白鷺窺魚)가 이 아닌가.

오공체(蜈蚣體)를 놓았으니
금계고익(金鷄叩翼)이 이 아닌가.

험준하면 봉(鳳)이 되고
건장하면 황새로다.

앞으로 난산(卵山) 놓았으니
금계포란(金鷄抱卵)이 이 아닌가.

통통하면 오리요
첨원하면 연자(燕子)로다.

우각(雨脚)이 앞에 있으니
비룡행우(飛龍行雨)가 이 아닌가.

무족굴곡(無足屈曲)하였으니
생사출초(生蛇出草)가 이 아닌가.

청초와(靑草蛙)를 놓았으니
장사축와(長蛇逐蛙)가 이 아닌가.

운무체(雲霧體)를 벌였으니
반룡희주(盤龍戲珠)가 이 아닌가.

불외풍불외수(不畏風不畏水) 달아나니
창룡출운(蒼龍出雲)이 이 아닌가.

뇌련회환(牢連回環) 없으니
출초사(出草蛇)가 이 아닌가.

용형(龍形)을 지으려면
좌우 사각(砂角) 용체(龍體)되고
사혜사혜(蛇兮蛇兮) 상집(相集)하고
조혜조혜(鳥兮鳥兮) 상집(相集)이로다.

속초봉(束草峰) 중중하니
와우형(臥牛形)이 이 아닌가.

토성 아래에 짐승의 물형이 있으니
정신보아 아느니라.

퇴육사(堆肉砂)가 앞에 있으니
맹호출림(猛虎出林)이 이 아닌가.

금안옥안(金鞍玉鞍)이 좌우에 있으니
갈마음수(渴馬飮水)가 이 아닌가.

월형(月形)이 앞에 있으니
옥토망월(玉兔望月)이 이 아닌가.

창고봉(倉庫峰) 규봉(窺峰)이 앞에 있으니
면구(眠拘)가 이 아닌가.

나망체(羅網體)를 벌였으니
주장봉망(走獐峯網)이 이 아닌가.

장지사(長支砂)가 앞에 있으니
금구예미(金龜曳尾)가 이 아닌가.

복호(伏虎)가 앞에 있으니
복사형(伏獅形)이 이 아닌가.

서체(鼠體)가 앞에 있으니
복묘농서(伏猫弄鼠)가 이 아닌가.

혈재비간(穴在鼻間)하였으니
황우도강(黃牛渡江)이 이 아닌가.

혈이 뒷발에 졌으니
상산우(上山牛)가 이 아닌가.

혈이 무릎 위에 졌으니
노우하전(老牛下田)이 이 아닌가.

혈이 양미간에 졌으니
행우망초(行牛望草)가 이 아닌가.

토성(土星)이 상대하였으니
상전우(相戰牛)가 이 아닌가.

거두노풍(擧頭露風) 되었으니
천마시풍(天馬嘶風)이 이 아닌가.

앞이 낮고 뒤가 높으니
갈마음수(渴馬飲水)가 이 아닌가.

앞은 높고 뒤가 낮으니
주마입란(走馬入欄)이 이 아닌가.

사형(蛇形)을 말하면

혈이 귀 사이에 있으니
출초사(出草蛇)가 이 아닌가.

혈이 두상(頭上)에 졌으니
생사축와(生蛇逐蛙)가 이 아닌가.

혈이 분문(糞門)에 있으니
상산사(上山蛇)가 이 아닌가.

새 물형은 혈이 족간에 있으니
비금탁목(飛金啄木)이 이 아닌가.

지두(枝頭)에 현렴(懸簾)하였으니
앵소형(鶯巢形)이 이 아닌가.

산림이 높이 나왔으니
작소형(鵲巢形)이 이 아닌가.

부벽횡량(付壁橫樑) 되었으니
연소형(燕巢形)이 이 아닌가.

목성 아래에 연화장(蓮花帳) 벌였으니
연화출수(蓮花出水)가 이 아닌가.

제좌장(帝坐帳)을 벌였으니
상제봉조(上帝奉朝)가 이 아닌가.

창천수장(漲天水帳) 벌였으니
비룡상천(飛龍上天)이 이 아닌가.

어병장(御屛帳)을 벌였으니
미인단좌(美人端坐)가 이 아닌가.

수토장(水土帳)을 벌였으니
금오하산(金鰲下山)이 이 아닌가.
유어상탄(遊魚上灘)이 이 아닌가.

운수장(雲水帳)을 벌였으니
운중반월(雲中半月)이 이 아닌가.

옥책장(玉冊帳)을 벌였으니
선인독서(仙人讀書)가 이 아닌가.

복부금성평면(伏釜金星平面)을 폈으니
복호형(伏虎形)이 이 아닌가.

화성장(火星帳)을 벌였으니
이게 바로 불국(佛局)이 아닌가.

포탕장(布蕩帳)을 벌였으니
어옹산망(漁翁散網)이 이 아닌가.

은하장(銀河帳)을 벌였으니
진주투지(眞珠投地)가 이 아닌가.

천형만상되는 물형을
일필로 기록하기 어렵도다.

사각(砂角)과 풍향(風向)

사각(砂角)이 비둔(肥鈍)하면
부자가 나는 법이라
봉만(峰巒)이 첩첩하니
청귀인(淸貴人)이 나는구나.

길성(吉星)은 금목수화토(金木水火土)라
아름다운 봉이 길성이다.

경태봉(庚兌峰)이 고수(高秀)하니
벼슬아치 승차(陞差)로다.

병정봉(丙丁峯)이 고수(高秀)하니
장원급제 나는구나.

미곤방(未坤方)이 고수(高秀)하니
과부 부자 나는구나.

임감간인(壬坎艮寅) 첩첩하니
다자손(多子孫)하는구나.

손신방(巽辛方)이 상대(相對)하니
문장재사(文章才士) 나는구나.

건해봉(乾亥峯)이 병수(並秀)하면
발복장원(發福長遠)이 이 아닌가.

병정방(丙丁方)에 천마체(天馬體)는
청귀인(淸貴人) 나는구나.

손신(巽辛)이 저함(低陷)하면
문장자손 요사(夭死) 어이하리.

간곤(艮坤)이 공허하면
자손이 빈궁하리.

괘방사(掛榜砂)가 앞에 있으니
대소과(大小科) 나는구나.

천제사(天梯砂)가 앞에 있으니
재상 나는구나.

엄두사(掩頭砂)가 앞에 있으니
태학사(太學士) 나는구나.

석모철모(席帽鐵帽) 되었으니
대장 나는구나.

아미사(蛾眉砂)가 앞에 있으니
왕비 나는구나.

어로란가(御輅鸞駕) 놓였으니
명재상 나는구나.

을진방(乙辰方)에 포악사(暴惡砂)가 놓였으니
언청이 나는구나.

첨원봉(尖圓峯)이 향상(向上) 되었으면
세학사(世學士) 나리로다.

경태방(庚兌方)에 악석이니
상처(喪妻)하고
인방(寅方)에 악석이니
호환(虎患)이라.

미곤방(未坤方)에 악석이 첩첩하니
대풍창질(大風瘡疾) 나는구나.

바람따라 화염들고 붙들면
물을 청(請)하니
사고장(四庫藏)이 저함하여
사금풍(四金風) 들면
번관복시(翻棺覆屍) 가히 알조로다.

신봉(申峯)이 우뚝하니
맹인이 나는구나.

백골안녕(白骨安寧)되는 땅은
장풍피살(藏風避殺)이 이 아닌가.

백석(白石)이 경도(傾倒)하니
절름발이 나는구나.

순전(脣前)이 파열(破裂)하니
이도 또한 언청이라.

안산(案山) 위에 명산(明山)이 넘어보이면
박물군자 나는구나.

안산(案山)에 세곡수(細谷水)는
청맹(靑盲) 나는구나.

감계풍(坎癸風)과 을해풍(乙亥風)은 서로 대지르니
무심타 그 묏 자손 흔드나니 체머리라.

혈전에 돌이 있어 똥똥하여 묘묘하니
그 묏 자손 볼때기에 흑이로다.

혈전에 돌이 있어 웅크리고 엎드렸으니
그 묏 자손 흉복통 앓고 밤낮으로 뒹구는구나.

연단석(鍊端石) 다 좋으니 화금수(畵錦手)가 이 아닌가.

명당 앞에 벌인 돌이 뙈기뙈기(片片)
단묘(端妙)하게 생긴 돌이 펴 있으니
갖은 상 위에 놋그릇 놓인 형상이로다.

혈후에 거북돌은 좋은 벼슬 나는구나

건해미곤방(乾亥未坤方)에 우두(牛頭)와 저두(猪頭)는
대풍창질(大風瘡疾) 나는구나.
계축방(癸丑方)에 악석은 실성광인 나는구나.
묘유방(卯酉方)에 규봉(窺峰)은 음란하고
자오방(子午方)에 규산(窺山)은 봉적(逢賊)하고
건해방(乾亥方)에 규봉(窺峰)은 더욱 싫구나.
신부 소경 어이하리.

자오방(子午方)에 규봉(窺峰)은 가증(可憎)이라
언족이식비(言足而飾非) 이 적명(賊名)을 어이 면할꼬.

청룡 백호가 수레를 밀어내듯 하니
자손이 이향을 하는구나.

경태봉(庚兌峰)이 저두(低頭)하니
자손이 사방으로 흩어지고
청룡과 백호가 서로 가슴을 치니
청상과부 나는구나.

혈전에 길이 있어 양 어깨 넘어가니
자손가쇄(子孫枷鎖)가 이 아닌가.
안산(案山)에 샘물이 쉬지 않고 흐르니
자손의 눈물이 이 아닌가.

안산이 분잡하니
박처자손 나는구나.
안산(案山)이 의사(倚斜)하니
할기눈이 절로 나는구나.

넘어오는 급한 길은
적환(賊患)을 어이하리.
세산(細山) 세수(細水) 세사(細砂)가

사방(巳方)에 들어오니
광풍사렴(狂風蛇簾)이 광중(壙中)에 무수하구나.

간인맥(艮寅脈)은 속발하고
을진파(乙辰破)는 속성이라.
헌화사(獻花砂)가 안산(案山)되면
풍운여자 나는구나.

헌군사(獻裙砂)가 안산되면
음양사(陰陽事)로 패가하고
호로사(葫蘆砂)가 안산되면
자손 약주머니 차고 나가는구나.
수구(水口)에 선교사(仙橋砂)는
대대술사(代代術士)가 나는구나.

첩지사(疊脂砂)가 안(案)이 되면
육지자손(六脂子孫) 나는구나.

단두사(斷頭砂)가 안(案)이 되면
참수 당하는구나.

발검사(拔劍砂)가 안(案)이 되면
남의 칼에 맞아 죽는구나.

걸표사(乞瓢砂)가 안(案)이 되면
걸식하러 나가는구나.

노적사(露積砂)가 안(案)이 되면
풍성자손요척(風聲子孫夭慽)이 이 아닌가.

타태사(墮胎砂)가 쌍병(雙並)하면
옥중(玉中)이가 나는구나.

혈전에 여기가 장대하면
대대로 각기증이 나는구나.

천평관(天平冠)이 안산(案山)되면
삼공(三公)이요

채봉필(采鳳筆)이 안산(案山)되면
한림이로다.

삼태춘순(三台春笋)이 안산(案山)되면
공경대부(公卿大夫) 나는구나.

단조사(丹詔砂)가 안산(案山)되면
자칭 황제 나는구나.

태봉(兌峯)이 고수(高秀)하면
빈계사신(牝鷄伺晨)이 흠이로다.

탁기(卓旗)하에 대장나고
모필(毛筆)하에 문사로다.

보검협(寶劍峽)에 어사 나고
와우협(臥牛峽)에 거부로다.

옥규사(玉圭砂) 안(案)이 되면
백의정승 나는구나.

고축사(誥軸砂)가 안(案)이 되면
나무꾼도 과거하고
전고사(展誥砂)에 개화하면
남혼공주(男婚公主) 나는구나.

천마대(天馬坮)상의 귀인봉은
대소과(大小科)가 나는구나.

일자문성(一字文星)이 안(案)이 되면
대대로 문사 나는구나.

취옹사(醉翁砂)가 앞에 있으니
주음횡사(酒飮橫死)가 이 아닌가.

권력사(拳力砂)가 앞에 있으니
남의 손에 맞아죽고
안산(案山)의 편처습수(片處濕水)는
편두풍(偏頭風)을 어이하리.

좌우가 산란(散亂) 난발사(亂髮砂)는
만신창을 어이하리.

안산(案山)에 흰 산태(山汰)는
자손이 현순백결풍(懸鶉百結風)되는 모양이로다.

혈후에 앙미사(仰尾砂) 되었으면
부족증(扶足症)을 만나리라.

사금대(四金帶)가 안(案)이 되면
명공거경(名公巨卿) 나는구나.

옥대금대(玉帶金帶)가 안(案)이 되면
출장입상이 이 아닌가.

일근쌍봉(一根雙峰)이 안(案)이 되면
쌍둥이가 나는구나.

수구(水口)에 나성(羅星)이 안(案)이 되면
대귀가 나리라.

교검사(交劍砂)가 안(案)이 되면
대대살인(代代殺人)을 어이할꼬.

노권중중(路捲重重) 하니
자손이 등창나는구나.

용호(龍虎)가 패인(佩印)하니
주목군현(州牧郡縣) 나는구나.

용호(龍虎)에 도순사(刀筍砂)는
대대로 각신(閣臣) 나는구나.

용호(龍虎)에 패검사(佩劍砂)는
도집국병(都執國柄)이 이 아닌가.

용호(龍虎)에 원정(遠情) 되니
오물경인(傲物輕人) 나는구나.

수구(水口)가 막혀 일월한문(日月捍門)이 되니
왕후지지가 이 아닌가.

좌우사수(左右砂水) 분합(分合)하니
금어수(金魚水)가 이 아닌가.

합금(合襟)하고 가는 물은
천 리를 가도 좋으니라.

은병잔주(銀瓶盞注) 석숭거부(石崇巨富) 나는구나.

구곡수(九曲水)가 안(案)이 되면
당대 재상 나는구나.

소계수(小溪水)는 역수(逆水)하고
대강수(大江水)는 역수(逆水)마소.
반궁수(反弓水)가 안(案)이 되면
경가파산(傾家破産)이 이 아닌가.

수충성곽(水沖城郭)되었으면
대대출환(代代出鰥) 하는구나.

안산(案山)이 요주(繞周)하면
환관(宦官) 나는구나.

고호사(顧狐砂)가 안(案)이 되면
미물통간(美物通奸) 하는구나.

포악사(暴惡砂)가 안(案)이 되면
뱀에 물려 죽는구나.

종각사(腫脚砂)가 안(案)이 되면
수중다리 나는구나.

용호(龍虎)가 짧고 혈이 길면
패장군 분주로다.

신술풍(辛戌風)이 사협(射脇)하면
광풍백태(狂風白苔) 나는구나.

병오풍(丙午風)이 직충(直沖)하면
광풍화염(狂風火炎) 무수하리.

산 틈으로 야색수(野色水)가 보이면
광(壙) 중에 나락뿌리 우렁껍질이요
곤신풍(坤申風)이 요취(凹吹)하니
광품토렴(狂風土廉) 무수하리.

과거풍(過去風) 못 막으면

황충(黃沖)이 만관(滿棺)이라

축간풍(丑艮風)이 사협(射脇)하면

광풍소골(狂風消骨) 무수로다.

임감풍(壬坎風) 못 막으면

모렴목근(毛廉木根) 얽혀 있고

인신사해(寅申巳亥)는 장자파(長子破)요

자오묘유(子午卯酉)는 중자파(仲子破)요

진술축미(辰戌丑未)는 고장파(庫藏破)요

건곤간손(乾坤艮巽)은 사우파(四隅破)요

수법(水法)에 좌위부(坐爲夫)이면 파위부(破爲婦)요

좌위부(坐爲婦)이면 파위부(破爲夫)로다.

부부혼인지시(夫婦婚姻之時)는

사람들이 보기가 쉽거니와

부부상락지시(夫婦相樂之時)는

사람이 보지 못하니

처음 보이는 곳은 득(得)이요

보이지 않는 곳은 파(破)로다.

수법(水法)

이십사위 글자 중에

건갑곤을(乾甲坤乙) 감계신진(坎癸申辰)

이임인술(離壬寅戌)은 양(陽)이요

간병손신(艮丙巽辛) 진경해미(震庚亥未)

태정사축(兌丁巳丑)은 음(陰)이다.

양좌산(陽坐山)은 양득양파(陽得陽破)요

음좌산(陰坐山)은 음득음파(陰得陰破)요

감계신진(坎癸申辰)에 이임인술(離壬寅戌)은

수화불상사격(水火不相射格)이로다.

제법(諸法)을 말할진대

건갑(乾甲)과 곤을(坤乙)은

천지정위(天地定位)요

태정사축(兌丁巳丑)과 간병(艮丙)은

산택통기(山澤通氣)요

진경해미(震庚亥未)와 손신(巽辛)은

뇌풍상박(雷風相搏)격이다.

이 법은 정음정양법(淨陰淨陽法)이다.

건갑정(乾甲丁) 해묘미(亥卯未)는 목국이라

건산(乾山)엔 갑득정파(甲得丁破)요

해산(亥山)은 묘득미파(卯得未破)로다.

곤임을(坤壬乙) 신자진(申子辰)은 수국(水局)이라

곤산(坤山)에는 임득을파(壬得乙破)요

신산(申山)에는 자득진파(子得辰破)로다.

손경계(巽庚癸) 사유축(巳酉丑)은 금국(金局)이라

손산(巽山)에는 경득계파(庚得癸破)요

사산(巳山)에는 유득축파(酉得丑破)로다.

간병신(艮丙辛) 인오술(寅午戌)은 화국(火局)이라

간산(艮山)엔 병득신파(丙得辛破)요

인산(寅山)에는 오득술파(午得戌破)로다.

이 법은 쌍산삼합(雙山三合)이다.

임손정(壬巽丁) 자사미(子巳未)하니

임산(壬山)에는 손득정파(巽得丁破)요

자산(子山)에는 사득미파(巳得未破)로다.

계병곤(癸丙坤) 축오신(丑午申)과

간정경(艮丁庚) 인미유(寅未酉)와

갑곤신(甲坤辛) 묘신술(卯申戌)과

을경건(乙庚乾) 진유해(辰酉亥)가

격팔육률(隔八六律)인데

천간(天干)은 천간자(天干字)와 상련하여

수장중(手掌中)에 있어 상생하고

지지자(地支字)는 지지자(地支字)와 상통하여

수장중(手掌中)에 있어 상생하니

이는 격팔상생수법(隔八相生水法)으로

십이궁계팔수육(十二宮計八數六)하여

횡문(橫文)이로다.

음파메세지(氣) 성명학

신비한 동양철학 51

새로운 시대에 맞는 새로운 성명학

지금까지의 모든 성명학은 모순의 극치를 이루고 있다. 이제 새로운 시대에 맞는 음파메세지(氣) 성명학이 탄생했으니 차근차근 읽어보고 복을 계속 부르는 이름을 지어 사랑하는 자녀가 행복하고 아름다운 삶을 살아갈 수 있도록 하는데 도움이 되었으면 한다.

· 청암 박재현 저

사주정법

신비한 동양철학 49

독학과 강의용 겸용의 책

이 책은 사주추명학을 연구하고자 하는 분들에게 심오한 주역의 이해를 돕고자 하는 의도에서 시작되었다. 음양오행의 상생상극에서부터 육친법과 신살법을 기초로 하여 격국과 용신 그리고 유년판단법을 활용하여 운명판단에 첩경이 될 수 있도록 했고, 추리응용과 운명감정의 실례를 하나 하나 들어가면서 독학과 강의용 겸용으로 엮었다.

· 원각 김구현 저

동양철학전문출판 삼한

찾기 쉬운 명당

신비한 동양철학 44

풍수지리의 모든 것 !

이 책은 가능하면 쉽게 풀려고 노력했고, 실전에 도움이 되도록 했다. 특히 풍수지리에서 방향측정에 필수인 패철(佩鐵)사용과 나경(羅經) 9층을 각 층별로 간추려 설명했다. 그리고 이 책에 수록된 도설, 즉 오성도, 명산도, 명당 형세도 내거수 명당도, 지각(枝脚)형세도, 용의 과협출맥도, 사대혈형(穴形) 와겸유돌(窩鉗乳突) 형세도 등은 국립중앙도서관에 소장된 문헌자료인 만산도단, 만산영도, 이석당 은민산도의 원본을 참조했다.

· 호산 윤재우 저

명리입문

신비한 동양철학 41

명리학의 필독서 !

이 책은 자연의 기후변화에 의한 운명법 외에 명리학도들이 궁금해 했던 인생의 제반사들에 대해서도 상세하게 기술했다. 따라서 초보자부터 심도있게 공부한 사람들까지 세심히 읽고 숙독해야 하는 책이다. 특히 격국이나 용신뿐 아니라 십신에 대한 자세한 설명, 조후용신에 대한 보충설명, 인간의 제반사에 대해서는 독보적인 해설이 들어 있다. 초보자들에게는 더할 수 없이 훌륭한 길잡이가 될 것이다.

· 동하 정지호 편역

사주대성

신비한 동양철학 33

초보에서 완성까지

이 책은 과거 현재 미래를 모두 알 수 있는 비결을 실었다. 그러나 모두 터득한다는 것은 어려울 것이다.역학은 수천 년간 동방의 석학들에 의해 갈고 닦은 철학이요 학문이며, 정신문화로서 영과학적인 상수문화로서 자랑할만한 위대한 학문이다.

· 도관 박흥식 저

해몽정본

신비한 동양철학 36

꿈의 모든 것 !

막상 꿈해몽을 하려고 하면 내가 꾼 꿈을 어디다 대입시켜야 할지 모를 경우가 많았을 것이다. 그러나 이 책은 찾기 쉽고, 명료하며, 최대한으로 많은 갖가지 예를 들었으니 꿈해몽을 하는데 어려움이 없을 것이다.

· 청암 박재현 저

기문둔갑옥경

신비한 동양철학 32

가장 권위있고 우수한 학문!

우리나라의 기문역사는 장구하지만 상세한 문헌은 전무한 상태라 이 책을 발간하기로 했다. 기문둔갑은 천문지리는 물론 인사명리 등 제반사에 관한 길흉을 판단함에 있어서 가장 우수한 학문이며 병법과 법술방면으로도 특징과 장점이 있다. 초학자는 포국편을 열심히 익혀 설국을 자유자재로 할 수 있도록 하고 개인의 이익보다는 보국안민에 일조하기 바란다.

· 도관 박흥식 저

정본·관상과 손금

신비한 동양철학 42

바로 알고 사람을 사귑시다

이 책은 관상과 손금은 인생을 행복으로 이끌기 위해 있다는 관점에서 다루었다. 그야말로 관상과 손금의 혁명이라고 할 수 있을 것이다. 여러분도 관상과 손금을 통한 예지력으로 인생의 참주인이 되기 바란다. 용기를 불어넣어 주고 행복을 찾게 하는 것이 참다운 관상과 손금술이다. 이 책으로 미래의 좋은 예지력을 한번쯤 발휘해 보기 바란다. 이 책이 일상사에 고민하는 분들에게 해결방법을 제시해 줄 것이다.

· 지창룡 감수

조화원약 평주

신비한 동양철학 35

명리학의 정통교본!

이 책은 자평진전, 난강망, 명리정종, 적천수 등과 함께 명리학의 교본에 해당하는 것으로 중국 청나라 때 나온 난강망이라는 책을 서낙오 선생께서 설명을 붙인 것이다. 기존의 많은 책들이 격국과 용신으로 감정하는 것과는 달리 십간십이지와 음양오행을 각각 자연의 이치와 춘하추동의 사계절의 흐름에 대입하여 인간의 길흉화복을 알 수 있게 했다.

· 동하 정지호 편역

龍의 穴·풍수지리 실기 100선

신비한 동양철학 30

실전에서 실감나게 적용하는 풍수지리의 길잡이!

이 책은 풍수지리 문헌인 조선조 고무엽(古務葉) 태구승(泰九升) 부집필(父輯筆)로 된 만두산법(巒頭山法), 채성우의 명산론(明山論), 금랑경(錦囊經) 등을 알기 쉬운 주제로 간추려 풍수지리의 길잡이가 되고자 했다. 그리고 인간의 뿌리와 한 사람의 고유한 이름의 중요성을 풍수지리와 연관하여 살펴보아야 하기 때문에 씨족의 시조와 본관, 작명론(作名論)을 같이 편집했다.

· 호산 윤재우 저

천직·사주팔자로 찾은 나의 직업

신비한 동양철학 34

역경없이 탄탄하게 성공할 수 있는 방법!

잘 되겠지 하는 막연한 생각으로 의욕만 갖고 도전하는 것과 나에게 맞는 직종은 무엇이고 때는 언제인가를 알고 도전하는 것은 근본적으로 다르고, 결과 또한 다르다. 더구나 요즈음은 I.M.F.시대라 하여 모든 사람들이 정신까지 위축되어 생기를 잃어가고 있다. 이런 때 의욕만으로 팔자에도 없는 사업을 시작했다고 하자, 결과는 불을 보듯 뻔하다. 그러므로 이런 때일수록 침착과 냉정을 찾아 내 그릇부터 알고, 생활에 대처하는 지혜로움을 발휘해야 한다.

· 백우 김봉준 저

통변술해법

신비한 동양철학 ㉑

가닥가닥 풀어내는 역학의 비법!

이 책은 역학에 대해 다 알면서도 밖으로 표출되지 않아 어려움을 겪는 사람들을 위한 실습서다. 특히 틀에 박힌 교과서적인 역술의 고정관념에서 벗어나, 한차원 높게 공부할 수 있도록 원리통달을 설명하는데 중점을 두었다. 실명감정과 이론강의라는 두 단락으로 나누어 역학의 진리를 설명했기 때문에 누구나 쉽게 이해할 수 있다. 역학계의 대가 김봉준 선생의 역서 「알기쉬운 해설·말하는 역학」의 후편이다.

· 백우 김봉준 저

주역육효 해설방법 上·下

신비한 동양철학 38

한 번만 읽으면 주역을 활용할 수 있는 책!

이 책은 주역을 해설한 것으로, 될 수 있는 한 여러 가지 사설을 덧붙이지 않고 주역을 공부하고 활용하는데 필요한 요건만을 기록했다. 따라서 주역의 근원이나 하도낙서, 음양오행에 대해서도 많은 설명을 자제했다. 다만 누구나 이 책을 한 번 읽어서 주역을 이해하고 활용할 수 있도록 하는데 중점을 두었다.

· 원공선사 저

사주명리학의 핵심

신비한 동양철학 ⑲

맥을 잡아야 모든 것이 보인다!

이 책은 잡다한 설명을 배제하고 명리학자들에게 도움이 될 비법만을 모아 엮었기 때문에 초심자가 이해하기에는 다소 어려운 부분도 있겠지만 기초를 튼튼히 한 다음 정독한다면 충분히 이해할 것이다. 신살만 늘어놓으며 감정하는 사이비가 되지말기를 바란다.

· 도관 박흥식 저

이렇게 하면 좋은 운이 온다

신비한 동양철학 ㉗

한 가정에 한 권씩 놓아두고 볼만한 책!

좋은 운을 부르는 방법은 방위·색상·수리·년운·월운·날짜·시간·궁합·이름·직업·물건·보석·맛·과일·기운·마을·가축·성격 등을 정확하게 파악하여 자신에게 길한 것은 취하고 흉한 것은 피하면 된다. 간혹 예외인 경우가 있지만 극소수에 불과하고 대부분은 적중하기 때문에 좋은 효과를 본다. 이 책의 저자는 신학대학을 졸업하고 역학계에 입문했다는 특별한 이력을 갖고 있기 때문에 더 많은 화제가 되고 있다.

· 역산 김찬동 저

말하는 역학

신비한 동양철학 ⑪

신수를 묻는 사람 앞에서 말문이 술술 열린다!

이 책은 그토록 어렵다는 사주통변술을 이해하기 쉽고 흥미롭게 고담과 덕담을 곁들여 사실적인 인물을 궁금해 하는 사람에게 생동감있게 통변하고 있다. 길흉작용을 어떻게 표현하느냐에 따라 상담자의 정곡을 찔러 핵심을 끄집어내고 여기에 대한 정답을 내려주는 것이 통변술이다. 역학계의 대가 김봉준 선생의 역작이다.

· 백우 김봉준 저

술술 읽다보면 통달하는 사주학

신비한 동양철학 ㉗

술술 읽다보면 나도 어느새 도사 !

당신은 당신 마음대로 모든 일이 이루어지던가. 지금까지 누구의 명령을 받지 않고 내 맘대로 살아왔다고, 운명 따위는 믿지도 않고 매달리지 않는다고, 이렇게 말하는 사람들이 많다. 그러나 그것은 우주법칙을 모르기 때문에 하는 소리다.

· 조철현 저

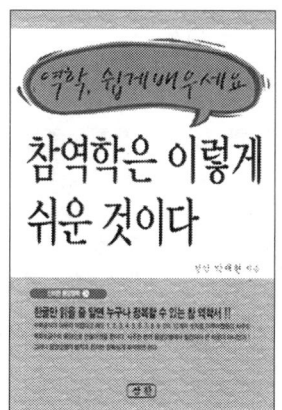

참역학은 이렇게 쉬운 것이다

신비한 동양철학 ㉔

음양오행의 이론으로 이루어진 참역학서 !

수학공식이 아무리 어렵다고 해도 1, 2, 3, 4, 5, 6, 7, 8, 9, 0의 10개의 숫자로 이루어졌듯이, 사주도 음양과 목, 화, 토, 금, 수의 오행으로 이루어졌을 뿐이다. 그러니 용신과 격국이라는 무거운 짐을 벗어버리고 음양오행의 법칙과 진리만 정확하게 파악하면 된다. 사주는 단지 음양오행의 변화일 뿐이고, 용신과 격국은 사주를 감정하는 한가지 방법에 지나지 않는다.

· 청암 박재현 저

동양철학전문출판 **삼한**

나의 천운 운세찾기

신비한 동양철학 ⑫

놀랍다는 몽골정통 토정비결 !

이 책은 역학계의 대가 김봉준 선생이 놀랍다는 몽공토정비결을 연구 · 분석하여 우리의 인습 및 체질에 맞게 엮은 것이다. 운의 흐름을 알리고자 호운과 쇠운을 강조했으며, 현재의 나를 조명해보고 판단할 수 있도록 했다. 모쪼록 생활서나 안내서로 활용하기 바란다.

· 백우 김봉준 저

쉽게푼 역학

신비한 동양철학 ❷

쉽게 배워서 적용할 수 있는 생활역학서 !

이 책에서는 좀더 많은 사람들이 역학의 근본인 우주의 오묘한 진리와 법칙을 깨달아 보다 나은 삶을 영위하는데 도움이 될 수 있도록 가장 쉬운 언어와 가장 쉬운 방법으로 풀이했다. 역학계의 대가 김봉준 선생의 역작이다.

· 백우 김봉준 저

역산성명학

신비한 동양철학 ㉕

이름은 제2의 자신이다 !

이름에는 각각 고유의 뜻과 기운이 있어서 그 기운이 성격을 만들고 그 성격이 운명을 만든다. 나쁜 이름은 부르면 부를수록 불행을 부르고 좋은 이름은 부르면 부를수록 행복을 부른다. 만일 이름이 거지 같다면 아무리 운세를 잘 만나도 밥을 좀더 많이 얻어 먹을 수 있을 뿐이다. 이 책의 저자는 신학대학을 졸업하고 역학계에 입문했다는 특별한 이력을 갖고 있기 때문에 더 많은 화제가 되고 있다.

· 역산 김찬동 저

작명해명

신비한 동양철학 ㉖

누구나 쉽게 배워서 활용할 수 있는 체계적인 작명법 !

일반적인 성명학으로는 알 수 없는 한자이름, 한글이름, 영문이름, 예명, 회사명, 상호, 상품명 등의 작명방법을 여러 사례를 들어 체계적으로 분석하여 누구나 쉽게 배워서 활용할 수 있도록 서술했다.

· 도관 박홍식 저

동양철학전문출판 삼한

관상오행

신비한 동양철학 ⑳

한국인의 특성에 맞는 관상법 !

좋은 관상인 것 같으나 실제로는 나쁘거나 좋은 관상이 아닌데도 잘 사는 사람이 왕왕있어 관상법 연구에 흥미를 잃는 경우가 있다. 이것은 중국의 관상법만을 익히고, 우리의 독특한 환경적인 특징을 소홀히 다루었기 때문이다. 이에 우리 한국인에게 알맞는 관상법을 연구하여 누구나 관상을 쉽게 알아보고 해석할 수 있도록 자세하게 풀어놓았다.

· 송파 정상기 저

물상활용비법

신비한 동양철학 31

물상을 활용하여 오행의 흐름을 파악한다 !

이 책은 물상을 통하여 오행의 흐름을 파악하고, 운명을 감정하는 방법을 연구한 책이다. 추명학의 해법을 연구하고 운명을 추리하여 오행에서 분류되는 물질의 운명 줄거리를 물상의 기물로 나들이 하는 활용법을 주제로 했다. 팔자풀이 및 운명해설에 관한 명리감정법의 체계를 세우는데 목적을 두고 초점을 맞추었다.

· 해주 이학성 저

운세십진법 · 本大路

신비한 동양철학 ❶

운명을 알고 대처하는 것은 현대인의 지혜다!

타고난 운명은 분명히 있다. 그러니 자신의 운명을 알고 대처한다면 비록 운명을 바꿀 수는 없지만 충분히 향상시킬 수 있다. 이것이 사주학을 알아야 하는 이유다. 이 책에서는 자신이 타고난 숙명과 앞으로 펼쳐질 운명행로를 찾을 수 있도록 운명의 기초를 초연하게 설명하고 있다.

· 백우 김봉준 저

국운 · 나라의 운세

신비한 동양철학 ㉒

역으로 풀어본 우리나라의 운명과 방향!

아무리 서구사상의 파고가 높다하기로 오천년을 한결같이 가꾸며 살아온 백두의 혼이 와르르 무너지는 지경에 왔어도 누구나나 입을 열어 말하는 사람이 없으니 답답하다. IMF라는 특수한 상황에서 불확실한 내일에 대한 해답을 이 책은 명쾌하게 제시하고 있다.

· 백우 김봉준

명인재

신비한 동양철학 43

신기한 사주판단 비법 !

살(殺)의 활용방법을 완벽하게 제시하는 책!

이 책은 오행보다는 주로 살을 이용하는 비법이다. 시중에 나온 책들을 보면 살에 대해 설명은 많이 하면서도 실제 응용에서는 무시하고 있다. 이것은 살을 알면서도 응용할 줄 모르기 때문이다. 그러나 이 책에서는 살의 활용방법을 완전히 터득해, 어떤 살과 어떤 살이 합하면 어떻게 작용하는지를 자세하게 설명하고 있다.

· 원공선사 지음

사주학의 방정식

신비한 동양철학 18

가장 간편하고 실질적인 역서 !

이 책은 종전의 어려웠던 사주풀이의 응용과 한문을 쉬운 방법으로 터득할 수 있게 하는데 목적을 두었고, 역학의 내용이 어떤 것이며 무엇이 어디에 속하는지를 알고자 하는데 있다.

· 김용오 저

한눈에 보는 손금

신비한 동양철학 52

논리정연하며 바로미터적인 지침서

이 책은 수상학의 연원을 초월해서 동서합일의 이론으로 집필했다. 그야말로 완벽하리만치 논리정연한 수상학을 정리한 것이다. 그래서 운명적, 철학적, 동양적, 심리학적인 면을 예증과 방편에 이르기까지 아주 상세하게 기술했다. 이 책은 수상학이라기 보다 한 인간의 바로미터적인 지침서 역할을 해줄 것이다. 독자 여러분의 꾸준한 연구와 더불어 인생성공의 지침서가 될 수 있을 것이다.

· 정도명 저

사주학의 활용법

신비한 동양철학 17

가장 실질적인 역학서

우리가 생소한 지방을 여행할 때 제대로 된 지도가 있다면 편리하고 큰 도움이 되듯이 역학이란 이와같은 인생의 길잡이다. 예측불허의 인생을 살아가는데 올바른 안내자나 그 무엇이 있다면 그 이상 마음 든든하고 큰 재산은 없을 것이다.

· 학선 류래웅 저

동양철학전문출판 **삼한**

수명비결

신비한 동양철학 14

주민등록번호 13자로 숙명의 정체를 밝힌다

우리는 지금 무수히 많은 숫자의 거미줄에 매달려 허우적거리며 살아가고 있다. 1분 ·1초가 생사를 가름하고, 1등·2등이 인생을 좌우하며, 1급·2급이 신분을 구분하는 세상이다. 이 책은 수명리학으로 13자의 주민등록번호로 명예, 재산, 건강, 수명, 애정, 자녀운 등을 미리 읽어본다.

· 장충한 저

운명으로 본 나의 질병과 건강상태

신비한 동양철학 9

타고난 건강상태와 질병에 대한 대비책

이 책은 국내 유일의 동양오술학자가 사주학과 더불어 정통명리학의 양대산맥을 이루는 자미두수 이론으로 임상실험을 거처 작성한 표준자료다. 따라서 명리학을 응용한 최초의 완벽한 의학서로 질병을 예방하고 치료하는데 활용한다면 최고의 의사가 될 것이다. 또한 예방의학적인 차원에서 건강을 유지하는데 훌륭한 지침서로 현대의학의 새로운 장을 여는 계기가 될 것이다.

· 오상익 저

원토정비결

신비한 동양철학 53

반쪽으로만 전해오는 토정비결의 완전한 해설판

지금 시중에 나와 있는 토정비결에 대한 책들을 보면 옛날부터 내려오는 완전한 비결이 아니라 반쪽의 책이다. 그러나 반쪽이라고 말하는 사람이 없다. 그것은 주역의 원리를 모르기 때문이다. 따라서 늦은 감이 없지 않으나 앞으로의 수많은 세월을 생각하면서 완전한 해설본을 내놓기로 한 것이다.

• 원공선사 저

내가 보고 내가 바꾸는 DIY사주

신비한 동양철학 40

내가 보고 내가 바꾸는 사주비결！

이 책은 기존의 책들과는 달리 한 사람의 사주를 체계적으로 도표화시켜 한 눈에 파악할 수 있고, DIY라는 책 제목에서 말하듯이 개운하는 방법을 제시하고 있다. 초심자는 물론 전문가도 자신의 이론을 새롭게 재조명해 볼 수 있는 케이스 스터디 북이다.

• 석오 전 광 지음

남사고의 마지막 예언

신비한 동양철학 29

이 책으로 격암유록에 대한 논란이 끝나기 바란다

감히 이 책을 21세기의 성경이라고 말한다. 〈격암유록〉은 섭리가 우리민족에게 준 위대한 복음서이며, 선물이며, 꿈이며, 인류의 희망이다. 이 책에서는 〈격암유록〉이 전하고자 하는 바를 주제별로 정리하여 문답식으로 풀어갔다. 이 책으로 〈격암유록〉에 대한 논란은 끝나기 바란다.

· 석정 박순용 저

진짜부적 가짜부적

신비한 동양철학 7

부적의 실체와 정확한 제작방법

인쇄부적에서 가짜부적에 이르기까지 많게는 몇백만원에 팔리고 있다는 보도를 종종 듣는다. 그러나 부적은 정확한 제작방법에 따라 자신의 용도에 맞게 스스로 만들어 사용하면 훨씬 더 좋은 효과를 얻을 수 있다. 이 책은 중국에서 정통부적을 연구한 국내유일의 동양오술학자가 밝힌 부적의 실체와 정확한 제작방법을 소개하고 있다.

· 오상익 저

진짜궁합 가짜궁합

신비한 동양철학 8

남녀궁합의 새로운 충격

중국에서 연구한 국내유일의 동양오술학자가 우리나라 역술가들의 궁합법이 잘못되었다는 것을 학술적으로 분석·비평하고, 전적과 사례연구를 통하여 궁합의 실체와 타당성을 분석했다. 합리적인 「자미두수궁합법」과 「남녀궁합」 및 출생시간을 몰라 궁합을 못보는 사람들을 위하여 「지문으로 보는 궁합법」 등을 공개한다.

· 오상익 저

좋은꿈 나쁜꿈

신비한 동양철학 15

그날과 앞날의 모든 답이 여기 있다

개꿈이란 없다. 꿈은 반드시 미래를 예언한다. 이 책은 프로이드의 정신분석학적인 입장이 아닌 미래판단의 근거에 입각한 예언적인 해몽학이다. 여러 형태의 꿈을 체계적으로 정리했으니 올바른 해몽법으로 앞날을 지혜롭게 대처해 보자. 모쪼록 각 가정에서 한 권씩 두고 이용하면 생활하는데 많은 도움이 될 것이다.

· 학선 류래웅 저

우주경전 · 만세력

신비한 동양철학 16

착각하기 쉬운 썸머타임 2도 인쇄

시중에 많은 종류의 만세력이 나와있지만 이 책은 단순한 만세력이 아니라 완벽한 만세경전으로 만세력 보는 법 등을 실었기 때문에 처음 대하는 사람이라도 쉽게 볼 수 있도록 편집되었다. 또한 부록편에는 사주명리학, 신살종합해설, 결혼과 이사택일 및 이사방향, 길흉보는 법, 우주천기와 한국의 역사 등을 수록했다.

· 백우 김봉준 저

周易 · 토정비결

신비한 동양철학 40

토정비결의 놀라운 비결

지금 시중에 나와 있는 토정비결에 대한 책들을 보면 옛날부터 내려오는 완전한 비결이 아니라 반쪽의 책이다. 그러나 반쪽이라고 말하는 사람이 없다. 그것은 주역의 원리를 모르기 때문이다. 따라서 늦은 감이 없지 않으나 앞으로의 수많은 세월을 생각하면서 완전한 해설본을 내놓기로 했다.

· 원공선사 저

오행상극설과 진화론

신비한 동양철학 5

인간과 인생을 떠난 천리란 있을 수 없다

과학이 현대를 설정하여 설명하고 있으나 원리는 동양
철학에도 있기에 그 양면을 밝히고자 노력했다. 우주에
서 일어나는 모든 일을 과학으로 설명될 수는 없다.
비과학적이라고 하기보다는 과학이 따라오지 못한다고
설명하는 것이 더 솔직하고 옳은 표현일 것이다. 특히
과학분야에 종사하는 신의사가 저술했다는데 더 큰 화
제가 되고 있다.

・김태진 저

만세력(신국판・사륙판・포켓판)

신비한 동양철학 45

찾기 쉬운 만세력

이 책은 완벽한 만세력으로 만세력 보는 방법을 자세
하게 설명했다. 그리고 역학에 대한 기본적인 내용과
결혼하기 좋은 나이・좋은 날・좋은 시간, 아들・딸 태
아감별법, 이사하기 좋은 날・좋은 방향 등을 부록으로
실었다.

・백우 김봉준 저

동양철학전문출판 **삼한**

쉽게 푼 주역

신비한 동양철학 10

귀신도 탄복한다는 주역을 쉽고 재미있게 풀어놓은 책

주역이라는 말 한마디면 귀신도 기겁을 하고 놀라 자빠진다는데, 운수와 일진이 문제가 될까. 8×8=64괘라는 주역을 한 괘에 23개씩의 회답으로 해설하여 1472괘의 신비한 해답을 수록했다. 당신이 당면한 문제라면 무엇이든 해결할 수 있는 열쇠가 이 한 권의 책 속에 있다.

· 정도명 저

핵심 관상과 손금

신비한 동양철학 54

사람을 볼 줄 아는 안목과 지혜를 알려주는 책

오늘과 내일을 예측할 수 없을만큼 복잡하게 펼쳐지는 현실에서 살아남기 위해서는 사람을 볼줄 아는 안목과 지혜가 필요하다. 시중에 관상학에 대한 책들이 많이 나와있지만 너무 형이상학적이라 전문가도 이해하기 어렵다. 이 책에서는 누구라도 쉽게 보고 이해할 수 있도록 핵심만을 파악해서 설명했다.

· 백우 김봉준 저